त्रिलोचन संचयिता

त्रिलोचन संचयिता

सम्पादक

ध्रुव शुक्ल

वाणी प्रकाशन

वाणी प्रकाशन
4695, 21-ए, दरियागंज, नयी दिल्ली 110 002
शाखा
अशोक राजपथ, पटना 800 004
फ़ोन : +91 11 23273167 फ़ैक्स : +91 11 23275710
www.vaniprakashan.in
vaniprakashan@gmail.com
sales@vaniprakashan.in

TRILOCHAN SANCHAYITA
Edited by Dhruva Shukla

ISBN : 978-81-7055-994-8
Sanchayita

संस्करण 2002, 2012
आवृत्ति 2018

मूल्य : ₹ 695

एम.एस. प्रिंटर्स, दिल्ली-110 093 में मुद्रित

वाणी प्रकाशन का लोगो मक़बूल फ़िदा हुसेन की कूची से

विश्वविद्यालय का वक्तव्य

आमतौर पर यह धारणा है कि विश्वविद्यालय स्तर पर हिन्दी साहित्य, भाषा और संस्कृति का जो अध्ययन-अध्यापन होता है वह अधिकतर रूढ़िग्रस्त और उबाऊ हो गया है। महात्मा गांधी अन्तरराष्ट्रीय हिन्दी विश्वविद्यालय के प्राथमिक सरोकारों में से एक यह है कि पाठ्यक्रम, पाठ्यचर्या और पाठ्यसामग्री को एक नई शताब्दी की नई चुनौतियों और प्रश्नाकुलता के अनुरूप ताज़ातरीन करते हुए इस क्षेत्र में नए विकल्पों को खोजा, विकसित और विन्यस्त किया जाए। तभी यह विश्वविद्यालय हिन्दी अध्ययन-अध्यापन और अनुसन्धान के क्षेत्रों में कुछ ठोस, प्रासंगिक और कारगर विकल्प प्रस्तुत कर सकता है।

हमारे विश्वविद्यालय ने देश और विदेश के श्रेष्ठ विशेषज्ञों से विचार-विनिमय कर इस दिशा में कुछ प्रयत्न करना शुरू किया है। हमारा लक्ष्य हिन्दी साहित्य, भाषा और संस्कृति को उसकी समग्रता, जटिलता और बहुलता में आलोकित करते हुए उनके नए प्रश्नों, चिन्ताओं और उत्सुकताओं से दो-चार होने की अपार क्षमता और उसकी वर्त्तमान अनेक दिशाओं का इंगित करना भी है।

चूँकि नए किस्म के पाठ्यक्रम और पाठ्यचर्या के लिए नए किस्म की पाठ्यसामग्री अनिवार्य है, इस विश्वविद्यालय ने एक अपेक्षाकृत महत्त्वाकांक्षी प्रकाशन-योजना हाथ में ली है। यह पुस्तक उसी योजना का एक हिस्सा है।

इस प्रकाशन योजना में हिन्दी के प्रमुख लेखकों के प्रतिनिधि संचयनों, विविध विषयों पर आधारित संकलनों, यथा प्रेम, प्रकृति, अध्यात्म, मृत्यु और अनुपस्थिति, समाज, नदी, ऋतु विषयक कविताओं के संकलनों के साथ-साथ ऐसे लेखकों के चयन भी प्रकाशित करने की योजना है जो साहित्य की तथाकथित मुख्यधारा में कतिपय कारणों से

विशेष उल्लेख न पा सके किन्तु जिनकी रचनात्मकता से परिचित होने पर हिन्दी साहित्य की समझ समृद्ध ही होगी।

इनके साथ ही अनेक विशिष्ट प्रकाशनों की योजना है। बीसवीं सदी के उत्तरार्ध की हिन्दी-कुल की भाषाओं (भोजपुरी, अवधी, बुन्देलखंडी, मालवी आदि) की कविताओं का संचयन, हिन्दी के आरम्भिक गद्य का संचयन, मध्यकालीन काव्य का संचयन, सूफी-काव्य का संचयन, बीसवीं सदी के उत्तरार्ध की हिन्दी कथा, कविता, आलोचना आदि के चयन, महत्त्वपूर्ण लेखकों और कृतियों के द्विभाषी संस्करण (हिन्दी-उर्दू, हिन्दी-अंग्रेजी, हिन्दी-पोलिश, हिन्दी-फ्रेंच आदि) तैयार किए जा रहे हैं।

इस प्रकाशन योजना की एक विशेषता यह है कि इसके निर्माण में लोकतान्त्रिक और पारदर्शी प्रक्रिया अपनाई गई है। अपने अपने क्षेत्र के विशेषज्ञों की समितियों ने प्रकाशनयोग्य सामग्री के साथ-साथ सम्पादकों का चुनाव भी किया है। निश्चय ही पुस्तकों में उनकी अपनी दृष्टि तो झलकती है, उसके साथ ही वे एक सामूहिक विवेकसम्मत प्रक्रिया का परिणाम भी हैं। इन्हें तैयार करते समय इस बात का ध्यान तो रखा ही गया है कि इस सामग्री का उपयोग भारत के बाहर उन केन्द्रों में भी किया जाना है जहाँ हिन्दी पढ़ाई जा रही है। यदि ये पुस्तकें हिन्दी के छात्रों और शिक्षकों के अतिरिक्त सामान्य पाठकों के लिए भी उपयोगी सिद्ध हुईं तो हमें सन्तोष होगा।

भूमिका

उन्नतप्राण कवि त्रिलोचन

जीवन और परिवेश

हिन्दी के महाप्राण कवियों की परम्परा में त्रिलोचनजी उन्नतप्राण कवि हैं।

कृषक परिवार में जन्मे श्री वासुदेव सिंह कवि के रूप में त्रिलोचन के नाम से प्रसिद्ध हुए। इनका जन्म उत्तर प्रदेश के जिला सुल्तानपुर, खत्ता कटघरा पट्टी, ग्राम चिरानी पट्टी में हुआ। आप उपाधि से त्रिलोचन 'शास्त्री' कहलाए।

जीवन के पचासीवें वर्ष में वे स्वस्थ-सानन्द हैं। उन्हें अपनी अवस्था का भान नहीं। वे कहते हैं कि—अनुभव अगर विकास की ओर चलते हुए परिवर्तनशील रहे तो अवस्था बढ़ने का भान नहीं होता। वे आज भी युवतम कवियों के बीच खूब फबते हैं। उनकी ध्यानमग्न और सादगीपूर्ण उपस्थिति सबको उनके प्रति श्रद्धा से भरती है। उनके समीप जाना घने बरगद की छाँव में बैठने जैसा है—पत्तों पर न जाने कितनी वर्णमालाएँ अंकित हैं। घनी छाँव में मेला लगा हुआ है।

त्रिलोचनजी 'सहज सुन्दर' के साधक हैं। शायद इसीलिए उनकी कविताएँ साँवरी-सी लगती हैं। उन्हें आत्मसात करते हुए लगता है कि भावों का रंग भी साँवरा होता होगा। साँवरे और मटमैलेपन से सम्पृक्त त्रिलोचनजी के शब्द भावना के श्यामपट पर आलोकित होकर सनातन वाक्य की अनिर्वचनीय सन्निधि में ले जाते हैं—

मौन ए का की
तरंगें देखता हूँ
देखता हूँ
यह अनिर्वचनीयता
बस देखता हूँ
सोचता हूँ
क्या कभी
मैं पा सकूँगा
इस तरह
इतना तरंगी
और निर्मल

आदमी का
रूप सुन्दर
धूप सुन्दर
धूप में जग-रूप सुन्दर
सहज सुन्दर

(धरती कविता संग्रह से)

कविवर त्रिलोचन भाषाओं की परियोजनाओं के कुशल इंजीनियर भी हैं। कभी पत्रिकाओं और कभी भाषा कोशों के सम्पादक, कभी अध्यापक और अक्सर यायावर त्रिलोचन जी को 'धन की परवा कभी नहीं रही जितनी जन की। जो उनसे खुलकर मिलता है, वे उसके वशवर्ती हैं। इसी से खिलता है उनके प्राणों का शतदल।'

श्री शिवप्रसाद सिंह कहते हैं कि 'शास्त्री को लोकजीवन से उत्पन्न स्नेहगन्धी मानस मिला है।...वे निराला की तरह इस मानस में बोह लेते रहे हैं और रह-रहकर गर्दन उठाकर लम्बी साँसें खींचते रहे हैं। गँवई-गाँव की डगर, धान-पोखर, बातचीत, पुराने लोगों के बेशकीमती अनुभव से प्रसूत उक्तियाँ, घरेलू दुख-दर्द की अबूझ समझ और खाँटी धरती की कास उजास में फूटते मुहावरों और शब्दों की गमक उनकी अपनी बेशकीमती धरोहर है। वे चिल्ले जाड़े में कुहरे में लिपटे गँवई वातावरण में 'अतवरिया' को देखकर लाचारी की मार का राग अलापें या 'भिखरिया' की अकिंचनता पर तरस खाएँ, लगेगा कि, यह सारा कुछ आत्मवेदना का ही इजहार है।'

'अमृतमूल कविता को धूल और काँटों में नाच नचाने' वाले त्रिलोचन जी का जीवन धूल-काँटों के बीच ही बीता है। वे तेज घोड़े पर नहीं दौड़े, पैदल ही चले। जिस समय वे पैदा हुए वह पैदल चलने का ही समय था। उसी समय में वे वयस्क भी हुए।

1915 में महात्मा गांधी दक्षिण अफ्रीका से भारत लौट आए थे और स्वाधीनता संग्राम का नया रूप गढ़ रहे थे। वे सत्याग्रह और सविनय अवज्ञा, इन्हीं दो कदमों से स्वराज्य के मार्ग पर चलते रहे। त्रिलोचनजी जब 19 वर्ष के वयस्क रहे होंगे, उसी समय 1936 में प्रेमचन्दजी की श्रद्धेय उपस्थिति में साहित्य के 'प्रगतिशील आन्दोलन' की शुरुआत भी हुई।

इसी समय 'पुरुषोत्तम नवीन' का आवाहन करती हुई महाप्राण सूर्यकान्त त्रिपाठी 'निराला' विरचित 'राम की शक्ति पूजा' कविता भी प्रकाश में आयी। यह 'शक्ति की मौलिक कल्पना' का समय था—

शक्ति की करो मौलिक कल्पना, करो पूजन,
छोड़ दो समर जब तक न सिद्धि हो रघुनन्दन।

(राम की शक्ति पूजा)

त्रिलोचनजी को भावातिरेक और आन्दोलनबाजी कभी रास नहीं आई। यही कारण है कि वे राजनीति से प्रेरित किसी साहित्यिक आन्दोलन के केन्द्र में नहीं रहे। प्रगतिशील साहित्यिकों ने उनके बारे में अनेक किस्से गढ़कर उन्हें 'किंवदन्ती पुरुष' ज़रूर बना दिया है। 1940 के आसपास त्रिलोचनजी उस मोड़ पर खड़े थे जहाँ से 'प्रगति' और 'प्रयोग' के रास्ते निकले। 'छायावाद' की छाया भी धीरे-धीरे पीछे छूटती चली गई। पर त्रिलोचनजी ने तो पुरातन आलोक और काव्यपरम्परा सम्मत ध्वनि प्रवाह में अपना मार्ग स्वयं खोजा। उन्होंने एक सॉनेट में यह 'स्पष्टीकरण' भी दिया है—

मित्रो, मैंने साथ तुम्हारा जब छोड़ा था
तब मैं हारा-थका नहीं था, लेकिन मेरा
तन भूखा था, मन भूखा था। तुमने टेरा
उत्तर मैंने दिया नहीं तुमको, घोड़ा था

तेज तुम्हारा, तुम्हें ले उड़ा। मैं पैदल था,
विश्वासी था 'सौरज धीरज तेहि रथ चाका'
जिससे विजयश्री मिलती है और पताका
ऊँचे फहराती है। मुझमें जितना बल था
अपनी राह चला। आँखों में रहे 'निराला',
मानदण्ड मानव के तन के मन के, तो भी
पीस परिस्थितियों ने डाला। सोचा, जो भी
हो, आँखों की करुणा का यह शीतल पाला

मन को हरा नहीं करता है, पहले खाना
मिला करे तो कठिन नहीं है बात बनाना।

(दिगन्त कविता संग्रह से—अगस्त 1951)

इस सॉनेट को पढ़ते हुए उस रथ की याद सहज ही आती है जिसे महाकवि तुलसीदास जी ने कठिन परीक्षा की घड़ी में श्री राम के लिए रचा था। जो अपनी इच्छा से अपना तन निर्मित करते हैं उनके लिए शरीर ही रथ है—

सौरज धीरज तेहि रथ चाका। सत्य शील दृढ़ ध्वजा पताका ॥
बल बिबेक दम पर हित घोरे। छमा कृपा समता रजु डोरे ॥

(शौर्य और धैर्य उस रथ के पहिए हैं। सत्य और शील उसकी मजबूत ध्वजा और पताका हैं। बल, विवेक, परोपकार और दम (इन्द्रियों का वश में होना) उसके

चार घोडे हैं, जो क्षमा, दया और समता की डोर से जुड़े हैं)

—रामचरितमानस

महात्मा तुलसीदास की आँखों में राम हैं। महाप्राण निराला की आँखों में तुलसी हैं और उन्नतप्राण त्रिलोचन की आँखों में निराला हैं। तीनों को परिस्थितियों ने खूब पीसा है पर उन्होंने मनुष्य के तन और मन को नापने के मानदण्ड कभी छोटे नहीं किए। 'परमार्थिक' विश्व में यह सम्भव ही नहीं है कि मानदण्ड छोटे किये जा सकें। यह सम्भावना तो 'आर्थिक', विश्व में ही है।

यहाँ 'माया' और 'इतिहास' में अन्तर करके देखा जाना चाहिए। माया आत्म से लिपटकर प्रत्येक मानव देहधारी को अद्वितीय बनाती है जबकि इतिहास (हिस्ट्री) दैहिक समता में ही उलझकर मानवजाति को एक ही गज से नाप देता है। ऐसा कह सकते हैं कि इतिहास कुछ लोगों की माया है जबकि माया प्रत्येक का इतिहास है।

भाषा महामाया का ही अभिव्यक्ति रूप है और 'ध्वनिग्राहक' त्रिलोचनजी भाषाओं के अगम समुद्रों का अवगाहन करते हैं—

भाषाओं के अगम समुद्रों का अवगाहन
मैंने किया। मुझे मानव जीवन की माया
सदा मुग्ध करती है। अहोरात्र आवाहन
सुन सुनकर धाया-धूपा, मन में भर लाया
ध्यान एक से एक अनोखे। सब कुछ पाया
शब्दों में, देखा सब कुछ ध्वनि रूप हो गया।
मेघों ने आकाश घेर कर जी भर गाया।
मुद्रा, चेष्टा, भाव, वेग तत्काल खो गया,
जीवन की शय्या पर आकर मरण सो गया।
सब कुछ सब कुछ सब कुछ सब कुछ सब कुछ भाषा,
भाषा की अंगुलि से मानव हृदय टो गया
कवि मानव का, जगा गया नूतन अभिलाषा,

भाषा की लहरों में जीवन की हलचल है।
ध्वनि में क्रिया भरी है और क्रिया में बल है।

(दिगन्त कविता संग्रह से)

मनुष्य को उसकी 'माया' पर मुग्ध कवि ही नाप सकता है। 'हिस्ट्री' पर मुग्ध कवि नहीं। प्रेम में लिपटे केवट के अटपटे बैन इतिहास में कहाँ मिलेंगे! इलाहाबाद के पथ पर उस नतनयन पत्थर तोड़ती स्त्री के माथे से झरते सीकर वहाँ कैसे मिलेंगे!

त्रिलोचनजी की कविता में चित्रित वह गुणी बालक भिखरिया, वह हँसलोने मुख वाली बच्ची चित्रा जांबोरकर, भगताया नगई महरा और कलकत्ते पर बजर गिराने वाली चम्पा इतिहास में नहीं मिलेंगे। इतिहास में कवि के सत्याग्रह और उसकी सविनय अवज्ञा को जगह कहाँ मिलती है!

सत्याग्रह और आत्मबल पर अपने पाठक से बातचीत करते हुए महात्मा गांधी कहते हैं–

'जस्ते की खान में आप अगर चाँदी ढूँढने जाएँ,
तो वह कैसे मिलेगी? 'हिस्ट्री' में दुनिया के
कोलाहल की कहानी मिलेगी। इसलिए गोरे
लोगों में कहावत है कि जिस राष्ट्र की
हिस्ट्री (कोलाहल) नहीं है वह राष्ट्र सुखी है।'

×××

'हजारों बल्कि लाखों लोग प्रेम के बस रहकर
अपना जीवन बसर करते हैं। करोड़ों कुटुम्बों का
क्लेश प्रेम की भावना में समा जाता है, डूब
जाता है। सैकड़ों राष्ट्र मेल-जोल से रहे हैं, इसको
'हिस्ट्री' नोट नहीं करती, 'हिस्ट्री' कर भी
नहीं सकती। जब इस दया की, प्रेम की
और सत्य की धारा रुकती है, टूटती है,
तभी इतिहास में वह लिखा जाता है। एक
कुटुम्ब के दो भाई लड़े। इसमें एक ने
दूसरे के खिलाफ सत्याग्रह का बल काम
में लिया। दोनों फिर से मिलजुल कर रहने
लगे इसका नोट कौन लेता है?'...
'हिस्ट्री' अस्वाभाविक बातों को दर्ज करती
है। सत्याग्रह स्वाभाविक है, इसलिए उसे
दर्ज करने की जरूरत ही नहीं।'

(हिन्द स्वराज्य)

बापू की इतिहास व्याख्या के सन्दर्भ में त्रिलोचनजी का यह सॉनेट पढ़ा जाना चाहिए–

धूल धरा से कितनी बार उठी चरणों से
कौन कहेगा? उठकर धूल बैठ जाती है

और चरण वे अब तक जिनकी गति गाती है
देश-काल की मर्यादा में व्याकरणों से
छिन्न भिन्न कर दिए गए हैं। संचरणों से
समुपलब्धि क्या हुई—बात मन में आती है—
जिजीविषा उपकरण कहाँ से क्या लाती है,
इसका समाधान सम्भव है आचरणों से।

जिसको हम इतिहास कहा करते हैं माटी,
हड्डी, पत्थर, लोहा, ताँबा, पीतल, सोना
चाँदी, कौड़ी, मूँगा, शंख छोड़ कर क्या है।
जहाँ कहीं भी जैसे भी जीवन-परिपाटी
प्रकट हुई है, उसका कुछ वैसा ही होना
ध्रुव है—शेषों-अवशेषों में श्वास बसा है,

(शब्द कविता संग्रह से)

1945 में जब त्रिलोचनजी का पहला कविता संग्रह **धरती** प्रकाशित हुआ, उस समय वर्ग संघर्ष के ऐतिहासिक परिप्रेक्ष्य में साहित्य के प्रगति प्रतिवेदन प्रस्तुत किये जाने लगे थे। कल्पना और आदर्श की बात जरा कम सुनाई पड़ने लगी थी। व्यावहारिक जीवन पर ही अधिक ध्यान था। यथार्थ के नाम पर अनेक वाद-प्रतिवाद सामने आ रहे थे। इनमें कुछ सामाजिक चेतना से और कुछ व्यक्ति चेतना से प्रेरणा ग्रहण कर रहे थे। साहित्य में तर्क और विनोद के तत्त्वों को बढ़ावा दिया जा रहा था। अभिव्यक्ति में लोक प्रचलित भाषा को अपनाने की ललक भी दिखाई दे रही थी।

तत्त्वतः यथार्थ को जानने की आकांक्षा सभी में होती है अतः कविता में 'प्रयोग' की परम्परा भी चली। 'राहों के अन्वेषी' भी आए। इसी समय समाजवादी और पूँजीवादी साहित्य की कोटियाँ भी बनाई जाने लगीं और वाल्मीकि, दान्ते, शेक्सपियर, कालिदास, भवभूति, मिल्टन और तुलसीदास को पूँजीवादी युग का कवि भी कहा गया! कोटियाँ यहाँ तक बनीं कि कवियों की माली हालत के आधार पर उन्हें पूँजीवादी और प्रगतिशील—इन दो कोटियों में भी बाँटा जाने लगा।

त्रिलोचनजी आर्थिक रूप से भले ही विपन्न रहे हों पर उनकी कविता भारतीय परम्परा सम्मत काव्य विवेक से इतनी समृद्ध है कि उन्हें किसी मतवाद के साँचे में ढालना हमेशा मुश्किल रहा है। वे मानव के इतिहास पर नहीं, उसकी माया पर मुग्ध कवि हैं।

स्मृति, मति और प्रज्ञा का कवि

कविवर त्रिलोचनजी हिन्दी में सॉनेट के रचयिता के रूप में ही अधिक जाने जाते हैं। उन्होंने बीसवीं सदी के सम्पूर्ण उत्तरार्द्ध में इतने सॉनेट रचे हैं कि इतने तो स्पेंसर, शेक्सपियर और मिल्टन ने भी नहीं रचे। पर उनका काव्य अवदान सिर्फ़ सॉनेट तक ही सीमित नहीं है। उन्होंने गीत, बरवै, ग़ज़ल, चतुष्पदियाँ और कुछ कुण्डलियाँ भी रची हैं। मुक्त छन्द की अनेक लघु और कुछ दीर्घ कविताएँ भी उनके काव्य संसार को समृद्ध करती हैं। इन काव्य रूपों के अलावा उन्होंने कहानियाँ और कुछ आलोचना भी लिखी हैं। इसी के साथ डायरी लेखन को भी अपनाया है। पर त्रिलोचन जी की प्रतिष्ठा कवि के रूप में ही है।

हम पहले कह आए हैं कि त्रिलोचनजी परम्परा सम्मत काव्य विवेक के पक्षधर हैं। जहाँ उत्तरवर्ती कविगण अपने पूर्ववर्ती कवियों से छन्द योजना, ज्ञान प्रकाश, कथा और उपदेश ग्रहण कर अपनी नवोन्मेषशालिनी प्रतिभा से काव्य को नव गति प्रदान करते हैं। सिर्फ गति ही नहीं, नयी लय, नयी ताल और नया छन्द रचते हुए नया स्वर भी प्रदान करते हैं। जहाँ पहले हो गये कवियों को प्रणाम किए बिना कविगण क़लम नहीं उठाते।

सिर्फ़ कवियों को ही नहीं, कवि देवताओं को भी प्रणाम करते हैं। महाकवि कालिदास के लिए शिव-पार्वती वाक् और अर्थ की सम्पृक्ति की तरह हैं और महाकवि तुलसीदास के लिए वही भवानी-शंकर श्रद्धा-विश्वास रूप हैं। प्रणति के बिना गुजारा नहीं, पर उसे कवि समय का नया रूप चाहिए।

शास्त्रों और ग्रन्थों का रस निकालने वाले महाकवि तुलसीदास के **रामचरितमानस** में सर्वमार्गसमन्वित श्रीमद्भगवद्गीता के श्लोकों का अनेक जगह छायानुवाद मिल जाएगा। यह छायानुवाद कवि समय की लोक भाषा और शिल्प में परम्परा सम्मत ज्ञान की ही पुनः तात्त्विक उपलब्धि है। एक उदाहरण से इसे समझा जा सकता है।

यो यो यां यां तनुं भक्तः श्रद्धयार्चितुमिच्छति।
तस्य तस्याचलां श्रद्धां तामेव विदधाम्यहम् ॥

(—जो जो भक्त जिस जिस स्वरूप की, श्रद्धा से अर्चना की इच्छा करता है, उसकी उस श्रद्धा को मैं अचल करता हूँ।)

(श्रीमद्भगवद्गीता-7/21)

अब जरा तुलसीदास को देखिए—

जाकी रही भावना जैसी।
प्रभु मूरति देखी तिन तैसी ॥

(रामचरितमानस)

इस छायानुगमन पर विचार करते हुए श्री राधावल्लभ त्रिपाठी के अनुसार–'अन्यच्छाया के चार प्रकार माने जाने चाहिए–(1) **वास्तवमूलक अन्यच्छाया :** इसमें हमारे सम्पूर्ण एहिक संसार, लोक वार्त्ता, लोक जीवन और यथार्थ को रचनाकार अन्यच्छाया के द्वारा प्रस्तुत करता है। (2) **साहित्यमूलक अन्यच्छाया :** इसमें वह अपने पहले रची गई किसी रचना से पद, पदावली, भाव, मुहावरे, अभिव्यक्ति की शैली ग्रहण करता है। (3) **एतिह्यमूलक अन्यच्छाया :** इसमें साहित्यकार परम्पराओं, सांस्कृतिक विरासत, प्राचीन आख्यानों या उपाख्यानों को प्रस्तुत करता है। (4) **शास्त्रमूलक अन्यच्छाया :** इसमें वह चिन्तन परम्पराओं और विचार के प्रस्थानों को स्वायत्त करके उन्हें रचना संसार का हिस्सा बना लेता है। इन चारों प्रकारों के ऊपर कवि या रचनाकार की अपनी प्रतिभा की अन्यच्छाया रहती है। यह नहीं रहेगी तो चारों का प्रयोग निरर्थक हो जाता है। क्योंकि अन्यच्छाया का अर्थ सीधे-सीधे प्रभाव ग्रहण नहीं है। प्रतिभा की भट्ठी में सामग्री के ढलने की प्रक्रिया अन्यच्छाया है।'

भावना, श्रद्धा के ठीक पहले की सीढ़ी है। तुलसीदास युगानुरूप अपने समय के मनुष्य के नज़दीक आते हैं और ईश्वर के प्रति जिस श्रद्धा को अचल करने का जिम्मा खुद ईश्वर ने ले रखा था, यह जिम्मेदारी वे मनुष्य को सौंप देते हैं। जहाँ भाव, रूप ग्रहण करता है और रूप, भाव बन जाता है।

कविता के उपकरण प्रचलित कथा, लोकोक्ति, कवि समय की लोक भावना और लोक मान्यताओं से निर्मित होते हैं, जहाँ शास्त्र और ग्रन्थ नये कवि के माध्यम से वर्तमान लोक प्रवाह में शामिल होकर समकालीन अर्थ प्राप्त करते हैं। मलिक मुहम्मद जायसी विरचित **पद्मावत** काव्य तुलसीदास के **रामचरितमानस** के लगभग पैंतीस वर्ष पहले प्रकाश में आ चुका था। **रामचरितमानस** के कथा विस्तार की शैली **पद्मावत** से ही प्रेरित है। तुलसी को छन्द योजना भी उसी से मिली और प्रचलित कथा वाल्मीकि से। आदरणीय वासुदेवशरण अग्रवाल **पद्मावत** की भूमिका में जायसी के बारे में यह कहते हैं–

> 'वे भारतीय जनमानस के कितने सन्निकट थे
> इसकी पूरी कल्पना करना कठिन है। गाँव में
> रहने वाली जनता का जो मानसिक धरातल
> है, उसके ज्ञान की जो उपकरण सामग्री है,
> उसके परिचय का जो क्षितिज है, उसी सीमा
> के भीतर हर्षित स्वर से कवि ने अपने
> गान का स्वर ऊँचा किया है।'

त्रिलोचनजी की कविता का स्वर गाँव में रहने वाली जनता के मानसिक

धरातल से ही आता है और वे तुलसीदास से भाषा सीखते हैं–'तुलसी बाबा भाषा मैंने तुमसे सीखी। मेरी सजग चेतना में तुम रमे हुए हो।' त्रिलोचनजी ने अपने अनेक गीतों में चौपाई छन्द के अनुशासन को अपनाकर अपने पद्य को नया रूप और नयी लय दी है। उनके प्रथम कविता संग्रह **धरती** का यह पहला ही गीत देखिए–

मुझमें जीवन की लय जागी
मैं धरती का हूँ अनुरागी
जड़ीभूत करती थी मुझको
वह सम्पूर्ण निराशा त्यागी
मैं निर्भय संघर्ष-निरत हो
बदल रहा संसार तुम्हारा

इसी तरह **धरती** का ही एक और गीत–'बरस रहे रस बरस रहे रस गरज गरज घन ये' भी दृष्टव्य है। गीत के प्रथम तीन चरण सोलह मात्रिक फिर दो चरण आठ मात्रिक फिर एक चरण छह मात्रिक फिर दो चरण दो मात्रिक हैं। इस गीत को मुद्रित रूप में इस प्रकार प्रस्तुत किया गया है–

धारामयी धरा हो आई
रंग-रंग की ले सुघराई
आई, सुन्दरता अब आई
नवल बने सब
नवल बने सब
वन-उपवन
जन
ये
चमक रही बिजली पल पल पर
नवजीवन विकसित जल-थल पर
हरित-भरित जग
हरित भरित जग
विहसित कन
कन
ये
गतिमय जग, गतिमय जग-जीवन
गतिमय है जीवन का छन छन

गतिमय बादल, बिजली, गर्जन
अविरल धारा
अविरल धारा
धरती के
धन
ये

त्रिलोचनजी के इस गीत को पढ़ते हुए श्री जयदेव विरचित उस 'मंगलगीत' की याद आती है जिसे उन्होंने भगवान विष्णु के प्रति रचा है–

श्रितकमलाकुचमण्डल धृतकुण्डल ए।
कलितललितवनमाल जय जय देव हरे ॥...

परिमल की भूमिका में निराला ने मुक्त छन्द विषयक स्थापना करते हुए भिन्न तुकान्त की भी चर्चा की है। पण्डित रामनरेश त्रिपाठी के अनुसार भिन्न तुकान्त की शुरुआत श्री जयशंकर प्रसाद ने की। श्री अयोध्या सिंह उपाध्याय जी को भी उनके **प्रियप्रवास** के आधार पर अतुकान्त छन्द का प्रथम जनक माना गया है। श्री सियारामशरण गुप्त और श्री सुमित्रानन्दन पन्त ने भी अतुकान्त छन्द रचे हैं।

निराला अतुकान्त होने के बावजूद उस कविता को मुक्त छन्द की कविता नहीं मानते जो किसी न किसी रूप में गण, वर्ण और मात्रिक वृत्तों से बँधी हुई है। निराला की दृष्टि में–'मुक्त छन्द तो वह है जो छन्द की भूमि में रहकर भी मुक्त है।' वे आगे कहते हैं कि–'मुक्त छन्द का समर्थक उसका प्रवाह ही है। वही उसे छन्द सिद्ध करता है और उसका नियम राहित्य उसकी मुक्ति।' त्रिलोचन जी ने इस प्रवाह को खूब साधा है।

प्रसाद ने 1912 में **करुणालय** दृश्य काव्य गीतिनाट्य के ढंग पर तुकान्त विहीन मात्रिक छन्द में लिखा है। यह इक्कीस मात्राओं का है। पण्डित रामनरेश त्रिपाठी ने सम्भवतः इसी से भिन्न तुकान्त की शुरुआत निश्चित की है। इसके प्रथम दृश्य के प्रारम्भिक अंश से एक उदाहरण प्रस्तुत है–

जल में उठती लहर बुलाती नाव को,
जो आती है उस पर कैसी नाचती।
अहा खिल रही विमल चाँदनी भी भली।
तारागण भी उस मस्तानी चाल को
देख रहे हैं चलती जिससे नाव है।

अब **अरघान** में संकलित त्रिलोचन की 'वातावरण' शीर्षक कविता की प्रथम

चार पंक्तियाँ भी पढ़ी जाएँ–

साँझ गुलाबी काँप रही है ठण्ड से
उधर गुलाबों के पौधे लाचार हैं
झूल झूल कर फूल हवा से कह रहे
हैं यह, इतनी छेड़छाड़ अच्छी नहीं।

प्रसाद और त्रिलोचनजी के इन इक्कीस मात्रिक भिन्न तुकान्त छन्दों में दोनों ही गुण मौजूद दिखाई पड़ते हैं। उनमें प्रवाह तो है ही, साथ ही मात्रिक नियम का पालन भी किया गया है। लेकिन इस तरह के भिन्न तुकान्त अपवाद ही कहे जाएँगे। ज्यादातर भिन्न तुकान्त मात्रिक या वर्णिक नियम से बँधे होने के बावजूद अपना प्रवाह खो भी देते हैं और निराला की बात ही फिर सही ठहरती है।

निराला मुक्त छन्द में प्रवाह के जिस समर्थन की बात कह रहे हैं। उसे त्रिलोचनजी की इन दो छोटी कविताओं के उदाहरण से भी समझा जा सकता है–

आँख मूँदे, पेट पर सिर टेक
गाय करती है घमौनी बँधी जड़ से
पेड़ की छाया खड़ी दीवार पर है

(गाय करती है घमौनी–अरघान)

पहले पहल तुम्हें जब मैंने देखा
सोचा था
इससे पहले ही
सबसे पहले
क्यों न तुम्हीं को देखा

अब तक
दृष्टि खोजती क्या थी
कौन रूप क्या रंग
देखने को उड़ती थी
ज्योति-पंख पर
तुम्हीं बताओ
मेरे सुन्दर
अहे चराचर सुन्दरता की सीमा रेखा।

(तुम्हें जब मैंने देखा–तुम्हें सौपता हूँ)

दाय में मिली काव्य परम्परा के प्रति कृतज्ञ और पूर्वज कवियों का ऋण उतारने

वाले कवियों के बीच त्रिलोचनजी प्रतिष्ठित हैं। हर समय में अल्पप्राण कवियों की भीड़ बढ़ ही जाती है पर इसी भीड़-भड़क्के में बिरलों के जागरण की सम्भावना भी बनी रहती है। हमने उन्हें उन्नतप्राण कवि इसीलिए कहा है क्योंकि वे एक सतत काव्य प्रवाह में एक जाग्रत काव्य साधक की तरह अपनी काव्य नौका खे रहे हैं। जहाँ वैदिक ऋषि प्रज्ञा से निराला तक और इतालवी कवि पेट्रार्का से लेकर शेक्सपियर तक अर्जित किया गया ध्वनि-आलोक त्रिलोचन जी को अपने प्रभामंडल में घेरे हुए हैं। वे 'शब्दों के द्वारा जीवित अर्थों की धारा' बहाने वाले कवि हैं। वे अपने एक सॉनेट में कहते हैं कि इस धारा के दो तट हैं–'एक भाव का, एक रूप का।' ये तट भले ही दूर-दूर दिखते हों पर वे अति निकट हैं–

...जो भी हारा
थका यहाँ पहुँचेगा वह तन मन में न्यारा
नया ओज पाएगा, लक्षण सभी प्रकट हैं
हुलसी हरियाली से उपचित हैं, उद्भट हैं–
वचन, प्राण का परितोषण करते हैं सारा।

(शब्द कविता संग्रह से)

इस 'हुलसी' हरियाली में गोस्वामी तुलसीदास की स्मृति भी है। उनकी कविता में प्रकट सभी लक्षण इसी हुलसी हरियाली से उपचित हैं। वे सिर्फ तुलसीदास ही नहीं, उद्भट महाकवि कालिदास के प्रति भी कृतज्ञ हैं।

राधावल्लभ त्रिपाठी त्रिलोचनजी के संदर्भ में कहते हैं कि–'स्मृति, मति और प्रज्ञा–तीनों का एक साथ उपयोग करने वाले बिरले हैं। मति वर्तमान का मनन करने वाली होने के कारण जिस चीज का उत्पादन करती है, उसमें तात्कालिकता रहती है, उसकी ओर जल्दी ध्यान भी जाता है। त्रिलोचन की ओर बहुत समय तक साहित्य के मतिमान लोगों का ध्यान नहीं गया, तो इसका एक कारण यह भी हो सकता है कि स्मृति, मति और प्रज्ञा तीनों से उत्पन्न अर्थों की बनावट उसमें होने से, तत्काल ध्यान खींचने की खूबी उनकी कविता में नहीं है। स्मृति, मति और प्रज्ञा तीनों की 'समाधि' होने से कवि प्रतिभा सम्भव होती है।' वे त्रिलोचनजी की–कालिदास से साभार 'ललक' शीर्षक कविता का उदाहरण देते हुए कहते हैं कि–'जिन फलों के लिए कवि हाथ 'उँचाए' हुए है वे पूर्वज्ञात हैं, परम्परा प्राप्त हैं। 'स्मृति' के उपयोग से ही उन्हें जाना जा सकता है। इस समय हाथ उँचा देने का साहस 'मति' की देन है और उन 'फलों' को 'बड़े हाथों की प्रतीक्षा' होने की बात 'प्रज्ञा' की है।'–

हाथ मैंने
उँचाए हैं

उन फलों के लिए
जिनको
बड़े हाथों की प्रतीक्षा है।

फलों को मैं देखता हूँ
जानता हूँ
चीन्हता हूँ
और
उनके लिए
मुझमें ललक भी है
हाथ मैंने
उँचाए हैं
उन फलों के लिए
जिनको
बड़े हाथों की प्रतीक्षा है
डर नहीं है
हँसा जाऊँगा

(ललक–तुम्हें सौंपता हूँ)

धरती की समीक्षा करते हुए कवि गजानन माधव मुक्तिबोध त्रिलोचनजी की कविता के बारे में लिखते हैं–'प्राच्य क्लासिकल स्ट्रेन और पाश्चात्य प्रोज टेक्नीक का वे समन्वय किया चाहते हैं। उसका प्रथम चरण ही धरती का काव्य है, हम केवल इतना कह सकते हैं। साथ ही साथ एक बात यह भी सही है कि भाषा के सुपरिष्कृत रूप और स्वर की गीतात्मकता के पीछे जो गीतात्मक भाव है, वह बुद्धि द्वारा काफी अनुशासित है। यह भी कदाचित निराला जी की ही एक विशेषता है, जो त्रिलोचन में भी मिलती है। परन्तु यह बुद्धि वृत्ति उनके काव्य को नहीं बिगाड़ती, केवल उन्हें इस श्रेणी के कवियों से कुछ भिन्न कर देती है। इसको संयम और अनुशासन भी कह सकते हैं। और इसके दो बहुत बड़े लाभ भी हैं : एक तो यह कि जीवन की समग्रता के प्रति कवि की नित्य दृष्टि रहती है, दूसरे उस भावना में एक प्रकार की मूल आलोचक दृष्टि भी मिली रहती है।'

त्रिलोचनजी की लिपि पढ़ते हुए आलोचक मलयज त्रिलोचन की कला को सेल्फ कांशस कला नहीं मानते। वे कहते हैं कि–'उसमें संशय अथवा द्विविधा की दरार नहीं पड़ी है। वह जिस वस्तु को उठाती है, मुजस्सिम उठाती है। त्रिलोचन के काव्य में चेतना के अन्तर्विरोधों से कँपकपाता हुआ निश्चय और अनिश्चय के बीच झूलता डगमग स्वर नहीं है। रचनात्मक तनाव में इस काव्य स्वर के पीछे कार्यरत

साँस बहुत दूर तक खिंची रह सकती है, उसके बीच में ही टूट कर खण्डित हो जाने का अन्देशा नहीं रहता। यह एक साथ कवि की स्नायविक ऊर्जा और उसके काव्य संयम दोनों को ही उजागर करता है। कवि का अपने ऊपर अद्‌भुत नियन्त्रण है, उसकी रचनात्मक ऊर्जा अभिव्यक्ति के चौखटे को तोड़कर मुक्त नहीं बहने पाती।'

जिसे प्रॉक्रस्टियन मॉडल कहा जाता है, इसी सन्दर्भ में त्रिलोचनजी अक्सर एक कहानी सुनाया करते हैं। खासकर जब उनसे सॉनेट विषयक चर्चा की जाती है। कहानी यह है कि एक राक्षस था जो एक बिछौना और एक कुल्हाड़ी लेकर घूमता था। जो भी उसे चलता-फिरता मिलता तो वह उससे कहता कि आइए बैठिए, विश्राम कीजिए। फिर वह उससे प्रार्थना करता कि आप लेट जाइए। लेटने में उसके शरीर का जो कोई भी हिस्सा बाहर निकला रहता, उसे वह राक्षस कुल्हाड़ी से काटकर खा जाता। कहानी इतनी ही है। इस पर त्रिलोचनजी कहते हैं कि अगर सॉनेट में कविता का पाँव बढ़ रहा है तो पाँव काट देंगे। सिर बढ़ रहा है तो सिर काट डालेंगे। सॉनेट पर जब व्यंग्योक्तियाँ की गईं तो शेक्सपियर ने कहा कि यह तो हमारा साधना कक्ष है। एक कोठरी है।

मलयज आगे लिखते हैं—'इसीलिए त्रिलोचन को पढ़ते समय एक कसाव का अनुभव होता है। कहीं-कहीं यह कसाव बहुत अखरता भी है। त्रिलोचन का क्लासिक की हद तक छूने वाला काव्य संयम अक्सर हमारा ध्यान उनकी सम्प्रेष्य अनुभूति से हटाकर उनके शिल्प की तराश और चुस्ती पर ज्यादा केन्द्रित कर देता है। हम उनकी कविता के रूप बन्ध की चातुरी पर मुग्ध होने लगते हैं। ऐसा शायद अनुभूति के ताप में कमी रह जाने--या अनुभूति को कम ताप वाले स्तर से उठाने---के कारण होता है। अनुभूति त्रिलोचन के यहाँ वैसे भी 'पिच' पर नहीं होती—यह उनकी कविता के क्लासिक स्वभाव के विपरीत पड़ता। त्रिलोचन अनुभूति का पका हुआ रूप रखते हैं, शान्त और ओजपूर्ण, जिसकी सह-अनुभूति क्षुब्ध संवेगों के घात-प्रतिघात के स्तर पर नहीं, विवेक युक्त अन्तर्दृष्टि के स्तर पर की जा सकती है। त्रिलोचन की कविता इसीलिए एक सहृदय और परिपक्व मानसिकता की माँग करती है। इस कविता को भागते हुए तीव्र अहसासों के क्षण में पकड़ पाना मुश्किल, बल्कि दुस्साध्य है। इसे पकड़ने के लिए थोड़ा इत्मीनान वाला भाव लाना होगा, जिसमें आप इसके अन्तरंग सौष्ठव का, उसकी बनावट की एक-एक सजीव पत्ती का आनन्द ले सकें।'

(***औसत भारतीयता का कवि*** *नामक निबन्ध से)*

त्रिलोचनजी की कविता को परखने के लिए 'मत्सरी आलोचकों' ने नये काव्य शास्त्र की जरूरत बतायी है। पर इस ओर उन्होंने कोई गम्भीर प्रयत्न किया हो ऐसा देखने में नहीं आया। इस दिशा में श्री राधावल्लभ त्रिपाठी ने अवश्य ही कुछ मूल्यवान प्रयत्न किये हैं।

मैं साहित्य शास्त्र का मर्मज्ञ तो नहीं, पर त्रिलोचनजी के सॉनेट और अन्य मुक्त छन्द की कविताएँ पढ़ते हुए यह ज्ञान सहज ही होने लगता है कि 'ध्वनिग्राहक' कवि त्रिलोचन को शब्द की वाचक, लक्षक और व्यंजक, तीनों अर्थध्वनियों की गहरी पहचान है। इन कविताओं में व्यंग्यार्थ ही अधिक प्रभावी है। अतः त्रिलोचन जी का काव्य ध्वनि काव्य के अन्तर्गत आएगा। उनकी कविता पढ़ते हुए करुण, शान्त और वात्सल्य की रसानुभूति होती है। जहाँ-तहाँ हास्य का रंग भी देखने को मिलता है। अतः वे सहज ही माधुर्य और प्रसाद गुण वाले कवियों की परम्परा में आएँगे। हिन्दी आलोचना के 'नये पुरोहितों' के लिए त्रिलोचन जी की कविता सचमुच एक चुनौती है। महाकवि तुलसीदास ने कहा ही है–

जे पर भनिति सुनत हरषाहीं।
ते बर पुरुष बहुत जग नाहीं ॥

सॉनेट का पथ

सॉनेट–इटैलियन शब्द Sonetto का लघु रूप है। यह धुन के साथ गायी जाने वाली कविता है। ऐसी छोटी धुन जो मेण्डोलिन या ल्यूट (एक प्रकार का तार वाद्य) पर गायी जाती है।

सॉनेट का जन्म कहाँ हुआ, यह कहना अनिश्चित-सा है। पर कुछ शोधकर्त्ताओं का यह मानना है कि सॉनेट ग्रीक epigram (सूक्तियों) से जन्मा होगा, लेकिन इसे पूरी तरह स्वीकारं नहीं किया जाता। प्राचीन काल में epigram का उपयोग एक ही विचार या भाव को अभिव्यक्त करने के लिए होता था। कुछ विशेषज्ञ यह भी मानते हैं कि इंग्लैण्ड और स्कॉटलैण्ड में प्रचलित बैले से पहले भी सॉनेट का अस्तित्व रहा है।

ग्रीक epigram इटैलियन सॉनेट के बहुत करीब जान पड़ता है। यह मान्यता भी प्रचलित है कि प्राचीन ode (सम्बोधि गीत) का ही यह इटैलियन छायारूप है। यह सम्भावना भी प्रकट की जाती है कि सॉनेट का जन्म सिसली में हुआ होगा और इसे जैतून के वृक्षों की छँटाई करते समय गाया जाता था।

सॉनेट का वास्तविक स्वरूप तेरहवीं शती के मध्य में प्रकट हुआ। इस अवधि की कविताएँ इटली के मिलान शहर में संग्रहीत की गई हैं। सॉनेट जैसी इन कविताओं में लोक बोली का प्रयोग किया गया है। इन्हें इटली के अनेक प्राचीन कवियों ने रचा है।

तेरहवीं सदी में पूरी दक्षता के साथ फ्रॉ गुइत्तोन (Fra Guittone) ने सॉनेट्स

की रचना की, जो सॉनेट के प्रणेता माने जाते हैं। इसके बाद इटली में पेट्रार्क (Petrarca) ने सॉनेट रचे। इस समय सॉनेट के स्वरूप निर्धारण को लेकर गम्भीर प्रयोग भी किये गये किन्तु गुइत्तोन के सॉनेट ही आदर्श रूप में प्रस्तुत किये जाते रहे। पेट्रार्का और दान्ते ने गुइत्तोनियन सॉनेट में बदलाव भी किये। बाद में इसे तास्सो (Tasso) और इटली के अन्यान्य कवियों ने अपनाया और सॉनेट इटली की विरासत बन गया।

कालान्तर में सॉनेट को फ्रान्स के पूर्व कवियों तथा इंग्लैण्ड में सरे (Surrey) और स्पेन्सर (Spenser) ने अपनाया लेकिन इस विधा में फ्रान्स के कवियों का कोई महत्त्वपूर्ण योगदान नहीं रहा। स्पहानी कवियों ने भी सॉनेट लिखे। जर्मनी में भी पेट्रार्कन शैली के सॉनेट रचे गये और धीरे-धीरे अँग्रेजी के सॉनेट को मौलिक मानने की धारणा भी बनती गई। इसे स्पेन्सर के अलावा सिडनी, शेक्सपियर, मिल्टन, वर्ड्सवर्थ, और कीट्स आदि ने रचा।

कहते हैं कि इटली में तो अब सॉनेट का शरीर ही रह गया है, वह तो कहीं और ध्यानावस्थित है।

इटली के कवि केपल लॉफ्ट ने सॉनेट की खोज के लिए फ्रॉ गुइत्तोन को 'काव्य साहित्य का कोलम्बस' कहा है। चौदहवीं शती तक इटली में सॉनेट अपने परिपक्व रूप में स्थापित हो चुका था, जिसका श्रेय फ्रॉ गुइत्तोन को ही जाता है।

गुइत्तोन ने सॉनेट की जो संरचना निर्धारित की उसमें दो भाग होते हैं। पहली अष्टपदी (octave) और दूसरी षष्ठपदी (sestet) कहलाती है। इस प्रकार कुल चौदह चरण बनते हैं।

अष्टपदी में पहली से चौथी की, चौथी से पाँचवीं की और पाँचवीं से आठवीं पंक्ति की तुक मिलाई जाती है। इसी तरह दूसरी से तीसरी की, तीसरी से छठवीं की और छठवीं से सातवीं पंक्ति की तुक मिलती है। इस व्यवस्था में सुसंगत समस्वरता प्राप्त होती है। दो तुकों के बीच कोई खटपट न होने से मनोहारी ध्वनि सन्तुलन पैदा होता है। जैसे कोई शान्त लहर किनारे से कुछ दूर जाकर फिर लौट आती है।

षष्ठपदी में प्रायः पहली से चौथी की, दूसरी से पाँचवीं की और तीसरी से छठवीं पंक्ति की तुक मिलाई जाती है। यह तीन-तीन चरणों में विभाजित रहती है। इसकी तुकान्त योजना में कुछ भिन्नताएँ भी हो सकती हैं। गुइत्तोन के अलावा पेट्रार्का ने भी इसके लिए तीन तुकें निर्धारित की हैं। लेकिन इटली के कुछ सॉनेट रचनाकारों ने दो तुकों को अधिक प्रभावशाली माना है। वे आपस में इस तरह जुड़ी हुई हों जैसे ज्योति में पीली और उसी से लिपटी बैंगनी प्रभा आलोकित होती है।

इटैलियन सॉनेट की संरचना में अन्तिम द्विपदी की तुक मिलाने की सम्भावना क्षीण है जबकि अँग्रेजी सॉनेट में यह तुक बखूबी मिलाई जा सकती है और भावों

के अनुरूप चरणों की व्यवस्था भी सहजता के साथ की जा सकती है। अँग्रेजी कवियों ने जो सॉनेट गुइत्तोन की तरह लिखे हैं, वे द्विपदी से समाप्त होने पर कमजोर सिद्ध हुए हैं। इसमें सिर्फ शेक्सपियर अपवाद हैं।

सॉनेट को विशेष रूप से तीन आयामों में देखा-परखा गया है–

1. आकृति की विशिष्टता।
2. भाव की विशिष्टता के साथ वैयक्तिक अभिव्यक्ति।
3. सर्वांगपूर्णता, कल्पना, प्रेरणा और माधुर्य।

इटली में प्रमुखतः सॉनेट के पाँच रूप भेद मिलते हैं–

1. Twelve-syllabled lines : इसे द्वादश मात्रिक चरण का सॉनेट कह सकते हैं। इसमें एक पंक्ति में द्वादश मात्रिक ध्वनियाँ होती हैं और एक पंक्ति दूसरी पंक्ति में फिसलती हुई आगे बढ़ती है। स्वर पर जोर नहीं होता, अन्त्याक्षर से तुक मिलायी जाती है।

2. Caudated or Tailed : इसे पुच्छल सॉनेट कह सकते हैं। इसमें दो या पाँच या इससे अधिक पंक्तियों का अनपेक्षित विस्तार होता है।

3. Mute : इसे मूक सॉनेट कहना उचित होगा या नहीं? पर यह एकाक्षरी तुकान्त वाला सॉनेट हास्य और व्यंग्य के लिए उपयुक्त होता है। इसमें परिहास के लिए दो अक्षर के तुकान्त भी होते हैं।

4. Linked or Interlaced : इसे अन्तर्ग्रथित सॉनेट कह सकते हैं। इसमें कोई कथा, भाव या विचार संगुम्फित होता है।

5. Continuous or Iterating : इसे अविच्छिन्न सॉनेट कह सकते हैं। इसमें ज्यादातर सप्रवाह एक ही तुक की पुनरावृत्ति होती है और कभी दो तुकें भी मिलायी जाती हैं।

फ्रॉ गुइत्तोन ने यह स्थापित किया कि सॉनेट की प्रत्येक पंक्ति में दस मात्रिक ध्वनियाँ होना चाहिए। यह माधुर्य की निरन्तरता के लिए आवश्यक है। गुइत्तोन और उसके पहले के सॉनेट रचनाकारों ने गीडो बोनात्ती द्वारा ग्यारहवीं सदी में स्थापित सांगीतिक अनुशासन को अपनाकर सॉनेट की संरचना को गढ़ा। पर गुइत्तोन अंध भक्त नहीं था, वह एक प्रयोगशील कवि भी था। उसका मानना था कि कोई भी सॉनेट लेखक अपनी सांगीतिक पद्धति भी बना सकता है।

सर्वविदित है कि चौदहवीं शती तक सॉनेट अपनी परिपक्व अवस्था में इटली में स्थापित हो चुका था। लगभग एक सदी के अन्तराल के बाद आगे जाकर सोलहवीं सदी में टॉमस वॉयेट और Henry Howard (सरे) ने सबसे पहले अँग्रेजी में सॉनेट लिखे। ये दोनों कवि किसी समय इटली में निवास कर चुके थे और ये पेट्रार्का की कविताओं से प्रभावित हुए। यह भी उल्लेखनीय है कि स्पेन्सर, मारलोव और शेक्सपियर के सॉनेट की सुन्दरता का कारण भी इतालवी स्रोत ही रहे हैं। टॉमस

वॉयेट इटैलियन मॉडल को अपना कर सॉनेट लिखते रहे परन्तु Henry Howard को इससे सन्तोष नहीं हुआ। उन्होंने चौदह पंक्तियों की इतालवी संरचना के साथ एक संगीतकार की तरह निरन्तर प्रयोग किए और अपने सॉनेट्स में दो तुकान्त वाली व्यवस्था अपनाई। यह व्यवस्था अँग्रेजी भाषा के लिए अधिक उपयुक्त थी—

A-b-A-b

C-D-C-D

E-F-E-F

G-G

स्पेन्सर ने सॉनेट को परिपक्व अभिव्यक्ति दी है लेकिन वे व्याट और हावर्ड के चतुष्पदों से संतुष्ट नहीं हुए। उन्होंने लगातार प्रयोगशील रहकर सॉनेट के अँग्रेजी और इतालवी, दोनों रूपों में परिवर्तन किया। इसी बदले हुए सॉनेट रूप के साथ उन्होंने अपने प्रेम सॉनेट—Amoretti शीर्षक से लिखे। पर अँग्रेजी में स्पेन्सर का सॉनेट संक्रमण की स्थिति में ही रहा। स्पेन्सर के समकालीन इससे बहुत प्रभावित नहीं हुए।

स्पेन्सर के बाद एलिजाबेथ काल में सॉनेट लेखकों का हुजूम उमड़ पड़ा। फिलिप सिडनी ने इन्हें पूर्णता और सुन्दरता प्रदान करने में योगदान दिया। पर इसका चरमोत्कर्ष शेक्सपियर की सॉनेट रचनाओं में ही हुआ। मिल्टन के सॉनेट चारित्रिक रूप में अष्टपदी और षष्टपदी के बीच नैरन्तर्य के लिए जाने जाते हैं। इन तीनों कवियों के सॉनेट इतालवी स्वरूप से भिन्न हैं। हालाँकि इनमें अष्टपदी और षष्टपदी के बीच अक्सर अन्तराल दिखाई पड़ता है लेकिन दोनों बँटे हुए नहीं हैं।

शेक्सपियर के सॉनेट अष्टपदी और षष्टपदी के बजाय तीन चतुष्पदियों और एक द्विपदी लय से बँधे हैं। भले ही शेक्सपियर के समकालीनों ने सॉनेट लिखे हों पर सॉनेट को साहित्यिक गरिमा शेक्सपियर ने ही दी है। सॉनेट संगीतज्ञ रोजेटी कहते हैं कि—कोई भी सॉनेट परिपूर्ण है यदि उसे शेक्सपियर ने रचा है।

स्पेन्सर ने इटैलियन और आरम्भिक अँग्रेजी सॉनेट संरचनाओं को मिलाकर नया सॉनेट फॉर्म तैयार किया। जिसे शेक्सपियर और मिल्टन ने नहीं अपनाया क्योंकि इसमें छांदिक स्वातन्त्र्य नहीं था। जैसे पेट्रार्का के लिए गुइत्तोन ने मार्ग बनाया उसी तरह शेक्सपियर ने सरे, स्पेन्सर और सिडनी के रचे सॉनेट्स को मार्गदर्शक के रूप में देखा। दरअसल डेनियल और ड्राइटन के सॉनेट ने वह ढाँचा तैयार किया जिसे शेक्सपियर ने अपनाया।

पेट्रार्का का सॉनेट उस हवा की तरह है जो उठकर धीरे-धीरे शान्त होती है। जैसे कोई धुन धीरे-धीरे तिरोहित हो रही हो। पेट्रार्का की मान्यता थी कि सॉनेट का

अन्त शुरुआत से अधिक लयात्मक होना चाहिए।

शेक्सपियर के सॉनेट के बारह चरण गर्म लोहे की उस छड़ की तरह हैं जिसे लुहार लगातार घन से पीटता रहता है और अन्त में द्विपदी इस तरह आती है कि जैसे आखिरी घन की चोट से गर्म लोहा कोई रूप पा गया हो।

उपरोक्त विवेचन के पश्चात् सॉनेट रचना की चार कोटियाँ निर्धारित की जा सकती हैं–

1. **पेट्रार्कन**
2. **स्पेन्सरियन**
3. **शेक्सपीरियन**
4. **मिल्टानिक**

हिन्दी में सॉनेट बीसवीं सदी में आया। इसे हिन्दी के कुछ कवियों ने अपनाया। पर वह इनके कविता कर्म के केन्द्र में नहीं रहा। त्रिलोचनजी ही एक मात्र कवि हैं जो बीसवीं सदी के उत्तरार्ध से लेकर इक्कीसवीं सदी में प्रवेश करते हुए सॉनेट के पथ पर दौड़े चले आ रहे हैं–

इधर त्रिलोचन सॉनेट के ही पथ पर दौड़ा
सॉनेट सॉनेट सॉनेट सॉनेट क्या कर डाला
यह उसने भी अजब तमाशा। मन की माला
गले डाल ली। इस सॉनेट का रस्ता चौड़ा

अधिक नहीं है। कसे कसाये भाव अनूठे
ऐसे आयें जैसे किला आगरा में जो
नग है, दिखलाता है पूरे ताजमहल को।
गेय रहे, एकान्विति हो। उसने तो झूठे
ठाट-बाट बाँधे हैं। चीज़ किराये की है।
स्पेन्सर, सिडनी, शेक्सपियर, मिल्टन की वाणी
वर्ड्सवर्थ, कीट्स की अनवरत प्रिय कल्याणी
स्वरधारा है। उसने नई चीज़ क्या दी है!

सॉनेट से मज़ाक भी उसने ख़ूब किया है,
जहाँ तहाँ कुछ रंग व्यंग का छिड़क दिया है।

(***दिगन्त,*** *कविता संग्रह से*)

त्रिलोचनजी के अब तक प्रकाशित सॉनेट्स की संख्या कुल 538 है। **दिगन्त, शब्द, फूल नाम है एक, उस जनपद का कवि** हूँ और **अनकहनी भी कुछ कहनी**

है, ये पाँच उनके सॉनेट संग्रह हैं। 'महाकुम्भ' पर लिखे गये उनके सॉनेट **अरघान** कविता संग्रह में मिलते हैं। **तुम्हें सौपता हूँ** और **ताप के ताये हुए दिन** कविता संग्रहों में भी कुछ सॉनेट संग्रहीत हैं।

सॉनेट के जितने रूप भेद स्थिर किये गये हैं प्रायः उन सभी को त्रिलोचन जी ने आजमाया है। पर ज्यादातर सॉनेट उन्होंने पेट्रार्कन और शेक्सपीरियन-शैली के ही लिखे हैं।

फ्रॉ गुइत्तोन ने सॉनेट के माधुर्य और उसके संरचनात्मक नैरन्तर्य के लिए प्रत्येक चरण में दस मात्रिक ध्वनियाँ निर्धारित की थीं। बाद में द्वादश मात्रिक ध्वनियाँ भी निर्धारित की गईं। त्रिलोचनजी के सॉनेट के प्रत्येक चरण में चौबीस मात्रिक ध्वनियाँ पाई जाती हैं जिसे हिन्दी में रोला छन्द कहते हैं।

रोला मात्रिक छन्द है और जो चौबीस मात्राओं का होता है। यह मात्रिक सम छन्द है। इसके चारों चरणों में मात्राओं का क्रम समान होता है। इसके प्रत्येक चरण में ग्यारह और तेरह के विश्राम से चौबीस मात्राएँ होती हैं।

त्रिलोचनजी सॉनेट रचना में पूरे वाक्य को अपनाते हैं और वाक्य एक चरण से दूसरे चरण में फिसलते हुए चलते हैं। जैसे एक-दूसरे का हाथ पकड़कर चल रहे हों। त्रिलोचनजी रोला छन्द के चौबीस मात्रिक अनुशासन को तो अपनाते हैं किन्तु वहाँ कुछेक अपवादों को छोड़कर प्रत्येक चरण में ग्यारह और तेरह पर विश्राम नहीं है। यह यति भंग भी नहीं है, निरन्तर चौबीस मात्रिक लय है जो सॉनेट के चौदहवें चरण में जाकर ही विश्राम पाती है। अनेक अष्टपदियों के चौथे और आठवें चरणान्त पर विश्राम आता है। कुछेक षष्टपदियों के तीसरे चरणान्त पर भी विश्राम की झलक उनके सॉनेट्स में मिलती है। इसी तरह बारहवें चरणान्त पर भी विश्राम आता है और फिर द्विपदी आती है। द्विपदी में भी कुछेक अपवादों को छोड़कर पहला चरण दूसरे में फिसलकर ही विश्रान्ति पाता है।

सॉनेट इतालवी आभिजात्य के वातावरण में ही रचा गया। वह एक नागर काव्य रचना है जिसे अँग्रेजी के उच्चकोटि के कवियों ने भी अपनाया। पेट्रार्का ने उसे करुणा का और स्पेन्सर ने उसे प्रेम का मूल्य दिया। शेक्सपियर ने उसे निर्वैयक्तिकता से मुक्त किया। मिल्टन ने अपनी प्रिया की मृत्यु पर उससे बिछुड़ने की पीड़ा को सॉनेट के माध्यम से ही प्रकट किया।

त्रिलोचनजी के सॉनेट भाव, विचार, कथा, चरित्र चित्रण और दर्शन की भूमियों पर रचे गये हैं। जो गोचर है वह तो यहाँ दृश्यमान है ही, अगोचर भाव रूपों की छाया भी है—

> चौदह चरणों में मैंने चौदह भुवनों को
> यथा शक्ति नापा है। यह केवल बातूनी

की बकवास नहीं है। समझ के लिए दूनी
शक्ति चाहिए। दौं दौं गिरते हुए घनों को

क्या मालूम, निहाई में कितनी दृढ़ता है।
भूमि गर्भ में कसमसा रही जो ज्वाला,
धवलधाम अभ्रंकष हों या पर्वत माला,
कभी किसी को कब गिनती है। यदि चिढ़ता है

क्षुद्र मनुष्य अहंकृति-हुंकृति में अपनी तो
क्या कर लेगा। विश्व यथाक्रम चला जा रहा,
संस्कृति-स्रोत इसी छाया में ढला जा रहा,
सबको ही हैं नई तपस्याएँ तपनी तो।

जो जो गोचर रहे चराचर वे सब आए
और अगोचर भाव रूप छाया से छाए।

(अनकहनी भी कुछ कहनी है, से)

उपरोक्त सॉनेट पर गौर करें तो स्पष्ट होगा कि त्रिलोचनजी ने सिर्फ़ हिन्दी खड़ी बोली से ही सॉनेट नहीं रचे हैं, उनके पास संस्कृत और अवधी की भी शब्द सम्पदा है। जैसा कि पहले उल्लेख किया जा चुका है कि सॉनेट इतालवी और अँग्रेजी के आभिजात्य में पली-बढ़ी रचना है, उसे त्रिलोचनजी ने लोक की वाणी में ढालकर हिन्दी का जातीय छन्द बना दिया है। शब्दों का महल खड़ा करने के लिए ईंट बनाने के साँचे की खोज में उन्होंने संस्कृत और हिन्दी के छन्दों के साथ सॉनेट को भी अपने लिए सिद्ध किया है जिसमें सबकी बोली-ठोली, लाग-लपेट, टेक, भाषा, मुहावरा, भाव, आचरण, और भोली-भूली इच्छाएँ समाहित हैं। आवारा, गृही, सभ्य-असभ्य, शहराती और देहाती, सभी तरह के मनुष्यों को त्रिलोचनजी अपने चौदह चरणों के काव्य गृह में सादर निमन्त्रित करते हैं—

महल खड़ा करने की इच्छा है शब्दों का
जिसमें सब रह सकें लेकिन साँचा
ईंट बनाने का मिला नहीं है, अब्दों का
समय लग गया, केवल काम चलाऊ ढाँचा

किसी तरह तैयार किया है। सबकी बोली--
ठोली लाग-लपेट, टेक, भाषा, मुहावरा,

भाव, आचरण, इंगित, विशेषता फिर भोली
भूली इच्छाएँ, इतिहास विश्व का, बिखरा

हुआ रूप-सौन्दर्य भूमिका, स्वर धारा की
विविध तरंग-भंग भरती लहराती गाती
चिल्लाती, इठलाती फिर मनुष्य आवारा
गृही, असभ्य, सभ्य शहराती या देहाती–

सबके लिए निमन्त्रण है अपना जन जानें
और पधारें इसको अपना ही घर मानें

(ताप के ताए हुए दिन से)

श्री चन्द्रबली सिंह कहते हैं कि–'छायावादियों से लेकर आज तक अनेक हिन्दी कवियों ने सॉनेट और रोला छन्द को लेकर प्रयोग किये हैं लेकिन यह कहना शायद अत्युक्तिपूर्ण या अनुचित नहीं कि त्रिलोचन ने हिन्दी में उनकी शक्ति का उद्घाटन करके अन्य कवियों से कहीं ज्यादा उन्हें हिन्दी कविता में स्थापित कर दिया है। बहुत पहले पन्त जी ने आधुनिक हिन्दी कविता में रोला की सम्भावनाओं की ओर संकेत किया था। उससे पहले भी रोला हिन्दी का लोकप्रिय छन्द था। लेकिन त्रिलोचन ने उसमें लय की विविधता की सृष्टि से आधुनिक हिन्दी कवियों का ध्यान नये सिरे से उसकी ओर खींचा है। बच्चन द्वारा किये गये शेक्सपियर के अनुवादों में त्रिलोचन की इस उपलब्धि का प्रभाव स्पष्ट है।...वैसे तो त्रिलोचन ने सॉनेट में गेय तत्त्व का भी उल्लेख किया है, लेकिन सॉनेट में तरल संगीत की गुंजाइश नहीं होती। त्रिलोचन के सॉनेटों में मधुरता है। लेकिन वह स्निग्ध और कोमल स्वरों का नहीं। उसमें चिन्तन के दृढ़ कठोर स्नायु हैं। रोला छन्द हिन्दी का अत्यन्त गेय छन्द रहा है, लेकिन त्रिलोचन ने जानबूझकर उसमें भावों की इकाइयों को एक पंक्ति से दूसरी पंक्ति में खींचकर संगीत की समानान्तर इकाइयों की जगह यतियों की विविधता का सौन्दर्य पैदा किया है। इस तरह वे तुकों के बन्धन में रहकर भी अँग्रेजी के अतुकान्त काव्य के संगीत अनुच्छेद (Verse Paragraph) की सृष्टि कर सके हैं।...त्रिलोचन के बिम्ब उनकी आस्था की ही भाँति उन्नत सिर और उन्नत बाहु हैं। जीवन की छोटी से छोटी स्थिति को नाटकीय आकस्मिकता से स्वप्न लोक का विस्तार और भव्यता देने की जो शैली हम निराला में पाते हैं, उसे त्रिलोचन के सॉनेटों में भी देख सकते हैं।...त्रिलोचन के सॉनेटों का संगीत बाँसुरी या जल तरंग का नहीं है बल्कि वीणा का है, जिसके माधुर्य में भी ओज भरी टंकार है, जिसमें स्वरों की गूँजें एक दूसरे से टकराकर और फिर एक होकर वितान-सी तन जाती हैं।'

(पौधा निर्वाक् खड़ा है निबन्ध से)

त्रिलोचनजी के इस सॉनेट भवन में मनुष्य की 'विविध तरंग-भंग भरती, लहराती, गाती, चिल्लाती, इठलाती' स्वरधारा के साथ बिखरा हुआ रूप सौन्दर्य संग्रहीत है। कविता के इस घर में सबके लिए खुला निमन्त्रण है। कवि कोई दूसरा नहीं, अपना जन है। त्रिलोचनजी के समकालीन कवि शमशेर के शब्दों में जहाँ 'कठिन प्राकार में बँधी सत्य सरलता' है–

सॉनेट और त्रिलोचन : काठी दोनों की है
एक। कठिन प्राकार में बँधी सत्य-सरलता।

साधे गहरी साँस सहज ही...ऐसा लगता
जैसे पर्वत तोड़ रहा हो कोई निर्भय
सागर-तल में खड़ा अकेला, वज्र हृदयमय।
नैसर्गिक स्वर में जब ऐसी गूढ़ अगमता
स्वयं बोलती हो जो युग की अवास्तविकता
को मानो ललकार रही हो, तब निःसंशय

अन्तस्तल खिल-खिल जाता, चट्टानें भीतर
दुखती-सी कसमस जीवन की :

–बढ़ कर उन पर
सीधी चोट लगाऊँ, उनको ढाऊँ बरबस
डूबी हुई खान की निधियाँ अपनी सरबस
ऊपर लाऊँ!

अपने अन्दर ऐसा ही प्रण
लिए हुए हैं शायद सॉनेट और त्रिलोचन

(ऐसा ही प्रण–कुछ और कविताएँ से)

उपसंहार

हिया जरत रहत दिन-रैन
आम की डरिया कोयल बोले
तनिक न आवत चैन

गोदान के नायक होरी का व्यथित और निराशमन, 'आत्मस्पर्शी कूक से आशाओं को जगाती' कोयल की आवाज़ सुनकर यह गीत गाता है। त्रिलोचनजी का मन होरी के मन जैसा है और उनका अवसाद श्री सुमित्रानन्दन पन्त के इस गीत जैसा है—

भारत माता
ग्रामवासिनी!
खेतों में फैला है श्यामल
धूल भरा मैला-सा आँचल
गंगा यमुना में आँसू जल
मिट्टी की प्रतिमा
उदासिनी!

श्री फणीश्वरनाथ रेणु के **मैला आँचल** की तरह जहाँ—'फूल भी है, शूल भी, धूल भी है, कीचड़ भी है, चन्दन भी, सुन्दरता भी है कुरूपता भी।' रेणु ने किसी से भी अपना दामन नहीं बचाया।

रेणु की इच्छा त्रिलोचन हो जाने की रही है—'कवि नहीं हो सका यह कसक सदा कलेजे को सालती रहेगी। और अगर कहीं कवि हो जाता तो, त्रिलोचन नहीं हो पाने का मलाल जीवन भर रहता।...और मैं त्रिलोचन ही क्यों होना चाहता—पन्त, नरेन्द्र, सुमन, बच्चन, महादेवी, दिनकर, नलिन विलोचन अथवा रेणु क्यों नहीं? यह सवाल मैं अपने आप से बार-बार पूछता रहता हूँ।'

जो दूसरे की तरह होना चाहते हैं, शायद उन्हीं में यह सम्भावना भी छिपी हुई है कि वे अपनी तरह हो सकें। ऐसा अपनापन जिसमें सब समाये चले जाते हैं—'सब ठौर जमात, हमरी जमात, हम ही सब ही ठौर पर मेला। हम सब में, सब है हममें, हम ही बहुरि अकेला'—**कबीर**। शमशेर तो त्रिलोचनजी की इसी फ़कीरी पर मुग्ध होकर उनके बारे में कहते ही हैं—'सामान्य जीवन की कठोर परिस्थितियों से जूझने वाले के साथ उनके यहाँ असीम सहानुभूति है। साथ ही बीच-बीच में गत युगों के सन्त कवियों और समाज के उन्नायकों का बहुत सुलझा हुआ तात्त्विक मूल्यांकन भी है।...अनीति और अत्याचार पर इनका हृदय फुँकने लगता है। मगर इनके अन्दर जो सहन शक्ति है, कई प्रकार के विष को पी जाने की जो क्षमता है, वह इस अति साधारण लगने वाले व्यक्ति को एक असाधारण कवि बना देती है।' रेणु तो त्रिलोचनजी के सॉनेट के लिए ही उन्हें 'शब्द योगी' कहकर पुकारना चाहते हैं। उन्हें उनके कुछ सॉनेट 'हद-अनहद की सीमा को लाँघकर साखी, शब्द, रमैनी की कोटि' के दीखते हैं।

त्रिलोचनजी की काव्य साधना पर अभी बहुत कुछ लिखा जाना बाक़ी है। जो

कुछ स्फुट निबन्ध देखने में आए हैं उनमें कुछ विद्वानों को छोड़कर प्रायः एकांगी मूल्यांकन करने का ही प्रयत्न किया गया है। त्रिलोचन जी उन कवियों में हैं ही नहीं, जिन्हें किसी एक विचार-दृष्टि में बाँधा जा सके। कबीर चौरे पर 'लाल सलाम' बजाने वाले बहुत हैं पर वे कबीर की महिमा को कहाँ जानते हैं!

त्रिलोचनजी का काव्य उस पीपल के वृक्ष की तरह है जिसकी फुनगी पर कोई धूप बहुत पहले आई थी और यह व्योम-ज्योतिर्गंगा पीपल के जटाजूट में उलझकर नहीं रह गई है। उसकी देदीप्यमानता उतरकर सब पर झलकी है। वह हरित कणों को हुलसाती, शैथिल्य को हरती और ज्योति से ज्योति का अंजन आँजकर त्रिलोचन जी के कवि समय में समा गई है–

धूप बहुत पहले जब आई तो पीपल की
फुनगी पर आई, टूसे से टहनी टहनी
उन्मुख थी, ललछू पीली आभा ने पहनी
नई सुनहली अँगिया। हवा चली तो छलकी
छिपी हुई छवि, वर्षों की महिमा इस पल की
सीमा में आ गई, धार धरती पर बहनी
शुरू हुई–पीपल की हार हुई अनकहनी,
उतर गई देदीप्यमानता, सब पर झलकी।

मैंने समझा था, यह पीपल जटाजूट में
आज व्योम ज्योतिर्गंगा को शिरसा लेकर
खड़ा रहेगा–लेकिन ज्योति उतर आई है
हरित तृणों को हुलसाती है और लूट में
लेती है शैथिल्य विश्व का, अंजन देकर
नई ज्योति का नेत्रोन्मीलन कर आई है।

(शब्द कविता संग्रह से)

आभार

श्रद्धेय त्रिलोचनजी और मेरे बीच दो पीढ़ियों का अन्तर है। उनके व्यक्तित्व, परिवेश और कविता के बारे में लिखते हुए मुझे इन्हीं बीच की दो पीढ़ियों का आत्मीय सहारा मिला है। मैं उनके प्रति अपनी कृतज्ञता ज्ञापित करता हूँ। यहाँ विलियम शार्प का विशेष रूप से आभारी हूँ जिन्होंने इण्टरनेट तकनीक के माध्यम से सॉनेट विषयक जानकारी उपलब्ध करवायी। मित्रवर उदयन वाजपेयी का अहसानमन्द हूँ कि उन्होंने

अँग्रेजी में उपलब्ध इस जानकारी को तथ्यपूर्ण ढंग से समझने में मुझे हार्दिक सहयोग दिया है। त्रिलोचनजी के कुछ कविता संग्रह तो मेरे पास थे किन्तु जो नहीं थे उन्हें भारत भवन के वागर्थ कविता पुस्तकालय ने उपलब्ध करवाया। इसी तरह श्री राजेश जोशी ने भी अपने संग्रह से कुछ किताबें दीं। मैं इनके प्रति भी आभार प्रकट करता हूँ।

विशेष रूप से मैं महात्मा गाँधी अन्तरराष्ट्रीय हिन्दी विश्वविद्यालय के प्रति कृतज्ञ हूँ कि जिसने मुझे इस आनन्दपूर्ण कर्म का निमित्त बनाया। मैं आशा करता हूँ कि यह चयन पाठकों को सन्तुष्ट करेगा।

30 जनवरी, 2002
भोपाल

ध्रुव शुक्ल

अनुक्रम

सॉनेट

तुलसी बाबा

तुलसी बाबा, भाषा मैंने तुमसे सीखी
मेरी सजग चेतना में तुम रमे हुए हो।
कह सकते थे तुम सब कड़वी, मीठी, तीखी।
प्रखर काल की धारा पर तुम जमे हुए हो।
और वृक्ष गिर गए, मगर तुम थमे हुए हो।
कभी राम से अपना कुछ भी नहीं दुराया,
देखा, तुम उनके चरणों पर नमे हुए हो।
विश्व बदर था हाथ तुम्हारे उक्त फुराया।
तेज तुम्हारा था कि अमंगल-वृक्ष झुराया,
मंगल का तरु उगा; देखकर उसकी छाया
विघ्न-विपद् के घन सरके, मुँह कहीं चुराया।
आठों पहर राम के रहे, राम-गुन गाया।

यज्ञ रहा, तप रहा तुम्हारा जीवन भू पर।
भक्त हुए, उठ गए राम से भी, यों ऊपर।

(रचनाकाल : नवम्बर 1954, दिगन्त में संकलित)

स्पष्टीकरण

मित्रो, मैंने साथ तुम्हारा जब छोड़ा था
तब मैं हारा-थका नहीं था, लेकिन मेरा
तन भूखा था मन भूखा था, तुमने टेरा,
उत्तर मैंने दिया नहीं तुमको, घोड़ा था

तेज तुम्हारा, तुम्हें ले उड़ा. मैं पैदल था,
विश्वासी था 'सौरज धीरज तेहि रथ चाका'
जिससे विजयश्री मिलती है और पताका
ऊँचे फहराती है, मुझमें जितना बल था

अपनी राह चला। आँखों में रहे निराला,
मानदण्ड मानव के तन के मन के, तो भी
पीस परिस्थितियों ने डाला, सोचा, जो भी
हो, आँखों की करुणा का यह शीतल पाला

मन को हरा नहीं करता है, पहले खाना
मिला करे तो कठिन नहीं है बात बनाना।

(रचनाकाल : अगस्त 1951, दिगन्त में संकलित)

इसमें क्या है

इसमें क्या है, मेरे और आप के दिल की
धड़कन है, कहना चाहें तो कविता कह लें,
इसकी धारा में बहना चाहें तो बह लें।
देख सकेंगे यहाँ धूपछाँही झिलमिल की

आभा। कवि तो हुए मन्त्रद्रष्टा ऋषि, उनके
बाद हुए मुनि वाल्मीकि, फिर व्यास हुए, फिर
कालिदास आए, फिर तुलसीदास हुए स्थिर
यशस्काय से, कवि रवीन्द्र ने आकर चुन के

स्वर-सुमनों का हार पिन्हाया, औरों ने भी
गान किया है, वन्दनीय हैं। आज भारती
की कितने जन प्रणत भाव से मूक आरती
करते हैं, कुसुमों की स्तुति की भौंरों ने भी।

जो रसज्ञ हैं, इसे उन्हीं के लिए लिखा है,
जो अजीर्णग्रस्त हैं, कहेंगे इसमें क्या है।

(रचनाकाल : 19/9/1951, अनकहनी भी कुछ कहनी है में संकलित)

चौदह चरणों में

चौदह चरणों में मैं ने चौदह भुवनों को
यथाशक्ति नापा है। यह केवल बातूनी
की बकवास नहीं है। समझ के लिए दूनी
शक्ति चाहिए, दौं दौं गिरते हुए घनों को

क्या मालूम, निहाई में कितनी दृढ़ता है।
भूमिगर्भ में जो कसमसा रही है ज्वाला,
धवल धाम अभ्रंकष हों या पर्वतमाला,
कभी किसी को कब गिनती है। यदि चिढ़ता है

क्षुद्र मनुष्य अहंकृति-हुंकृति में अपनी तो
क्या कर लेगा। विश्व यथाक्रम चला जा रहा,
संस्कृति-स्रोत इसी छाया में ढला जा रहा,
सब को ही हैं नई तपस्याएँ तपनी तो।

जो जो गोचर रहे चराचर वे सब आए
और अगोचर भाव रूप छाया से छाए।

*(रचनाकाल : 22/11/1951, **अनकहनी भी कुछ कहनी है** में संकलित)*

सॉनेट का पथ

इधर त्रिलोचन सॉनेट के ही पथ पर दौड़ा
सॉनेट सॉनेट सॉनेट सॉनेट क्या कर डाला
यह उसने भी अजब तमाशा। मन की माला
गले डाल ली। इस सॉनेट का रस्ता चौड़ा

अधिक नहीं है। कसे कसाये भाव अनूठे
ऐसे आयें जैसे किला आगरा में जो
नग है, दिखलाता है पूरे ताजमहल को।
गेय रहे, एकान्विति हो। उसने तो झूठे

ठाट-बाट बाँधे हैं। चीज़ किराए की है।
स्पेंसर, सिडनी, शेक्सपियर, मिल्टन की वाणी
वर्ड्सवर्थ, कीट्स की अनवरत प्रिय कल्याणी
स्वर-धारा है। उसने नई चीज क्या दी है!

सॉनेट से मज़ाक भी उसने ख़ूब किया है,
जहाँ तहाँ कुछ रंग व्यंग का छिड़क दिया है।

*(रचनाकाल : अक्टूबर 1951, **दिगन्त** में संकलित)*

ध्वनिग्राहक

ध्वनिग्राहक हूँ मैं। समाज में उठनेवाली
ध्वनियाँ पकड़ लिया करता हूँ। इसपर कोई
अगर चिढ़े तो उसकी बुद्धि कहीं है खोई
कहना यही पड़ेगा। अगर न हो हरियाली

कहाँ दिखा सकता हूँ? फिर आँखों पर मेरी
चश्मा हरा नहीं है। यह नवीन ऐयारी
मुझे पसन्द नहीं है। जो इसकी तैयारी
करते हों वे करें। अगर कोठरी अँधेरी

है तो उसे अँधेरी समझाने-कहने का
मुझको है अधिकार। सिफारिश से, सेवा से
गला सत्य का कभी न घोटूँगा। मेवा से
वरंब्रूहि न कहूँगा और न चुप रहने का।

लड़ता हुआ समाज, नई आशा-अभिलाषा,
नए चित्र के साथ नई देता हूँ भाषा।

(रचनाकाल : मार्च 1951, दिगन्त में संकलित)

कस्मै देवाय

मैंने उनके लिए लिखा है जिन्हें जानता
हूँ जीवन के लिए लगाकर अपनी बाज़ी
जूझ रहे हैं, जो फेंके टुकड़ों पर राजी
कभी नहीं हो सकते हैं। मैं उन्हें मानता

हूँ आगामी मनुष्यताओं का निर्माता।
कभी आत्मरक्षा से ही वह ज्योति जगी है
जिससे असत्-अँधेरे की सब शक्ति लगी है
थर थर थर काँपने। नए युग के उद्‌गाता

वे हैं जो हैं निपट निरक्षर लेकिन जिनकी
प्राणों की ललकार जानती कभी न रुकना,
जिनका आहत मान जानता नेक न झुकना।
स्पष्ट रूपरेखा है उनको अपने दिन की।

क्रान्ति उन्हीं लोगों के पास पला करती है,
दुख के तम में जीवन-ज्योति जला करती है।

(रचनाकाल : मई 1951, दिगन्त में संकलित)

मुक्ति का गायक

अपनी मुक्ति-कामना लेकर लड़नेवाली
जनता के पैरों की आवाज़ों में मेरा
हृदय धड़कता है। पग में गड़ जानेवाली
नोकें काँटों की कोमल चमड़े का घेरा
मेरा फाड़ दिया करती हैं। जहाँ अँधेरा
सदियों का है वहाँ जो न घट जाए वही कम।
दारुण अत्याचार देखकर नया सबेरा
काँप काँप उठता है आँखों में। ये दुर्दम
नौजवान गरमाहट में भूले हैं, ये हम
सुस्ता लें फिर सोई पीड़ा जग जाएगी
कितनों ने संकट के पथ पर तोड़ दिए दम,
मातृ-भूमि केवल विभूति उनकी पाएगी।

किसी देश में मानवता को मुक्ति यदि मिली
तो मैंने जीवन पाया, जी की कली खिली।

*(रचनाकाल : जनवरी 1955, **दिगन्त** में संकलित)*

भाषा की लहरें

भाषाओं के अगम समुद्रों का अवगाहन
मैंने किया। मुझे मानव-जीवन की माया
सदा मुग्ध करती है, अहोरात्र आवाहन
सुन सुनकर धाया-धूपा, मन में भर लाया
ध्यान एक से एक अनोखे, सब कुछ पाया
शब्दों में, देखा सब कुछ ध्वनि-रूप हो गया।
मेघों ने आकाश घेर कर जी भर गाया।
मुद्रा, चेष्टा, भाव, वेग, तत्काल खो गया,
जीवन की शय्या पर आकर मरण सो गया।
सब कुछ सब कुछ सब कुछ सब कुछ सब कुछ भाषा।
भाषा की अंगुलि से मानव हृदय टो गया
कवि मानव का, जगा नया नूतन अभिलाषा।

भाषा की लहरों में जीवन की हलचल है,
ध्वनि में क्रिया भरी है और क्रिया में बल है।

*(रचनाकाल : जनवरी 1955, **दिगन्त** में संकलित)*

जीवन-सागर

मैं अपने एकाकीपन से ऊब गया था,
ऊब गया था, ऊब गया था। आखिर भागा,
अगले क्षण जीवन-सागर में डूब गया था।
क्या था जिसके लिए स्वयं को मैंने त्यागा?
कौन सत्य था जो मन की लहरों में जागा?
अहम्, तत्, इदम् अलग लगें लेकिन अलगाये
कभी नहीं जा सकते। इन सबका रस पागा
है ऐसा कि अनेक एक के तन में आए,
घुल मिलकर तल्लीन हुए, पल पल अपनाये
गए, और आँखों ने देखा जग का बाना
मन का एक सत्य है, श्वासों ने दुहराए
गान उसी के, अब हमको है उसको पाना।

सूरज एकाकी है लेकिन जब आता है
पृथ्वी का कण कण तब नया गान गाता है।

(रचनाकाल : दिसम्बर 1954, दिगन्त में संकलित)

कल अस्ताचलगामी

कल अस्ताचलगामी रवि-कर की सारंगी
मैंने यों ही ले ली, धुन में लगा बजाने
संग संग संवादी स्वर में अपने गाने
चिड़ियों ने गाए, पत्तों ने रंगबिरंगी
नृत्यकला दिखलाई, सारा विश्व तरंगी
बना तरंगों के कम्पन से, अनपहचाने
बन्धु और आत्मीय बन गए, जाने-माने
प्राणाधिक हो गए—इस तरह जीवन-संगी।

सायंकालिक संगायन में फूल चढ़ाए
पल्लविनी लतिकाओं ने, पेड़ों ने हिल कर
भाव बताए और पवन ने बहते बहते
साग्रह कहा कि मधु ऋतु जब दरवाज़े आए
तब ऐसे ही स्वागत करो हृदय से; खिलकर
मौन बिराजे मुख पर, मन की कहते कहते।

जब जब बाहर से आया

जब जब बाहर से आया तब तब मेरा घर
अपने अपनेपन से अधिकाधिक अपनाता
मुझे मिला। आवाज़ों से ही जान बचाता
किसी तरह घर आता हूँ, इसमें अपने स्वर
सुनता हूँ, गुनता हूँ, बार-बार भी सुनकर
तृप्ति नहीं पाता। अपने मन को समझाता
हूँ, जीवन भी बन्दी स्वर है, स्वर का नाता
कहाँ छोड़ पाता है जीवन, जग में जग कर।

मिटती बनती रेखाओं से, उस कोने में
मैंने क़ई चित्र सिरजे हैं जिन को मेरी
आँखें खोज लिया करती हैं; तुम्हें लगेगा,
यह मेरे मन की उड़ान है पर होने में
जितना मैं हूँ उतना ही वह भी है। हेरी
हुई सिद्धि पाते ही पाते ही जीवन-योग जगेगा।

(रचनाकाल : 1962, शब्द में संकलित)

सोचा था मन ही मन

सोचा था मन ही मन यह गाऊँ वह गाऊँ,
जो स्वर निकला, देखा उसमें गान नहीं था।
कैसे, क्या हो गया, तनिक भी ध्यान नहीं था
मुझे। आ गया सकते में, सोचा अब जाऊँ

किस पथ से। गायकों की अलग राह गई है,
चरण चले, चल पड़ा। ठहर कर पीछे देखा,
चिह्न चिह्न में गीतों की प्रकाशमय रेखा
उभर उठी है। समझा, यह तो बात नई है।

गीतों में यह बात नहीं थी इससे पहले।
प्रिय था और प्रिया थी, उस वियोग का भय था
जो प्रेमियों को हुआ करता था न' उदय था
जिस में सुख का, जड़ चेतन रहते थे दहले।

बदल गई है इधर गान की पहली धारा,
फूल धूल दोनों में ही जीवन है प्यारा।

(रचनाकाल : 29/10/1951, अनकहनी भी कुछ कहनी है में संकलित)

अपराजेय

हिन्दी की कविता, उनकी कविता है जिनकी
साँसों को आराम नहीं था, और जिन्होंने
सारा जीवन लगा दिया कल्मष को धोने
में समाज के, नहीं काम करने में घिन की

कभी किसी दिन, हिन्दी में सतरंगी आभा
विभव-भूति की नहीं मिलेगी, जन-जीवन के
चित्र मिलेंगे, घर के वन के सब के मन के
भाव मिलेंगे, बोए हुए खेत में डाभा

जैसे एक साथ आता है, कुछ ऐसे ही
वातावरण एक-से भावों से छा जाता
है, फिर प्राणों-प्राणों में एकत्व दिखाता।
नेह उमड़ आए तो दूर कहाँ है नेही?

भाव उन्हीं का सबका है जो थे अभावमय,
पर अभाव से दबे नहीं जागे स्वभावमय।

(रचनाकाल : अक्टूबर 1951, दिगन्त में संकलित)

धन की उतनी नहीं

धन की उतनी नहीं मुझे जन की परवा है
जितनी जो मुझसे खुल कर मन से मिलता है
मैं उस का वशवर्ती हूँ। इस से खिलता है
मेरे प्राणों का शतदल। एक ही दवा है

जीवन के सौ रोगों की, चाहो तो ले लो
अच्छे होगे स्वयं, दूसरों के भी दुख को
काट सकोगे, उगा सकोगे सब के सुख को,
अपनापन सब पर पसार दो। खुलकर खेलो

जीवन के सब खेल, न' चिन्ता लेश रहेगी,
सभी ओर अपने ही देंगे सदय दिखाई
नहीं रहेगा कोट, नहीं होगी यह खाई
शत्रु मित्र की। गोरे काले की न बहेगी

नदी खून की, खून एक ही दोनों में है,
वही हवा आँगन में है जो कोनों में है।

(रचनाकाल : 26/4/1951, अनकहनी भी कुछ कहनी है में संकलित)

दीन, हीन, छवि-क्षीण

दीन, हीन, छवि-क्षीण और व्याकुल ईश्वर को
आज सड़क पर हाथ पसारे मैंने पाया।
यह कैसी है बात—प्रश्न जी से कढ़ आया,
देखा, व्योम उदास बहुत था। अपने स्वर को
तेज बना कर सूर्य धरा के जीवन-स्तर को
छू छू कर उद्भास दे रहा था, दिखलाया
गिरे लकुट को उसके, प्रेरित कर उठवाया
और सुझाया उस ईश्वर को निज या पर को।

पुनः परस कर देह, कहा ईश्वर से, ईश्वर,
बना लिया क्या हाल इधर तुमने भी अपना,
मुझको रच कर भूल गए हाथों का करतब,
ये पहाड़, ये सिन्धु और ये युग कूलों पर
निर्भर तरल प्रसन्नतोय नदियाँ सब सपना
भूल जाएँगे—तुम्हीं रहे यदि जैसे हो अब

(रचनाकाल : 1962, शब्द में संकलित)

पश्यन्ती

करता हूँ आक्रमण धर्म के दृढ़ दुर्गों पर,
कवि हूँ, नया मनुष्य मुझे यदि अपनायेगा
उन गानों में अपने विजय-गान पायेगा
जिनको मैंने गाया है। वैसे मुर्गों पर

निर्भर नहीं सवेरा होना, लेकिन इतना
झूठ नहीं है, जहाँ कहीं वह बड़े सवेरे
ऊँचे स्वर से बोला करता है, मुँह फेरे
कोई पड़ा नहीं रह सकता, फिर भी कितना

उसमें बल है। केवल निर्मल स्वर की धारा
उसकी अपनी है, जिसकी अजस्र कल कल में
स्वप्न डूब जाते हैं जीवन के लघु पल में—
तम से लड़ता है इस पश्यन्ती के द्वारा

धर्म-विनिर्मित अन्धकार से लड़ते लड़ते
आगामी मनुष्य, तुम तक मेरे स्वर बढ़ते

*(रचनाकाल : अप्रैल 1951, **दिगन्त** में संकलित)*

हँस कर, गा कर और खेल कर

हँस कर, गा कर और खेल कर पथ जीवन का
अब तक मैंने पार किया है, लेकिन मेरी
बात और है, ढंग और है मेरे मन का;
उसी ओर चलता है जिधर निगाह न फेरी
दुनिया ने। दुःखों ने कितनी आँख तरेरी,
लेकिन मेरा कदम किसी दिन कहीं न अटका—
घोर घटा हो, वर्षा हो, तूफान, अँधेरी
रात हो। अगर चलते चलते भूला भटका
तो इससे मेरे संकल्पों को कुछ झटका
लगा नहीं। जो गिरता पड़ता आगे बढ़ता
है, करता कर्त्तव्य है, उसे किस का खटका;
पग पग गिन कर पर्वत शृंगों पर हूँ चढ़ता।

आभारी हूँ मैं, पथ के सब आघातों का,
मिट्टी जिन से वज्र हुई उन उत्पातों का।

*(रचनाकाल : 30/9/1950, **अनकहनी भी कुछ कहनी है** में संकलित)*

हवा गा रही है

हवा गा रही है तरु दल पर, नीरवता में
घुली हुई चाँदनी किसी को खोज रही है।
बसी चेतना है इस बढ़ती शीतलता में
मन्द वायु पर चढ़कर जो चुपचाप बही है।
यह गतिमय नीरवता कोई बात कही है
कहीं किसी ने। कोई कैसे इस को जाने
यह अधीरता मिली कहाँ से, बात सही है
या नहीं? इसे किसकी भाषा सुन कर माने
कोई जन, प्रामाणिकता किस घर पहचाने
जा कर बसी हुई है। सब कर्तव्यमूढ़ हैं,
शिथिल स्तब्ध हैं, कोई भी क्या मन की ठाने
इस दुनिया में। सभी यहाँ अतिशय विमूढ़ हैं,
भले भलाई बुरे बुराई में। इस जी की
किस से कहूँ, चाँदनी भी है फीकी फीकी।

*(रचनाकाल : 28/9/1950, **अनकहनी भी कुछ कहनी है** में संकलित)*

गीतमयी हो तुम

गीतमयी हो तुम, मैंने यह गाते गाते
जान लिया, मेरे जीवन की मूक साधना
में खोई हो। तुम को पथ पर पाते पाते
रह जाता हूँ और अधूरी समाराधना
प्राणों की पीड़ा बनकर नीरव आँखों से
बहने लगती है तब मंजुल मूर्ति तुम्हारी
और निखर उठती है। नई नई पाँखों से
जैसे खग-शावक उड़ता है, मन यह, न्यारी
गति लेकर उड़ान भरने लगता वैसे ही
सोते जगते। दूर, दूर, तुम दूर सदा हो,
क्षितिज जिस तरह दृश्यमान था, है, ऐसे ही
बना रहेगा। स्वप्न-योग ही यदा कदा हो।
चाँद व्योम में चुपके चुपके आ जाता है
उत्तरंग होकर विह्वल समुद्र गाता है।

(रचनाकाल : 1950-54, उस जनपद का कवि हूँ में संकलित)

कितने ही थे शब्द

कितने ही थे शब्द, बिठाया, कहा—बड़े हो
तुम्हीं लोग। यह बात और पहले पा जाता
तो क्या होता रूप, और ही कुछ आ जाता
जीवन मेरे पास। आज तुम जहाँ खड़े हो
वहाँ तुम्हें पहचान चाहिए, तभी कड़े हो
ममता का मृदु मर्म छिपाए। यदि गा जाता
सभी तुम्हारे गान अन्य तो वह छा जाता
बन कर सब का सत्य, उसी के लिए लड़े हो।

बोले मुझ से शब्द—यहाँ से वहाँ, वहाँ से
और वहाँ तक मौन तरंगित हम चलते हैं,
यह अपार आकाश हमारा अपना घर है।
हम जीवन के शूल फूल सब कहाँ कहाँ से
कहाँ कहाँ चुपचाप डालते हैं। जलते हैं
तभी अदम्य प्रकाश विश्वजीवन का वर है।

शब्दों के द्वारा जीवित

शब्दों के द्वारा जीवित अर्थों की धारा
मैंने आज बहा दी है जिसके दो तट हैं
एक भाव का एक रूप का। निकट निकट हैं
चाहे दूर दूर दिखते हों। जो भी हारा
थका यहाँ पहुँचेगा वह तन मन में न्यारा
तेज ओज पाएगा, लक्षण सभी प्रकट हैं
हुलसी हरियाली से उपचित हैं, उद्‌भट हैं—
वचन, प्राण का परितोषण करते हैं सारा।

शब्दों से ही वर्ण गन्ध का काम लिया है
मैंने शब्दों को असहाय नहीं पाया है
कभी किसी क्षण। पदचिह्नों को देखा ताका
मुझे देख कर सब ने मेरा नाम लिया है,
बता दिया, क्या वस्तु सत्य है, क्या माया है,
क्या है वृष का चंड दिवस, क्या है मधुराका।

शब्दों के उन अर्थों को

शब्दों में उन अर्थों को मैं कैसे लाऊँ
जो आमों की टहनी टहनी में फल बनकर
झूल रहे हैं, जंगल में देखा है तन कर
सिंह किस तरह चलता है, किस विधि से पाऊँ
धरती का-सा धैर्य दृगों में व्योम बसाऊँ,
फिर यह छवि उरेहता जाऊँ। मन से छन कर
रूप और से और बनेंगे, तन मन धन कर
कैसे उस को मूर्त बनाऊँ और सजाऊँ।

मुझको जीवन की मुद्राएँ घेर रही हैं
जल स्थल नभ में प्राणों की अगणित धाराएँ
प्रवहमान हैं—प्रकृति और मानव-कृति मिल कर
रूप जगत् का अपनी आँखों हेर रही हैं,
सृष्टि-पदों की साक्षी हैं नभ की ताराएँ,
अर्थ और भी खुलते हैं भावों में खिलकर।

आहत शब्दों से

आहत शब्दों से तेरा अर्चन करने की
मैं करता हूँ अगर ढिठाई माँ, तो इसमें
तेरा प्रोत्साहन है। और नहीं तो किस में
इतना बल है, जल से अपना घट भरने की
जुगत चाहिए; इसके बिना तृषा हरने की
कोई आशा नहीं—और आशा भी, जिसमें
कर-बल है उस में रहती है, वह जिस तिस में
नहीं रहा करती है; नौका है तरने की।

कैसे और कहाँ से शब्द अनाहत पाऊँ,
मुझ आहत पर तू ने कृपा-दृष्टि डाली है
यह सामान्य नहीं है; तेरे मन में चाहत
नहीं अनाहत के प्रति माँ—मैं भर भर लाऊँ
आँखों में जल, मेरे पास कहाँ थाली है,
तुझको नहलाऊँ, आए जी को कुछ राहत।

शब्दकार, इन शब्दों में

शब्दकार, इन शब्दों में जीवन होता है
ये भी चलते फिरते और बात करते हैं;
तोष, रोष—जब जैसे भावों से भरते हैं
तब वैसे ही अर्थों का व्यंजन होता है,
संमत शब्द अर्थ से अनुरंजन होता है।
साक्षर शान्त लिखित ध्वनि-लहरों पर तरते हैं
अपनी आँखों में स्वीकृत प्रकाश भरते हैं,
जाने अनजाने भय का भंजन होता है।

शब्दों में भी हाड़, मांस है, जीवन धर कर
वे भी जीवधारियों के स्वरयन्त्र सँभाले
स्फुट, अस्फुट दो धाराओं में प्रवहमान हैं
रात और दिन—द्यावापृथिवी में विचरण कर
झलकाते हैं दुनिया के सब खेल निराले
और मनोहर काल-स्रोत के सन्निधान हैं।

स्वर-समुद्र का मुझको

स्वर-समुद्र का मुझ को तुमने मीन कर दिया,
यह क्या लीला की। कैसा आलोक दिखाया–
तपा तपा कर जीवन को अविराम उठाया,
मेघों की माला रच दी, स्वाधीन कर दिया
नील गगन में पहुँचा कर रंगीन कर दिया–
आनंदित हो गया विहग, पृथ्वी पर छाया
छोड़ चला; नवीन में उसे नवीन बनाया
प्राचीनों में ले जाकर प्राचीन कर दिया।

स्वर के बाहर मैं क्या हूँ, कुछ नहीं कुछ नहीं,
कुछ की खोज किया करता हूँ, कुछ पाता हूँ,
जो कुछ पाता हूँ, वह कुछ भी खो जाता है;
यह सब क्या है–आज कहीं है और कल कहीं,
वह सुन्दरता क्या है जिसको मैं गाता हूँ–
आँखों से क्यों मन का विनिमय हो जाता है।

मेरे ऊपर रंग और ही

मेरे ऊपर रंग और ही पड़ा हुआ है
जिस की भाषा मौन चेतना के समान है
है तो है, अज्ञात, जरा भी नहीं ध्यान है,
यह तो कोई ध्येय नहीं है। बड़ा हुआ है
अनुभव अपने आप, आप ही खड़ा हुआ है
जीवनमयी कठोर भूमि पर। स्वल्प ज्ञान है
और अधिक अज्ञान यहाँ है। जो वितान है
ज्ञान-तन्तु का क्षुद्र, भूमि में गड़ा हुआ है।

जड़, चेतन, सब आज मुझे अपने लगते हैं,
किरणों का उद्भास रूप जो जो लाता है
अनुरंजित उद्‌गीथ उसी का अर्चन बनकर
होता है आकाश। नए सपने जगते हैं
जिन का परिचय-भाव स्वरों में छा जाता है,
किरण-किरण के रंग हुए मन के छन छन कर।

(रचनाकाल : 1962, शब्द में संकलित)

झाड़ और झंखाड़

झाड़ और झंखाड़ उखाड़ काट कर अपने
पथ को किया प्रशस्त, चला, रुक कर अलसाया
नहीं, तप गया फिर भी तरु की शीतल छाया
ताकी नहीं, न मुझ को सुख शय्या के सपने

पीछे खींच सके, समझा था यदि खोना है
तो मुझ को अभाव खोना है, फिर क्या रोना।
झेलूँगा हो ले जितना संचित है होना,
बूँद बूँद रक्त से मुझे नीरव बोना है

नव जीवन के बीज, धरातल की हरियाली
हो दिन दूनी रात चौगुनी रहने वाले
कहने वाले सुनने वाले सहने वाले
रहें एक दूसरे के लिए, हो उजयाली।

बनी बनाई राह मुझे कब, कहाँ, सुहाई;
गहन विपिन में धँसा, नहीं की रामदुहाई।

(रचनाकाल : 19/11/1951, अनकहनी भी कुछ कहनी है में संकलित)

झेला नंगी पीठ

झेला नंगी पीठ जमाने का वह कोड़ा
सर्र सर्र जो पड़ता रहा न रुकना सीखा
जिस ने, मैं ने भी कब संचित धीरज छोड़ा
पल भर को भी। ताजा है मुझको वह तीखा

मांसपेशियों का मन्थन, उस का क्या कहना,
चेतनता का रक्त बूँद बन बन कर धीरे
धीरे बहना, तड़पों का पीछे आ रहना
ओठों के, जैसे कोई अन्तस्तल चीरे

बेसुध किए बिना, वैसे ही मुझ को पीड़ा
बार बार व्याकुल करती थी, और विवश था
मैं भी। लेकिन क्या करता, यह कोई क्रीड़ा
न थी, अलग हो जाता, अपना नेक न बस था।

अगर न पीड़ा होती तो भी क्या मैं गाता
यदि गाता तो क्या उस में ऐसा स्वर आता।

*(रचनाकाल : 12/11/1951, **अनकहनी भी कुछ कहनी है** में संकलित)*

हारे खीझे मन से मैंने

हारे खीझे मन से मैंने कभी कहा था,
'अगर जन्म लेने में मैं लाचार न होता
मुझे चिरानीपट्टी से कुछ प्यार न होता',
पहला असन्तोष जो कुछ भी रहा सहा था

आज नहीं है, क्यों, इसका तो समुचित उत्तर
दे पाना आसान नहीं है। द्वेष आपसी
नहीं घटा है, दाँजारेसी बढ़ी पाप सी
है, दिन पर दिन। पूरब, पच्छिम, दक्खिन उत्तर

छोटे छोटे खेत, बाढ़ मेंड़ों की, अपनी
अपनी चिन्ता; मेलजोल से काम नहीं, क्या
इस से होगा, काट कपट ठाकुरों की, बढ़ा
जाने वाला खेवट, क्षुद्र स्वार्थ की झपनी।

लुटे सताए हुए आदमी जहाँ पड़े हों,
अच्छा हो जाग्रत जन उन के लिए खड़े हों।

(रचनाकाल : 28/10/1951, अनकहनी भी कुछ कहनी है में संकलित)

ठोक बजा कर देख लिया

ठोक बजा कर देख लिया, कुछ कसर न छोड़ी,
दुनिया के सिक्के को बिल्कुल खोटा पाया,
तरस घूम फिर कर अपने ही ऊपर आया,
जैसी हाट, बाट वैसी है, क्यों फिर थोड़ी
सी भी आस बाँध ली पल्ले। होड़ाहोड़ी
जहाँ मची है, घोर मरुस्थल है, बौराया
हुआ बगूला उठता है, वहाँ घनी छाया
कहाँ मिलेगी, ममता छोड़ी, तूँबी फोड़ी।

फिर भी, फिर भी, मार्ग मुझे चुपचाप बुलाते
हैं, आँखों के आगे आगे बढ़ते बढ़ते
चढ़ते और उतरते, पार क्षितिज के जाकर
मुझ को उत्साहित करते हैं–आते जाते
तुझे मनुष्य मिलेंगे, इन पाठों को पढ़ते
तू बढ़ता चल, मित्र साथ है फिर किस का डर।

(रचनाकाल : 10/4/1954, फूल नाम है एक में संकलित)

मुझ से कहा चाँद ने

मुझ से कहा चाँद ने, कैसे आज अकेले
घूम रहे हो। साथ तुम्हारा छूट गया क्या,
पिछले दिन का प्रण अनजाने टूट गया क्या।
तुम दोनों तो साथ साथ जीवन में खेले,
कूदे, बढ़े। इन दिनों क्या कुछ नए झमेले
तुम को घेर रहे हैं। सब कुछ फूट गया क्या।
प्राणों का सम्बल वह, कोई लूट गया क्या,
जीवन में तुम ने भी कितने पापड़ बेले।

हवा बही, तारे कुछ काँपे, मैंने ताका,
ऊपर नीलाकाश, जहाँ चाँदनी लिखी थी
नीचे नगर पड़ा था, जहाँ जले थे लट्टू
बिजली के। आवाज़ें गन्ध धुएँ का साका
चलता था, सन्ध्या चल दी, जो अभी दिखी थी,
गया स्नेह भी और रह गए आप, निखट्टू।

*(रचनाकाल : 7/4/1954, **फूल नाम है एक** में संकलित)*

हो तुम भी घोंचू ही

हो तुम भी घोंचू ही। भाषा, छन्द, भाव के
पीछे जान खपाते हो। लद गया जमाना
इनका। छोड़ो भी। आओ, अब से मनमाना
लिखा करो। गद्य ही ठीक है। अब कटाव के
ढब बदले हैं। बोल चढ़े हैं भाव ताव के।
लिखो, लिखो कुछ, बहुत सरल है कवि कहलाना।
यह खेलों में नया खेल है। तुम आ जाना
जब जी चाहे, पार न होगे बिना नाव के।

विषय नहीं सूझता? अजी तुम लिख दो "ढेला"
इसके बाद लिखो "हँसता था"। इस के आगे?
बहुत खूब, आ हा, "भीनी सुगन्ध उड़ती थी।
फिर नभ में उमड़ा घुमड़ा मेघों का मेला,
सन्नाटा छा गया, धरा पर अंकुर जागे।"
यह प्रयोग है, कलम जिधर चाहा, मुड़ती थी।

*(रचनाकाल : 2/4/1954, **फूल नाम है एक** में संकलित)*

उस जनपद का कवि हूँ

उस जनपद का कवि हूँ जो भूखा दूखा है,
नंगा है, अनजान है, कला—नहीं जानता
कैसी होती है क्या है, वह नहीं मानता
कविता कुछ भी दे सकती हैं कब सूखा है
उसके जीवन का सोता, इतिहास ही बता
सकता है। वह उदासीन बिलकुल अपने से,
अपने समाज से है; दुनिया को सपने से
अलग नहीं मानता, उसे कुछ भी नहीं पता
दुनिया कहाँ से कहाँ पहुँची; अब समाज में
वे विचार रह गए नहीं हैं जिन को ढोता
चला जा रहा है वह, अपने आँसू बोता
विफल मनोरथ होने पर अथवा अकाज में।
धरम कमाता है वह तुलसीकृत रामायण
सुन पढ़ कर जपता है नारायण नारायण।

कवि है नहीं त्रिलोचन

कवि है नहीं त्रिलोचन अपना सुख दुख गाता
रोता है वह, केवल अपना सुख दुख गाना
और इसी से इस दुनिया में कवि कहलाना
देखा नहीं गया। उसको क्या आता जाता
है, आए दिन लिखता है वह पिटी पिटाई
बातों पर, प्रचार कविता द्वारा करता है,
जो प्रचार करता है बिना मौत मरता है
उसको यह मालूम नहीं है, रटी रटाई
बातें मार्क्सवाद की करता है। मलयानिल,
कोकिल, चातक, श्यामा, कमल, चन्द्र की शोभा
थकी थकाई आँखों से देखा, वह लोभा
कभी नहीं इन पर, करता है दाँताकिलकिल।
अमृतमूल कविता जो स्वर्ग से यहाँ आई,
धूल और काँटों में उस को नाच नचाई।

वही त्रिलोचन है वह

वही त्रिलोचन है, वह—जिसके तन पर गन्दे
कपड़े हैं। कपड़े भी कैसे—फटे लटे हैं,
यह भी फैशन है, फैशन से कटे कटे हैं।
कौन कह सकेगा इसका यह जीवन चन्दे
पर अवलंबित है, चलना तो देखो इसका—
उठा हुआ सिर, चौड़ी छाती, लम्बी बाँहें,
सधे कदम, तेजी, वे टेढ़ीमेढ़ी राहें
मानो डर से सिकुड़ रही हैं, किस का किस का
ध्यान इस समय खींच रहा है। कौन बताए,
क्या हलचल है इसके रुँधे रुँधाए जी में
कभी नहीं देखा है इसको चलते धीमे।
धुन का पक्का है, जो चेते वही चिताए।
जीवन इसका जो कुछ है पथ पर बिखरा है,
तप तप कर ही भट्ठी में सोना निखरा है।

(रचनाकाल : 1950-54, उस जनपद का कवि हूँ में संकलित)

एक विरोधाभास त्रिलोचन है

एक विरोधाभास त्रिलोचन है। मैं उसका
रंग-ढंग देखता रहा हूँ, बात कुछ नई
नहीं मिली है। घोर निराशा में भी मुसका
कर बोला, कुछ बात नहीं है अभी तो कई

और तमाशे में देखूँगा। मेरी छाती
वज्र की बनी है, प्रहार हो, फिर प्रहार हो,
बस न कहूँगा। अधीरता है मुझे न' भाती,
दुख की चढ़ी नदी का स्वाभाविक उतार हो।

संवत् पर संवत् बीते, वह कहीं न टिहटा,
पाँवों में चक्कर था। द्रवित देखने वाले
थे। परास्त हो यहाँ से हटा, वहाँ से हटा,
खुश थे जलते घर से हाथ सेंकने वाले।

औरों का दुख दर्द वह नहीं सह पाता है।
यथाशक्ति जितना बनता है कर जाता है।

अन्तर

तुलसी और त्रिलोचन में अन्तर जो झलके
वे कालान्तर के कारण हैं। देश वही है,
लेकिन तुलसी ने जब-जब जो बात कही है,
उसे समझना होगा सन्दर्भों में कल के।
वह कल, कब का बीत चुका है—आँखें मल के
ज़रा देखिए, इस घेरे से कहीं निकल के,
पहली स्वरधारा साँसों में कहाँ रही है;
धीरे-धीरे इधर से किधर आज बही है।
क्या इस घटना पर आँसू ही आँसू ढलके।

और त्रिलोचन के सन्दर्भों का पहनावा
युग ही समझे, तुलसी को भी नहीं सजेगा,
सुखद हास्यरस हो जाएगा। जीवन अब का
फुटकर मेल दिखा कर भी कुछ और बनावा
रखता है। अब बाज पुराना नहीं बजेगा
उसके मन का। मान चाहिए, सबको सबका।

आलोचक

कभी त्रिलोचन के हाथों में पैसा धेला
टिका नहीं। कैसे वह चाय और पानी का
करता बन्दोबस्त। रहा ठूँठ सा अकेला।
मित्र बनाए नहीं। भला इस नादानी का

कुफल भोगता कौन। यहाँ तो जिसने जिसका
खाया, उसने उसका गाया। जड़ मृदंग भी
मुखलेपों से मधुरध्वनि करता है। किसका
बस है इसे उलट दें। चाहो रहे रंग भी

हल्दी लगे न फिटकरी, कहाँ हो सकता है।
अमुक अमुक कवि ने जम कर जलपान कराया,
आलोचक दल कीर्तिगान में कब थकता है।
दूध दुहेगा, जिसने अच्छी तरह चराया।

आलोचक है नया पुरोहित उसे खिलाओ
सकल कवि-यशःप्रार्थी, देकर मिलो मिलाओ।

(ताप के ताए हुए दिन, 1980 में संकलित)

बड़े बड़े शब्दों में

बड़े बड़े शब्दों में बड़ी बड़ी बातों को
कहने की आदत औरों में है पर मेरा
ढर्रा अलग गया है। ढाकों के पातों को
थाली की मर्यादा देकर पहला घेरा
तोड़ दिया। रस जीवन का जीवन से खींचा,
दिए हृदय के भाव, उपेक्षित थी जो भाषा
उसको आदर दिया। मरुस्थल मन का सींचा
परित्यक्त, आकाश विहारी कवि अभिलाषा
उड़ने की ही रखते थे, गर्जन ही गर्जन
उनका सुन पड़ता था, शीतल वर्षा-धारा
नहीं भूमि तक आती थी, वर्जन ही वर्जन
उन में था; था जग-जीवन का वारा न्यारा।
दौड़ दौड़कर असमय समय न आगे आए,
वह कविता क्या जो कोने में बैठ लजाए।

गद्य-वद्य कुछ लिखा करो

गद्य-वद्य कुछ लिखा करो। कविता में क्या है।
आलोचना जमेगी। आलोचक का दर्जा—
मानो शेर जंगली सन्नाटे में गर्जा
ऐसा कुछ है। लोग सहमते हैं। पाया है
इतना रुतबा कहाँ किसी ने कभी। इसलिए
आलोचना लिखो। शर्मा ने स्वयं अकेले
बड़े बड़े दिग्गज ही नहीं, हिमालय ठेले,
शक्ति और कौशल के कई प्रमाण दे दिए,
उद्यम करके कोलतार ले लेकर पोता,
बड़े बड़े कवियों की मुख-छवि लुप्त हो गई,
गली गली में उन के स्वर की गूँज खो गई,
लोग भुनभुनाए घर में, इससे क्या होता!
रुख़ देख कर समीक्षा का अब मैं हूँ हामी,
कोई लिखा करे कुछ, जल्दी होगा नामी।

(रचनाकाल : 1950-54, उस जनपद का कवि हूँ में संकलित)

रहस्य

अचरज है मुझको कि त्रिलोचन कैसे इतना
अच्छा लिखने लगा। धरातल उसके स्वर का
तिब्बत के पठार सा ऊँचा अब है। जितना
ही गुनता हूँ इस पर, कुछ रहस्य अन्दर का
मुझे भासने लगता है, यह उसके बस का
काम नहीं है। होगा कोई और खिलाड़ी
जिसका यह सब खेल है मुझे तो अब चस्का
लगा रहस्योद्घाटन का है। खूब अगाड़ी
और पिछाड़ी देखभाल कर बात कहूँगा
मैंने तो रहस्य अब तक कितनों के खोले
हैं। न इस नई धारा में निरुपाय बहूँगा
मेरे आगे बड़ों बड़ों के धीरज डोले
एक फिसड्डी आकर अपनी धाक जमाए
देख नहीं सकता हूँ मैं यों ही मुँह बाये

*(आजकल मासिक नई दिल्ली, मई 1953 में प्रकाशित। **तुम्हें सौंपता हूँ** में संकलित)*

पीड़ा के नीचे भाषा

पीड़ा के नीचे भाषा अब दबी पड़ी है,
आँखों, साँसों, मुखरेखाओं में गहराई
उतर चली है। स्वर के यन्त्रों पर लहराई
अवरोह की निरन्तरता। कौन सी घड़ी है
जब जीवन सेना विनाश से नहीं लड़ी है,
और लड़ाई यह अब तक ठहरी ठहराई
नहीं किसी दिन, विजय ध्वजा अपनी फहराई
जैसे तैसे, काया कोमल और कड़ी है।

भाषा कितना कितना छिपा लिया करती है
अपनी पर्तों में, मनुष्य का केवल चेहरा
रह जाता है, केवल अभिनय की उस्तादी
खेल दिखाया करती है। जो कुछ धरती है
उसे छोड़ देती है मानवता, पर सेहरा
और और पा जाते हैं जो रहे विवादी।

*(रचनाकाल : 7/4/1954, **फूल नाम है एक** में संकलित)*

प्रगतिशील कवियों की

प्रगतिशील कवियों की नई लिस्ट निकली है
उसमें कहीं त्रिलोचन का तो नाम नहीं था।
आँखें फाड़ फाड़ कर देखा, दोष नहीं था
पर आँखों का। सब कहते हैं कि प्रेस छली है,
शुद्धिपत्र देखा, उसमें नामों की माला
छोटी न थी। यहाँ भी देखा, कहीं त्रिलोचन
नहीं। तुम्हारा सुन सुन कर सपक्ष आलोचन
कान पक गए थे, मैं ऐसा बैठाठाला
नहीं, तुम्हारी बकझक सुना करूँ। पहले से
देख रहा हूँ, किसी जगह उल्लेख नहीं है,
तुम्हीं एक हो, क्या अन्यत्र विवेक नहीं है,
तुम सागर लाँघोगे?—डरते हो चहले से।
बड़े बड़े जो बात कहेंगे—सुनी जाएगी
व्याख्याओं में उनकी व्याख्या चुनी जाएगी।

(रचना काल : 1950-54, उस जनपद का कवि हूँ में संकलित)

अपना ही घर

महल खड़ा करने की इच्छा है शब्दों का
जिसमें सब रह सकें रम सकें लेकिन साँचा
ईंट बनाने का मिला नहीं है, अब्दों का
समय लग गया, केवल काम चलाऊ ढाँचा

किसी तरह तैयार किया है। सबकी बोली—
ठोली लाग-लपेट, टेक, भाषा, मुहावरा
भाव, आचरण, इंगित, विशेषता फिर भोली
भूली इच्छाएँ, इतिहास विश्व का, बिखरा

हुआ रूप-सौन्दर्य भूमिका, स्वर की धारा
विविध तरंग-भंग भरती लहराती गाती
चिल्लाती, इठलाती फिर मनुष्य आवारा
गृही, असभ्य, सभ्य, शहराती या देहाती—

सबके लिए निमन्त्रण है अपना जन जानें
और पधारें इसको अपना ही घर मानें।

(ताप के ताए हुए दिन 1980 में संकलित)

मैं बादल हूँ

मैं बादल हूँ, वह बादल जो बरस चुका है,
जिस का जल, जिस का स्वर, नद-नदियों-नालों में
तृण-सस्यों में, पेड़ों-पौधों में, तालों में,
फूल-लताओं में, झरनों में, परस चुका है
नूतन छवि को नई लहर से। गरस चुका है
हरित स्रोत ग्रीष्म के शोष को थल-थालों में।
टेढ़ी-मेढ़ी बाटों पर पहली चालों में
लोट लिपट कर रहने को मन तरस चुका है।
ग्रामों - नगरों - गिरि - उपत्यका - कान्तारों में,
ऊसर-बंजर में, पलिहर में, खलियानों में,
मेंड़ों पर, घर में, आँगन में, मैदानों में,
शिखी-कृषक के लास-हासमय उपहारों में,
बिजली के प्रकाश में, मेरी बौछारों में,
विविध गान उमड़े हैं, गूँजे हैं ध्यानों में।

(रचनाकाल : 1950-54, उस जनपद का कवि हूँ में संकलित)

पुनः शरद ऋतु आई है

पुनः शरद ऋतु आई है, शोभा छाई है
चारों ओर, रंग कण कण का बदल गया है।
वर्षा में चल थकी हवा कुछ अलसाई है
नहीं नृत्य की द्रुत तरंग है। सकल नया है

साज सिंगार प्रकृति के तन पर। अब उनया है
मेघों का दल श्याम नहीं खंजन आए हैं
दूर देश से। नीड़ बनाने लगी बया है
पुरइन के पत्तों पर सरसिज मुसकाए हैं,

सर शोभित हैं और कुईं के दिन आए हैं।
चाँद मोद में है अकास में। गंगा गाती
बहती जाती है। बयार ने उलझाए हैं
अपने आँचल रजनीगन्धा में, इठलाती

चलती है। कवि देख रहा है सब कुछ नीरव,
नई लहर है, नये प्राण हैं, नया नया भव।

(रचनाकाल : 26/9/1950, अनकहनी भी कुछ कहनी है में संकलित)

नया वर्ष

नया वर्ष आया है, माथे पर होली की
भस्म लगाए, अंगों में बहार रंगों की
छाई है, अमराई में नूतन ढंगों की
सिन्दूरी, केसरिया मञ्जरियाँ टोली की
छटा बढ़ाती हैं, बहार पिक की बोली की
सभी कानवालों के पग में नव भंगों की
बेड़ी अलख डाल जाती है। इन संगों की
स्मृति उतनी सुखकर है जितनी हमजोली की।

फूले हैं पलाश, सेमल, गुलाब, बनबेला
जामुन नीम, लिसोढ़े। अभिनव दल आए हैं
पीपल-पाकड़ में। मतवाली हैं मौनाएँ
फूल फूल का रस लेती हैं, यह मधुमेला
भला फिर कहाँ? मानव ने जो दुख पाए हैं
वे जायें, जीवन में नई उमंगें आयें।

*(रचनाकाल : मार्च 1954, **दिगन्त** में संकलित)*

धूप बहुत पहले जब आई

धूप बहुत पहले जब आई तो पीपल की
फुनगी पर आई, टूसे से टहनी टहनी
उन्मुख थी, ललछू पीली आभा ने पहनी
नई सुनहली अँगिया। हवा चली तो छलकी
छिपी हुई छवि, वर्षों की महिमा इस पल की
सीमा में आ गई, धार धरती पर बहनी
शुरू हुई—पीपल की हार हुई अनकहनी,
उतर गई देदीप्यमानता, सब पर झलकी।

मैंने समझा था, यह पीपल जटाजूट में
आज व्योम-ज्योर्तिगंगा को शिरसा लेकर
खड़ा रहेगा—लेकिन ज्योति उतर आई है
हरित तृणों को हुलसाती है और लूट में
लेती है शैथिल्य विश्व का, अंजन दे कर
नई ज्योति का नेत्रोन्मीलन कर आई है।

दोपहरी है

दोपहरी है, कूज रहे हैं उधर कपोती
और कपोत अधीर। चोंच से चोंच मिलाते।
चुग्गा लेकर सानुरोध चुपचाप खिलाते
एक दूसरे को, न कभी थकान कुछ होती
है उनको। उपहार-वृत्ति प्राणों में बोती
है जीवन के बीज, सटाते पंख हिलाते
बढ़ते हैं इस ओर और उस ओर, जिलाते
हैं जगती के स्वप्न स्वप्न हैं मन के मोती।

ग्रीवा प्रायः मोड़ मोड़ कर मिला मिला कर
हिलते डुलते और काल की मौन चाल को
देख देख कर भाव भरे हैं। इन को चिन्ता
कभी किसी की रंच भर नहीं। यहाँ जिला कर
जी कर जीवन बिता रहे हैं। किसी डाल को
अपना लिया, हुलास कहीं है घड़ियाँ गिनता।

मधुमक्खियाँ उड़ान भरा करती हैं

मधुमक्खियाँ उड़ान भरा करती हैं दिन भर,
फूल फूल का कोष जतन से ले जाती हैं,
रचती हैं मधुचक्र। कहीं जाते गाती हैं।
संचय करने और गान से उनको छिन भर
कहाँ मिला अवकाश, उजाला उन को तिन भर
जीवन का ही भव्य रूप है, जब पाती हैं
अन्धकार को पास, सार-संग्रह लाती हैं
परिकोषों में डाल देखती हैं वे–रिन भर

गया आज का और देखना है कल को भी,
रात समूहनिवास रहेगा और सवेरे
किरणों के ही साथ ये सभी उड़ जाएँगी,
फूल, कली या पौध–राह में आए जो भी
सब का रस सानन्द ग्रहण कर, कितने फेरे
दिन में कर चुपचाप, साँझ को जुड़ जाएँगी।

कठफोड़े ने मार मार कर

कठफोड़े ने मार मार कर उन कीड़ों को
बाहर आज निकाल लिया आहार के लिए
जो तरु के अंतःस्थ शत्रु थे। प्यार के लिए
शुकदम्पति ने एक वृक्षकोटर भीड़ों को
तज कर कभी पसन्द किया, अपने नीड़ों को
अच्छी तरह सँवार कर नए भार के लिए
भली भाँति तैयार हुए। उपहार के लिए
खग वसन्त के द्वार ताकते हैं पीड़ों को।

आने वाले ग्रीष्म-दिवस तरु की छाया में
बीतेंगे, हर रोज, वहाँ मेला उमड़ेगा,
नर-नारी आबालवृद्ध चल कर आएँगे
हरियाली में आप, ठहर कर इस माया में
रमे रहेंगे और सीस पर से उखड़ेगा
चिन्ता का संसार, विहग दल में गाएँगे।

(रचनाकाल : 1962, शब्द में संकलित)

नन्ही सी गौरैया

नन्ही सी गौरैया अपना चारा चुनती
फिरती है, भोर से साँझ तक। आया जाया
करती है नीड़ की राह में। चूँ चूँ गाया
करती है। तिनके रेशे चुन चुन कर बुनती
है खोंता। फिर चुप रह कर मानो वह सुनती
है सलाह जीवन की—क्या क्या अभी न आया
जिस के बिना अधूरा है सब। बच्चा पाया
अभी नहीं पर तैयारी में गुनती तुनती
धुनती है पहले से। जब तब केवल गाती
है। छज्जों, मोखों, खपरैलों में मनमानी
जगह घोंसला रच देती है। हो नादानी,
कहाँ अनुज्ञा वह लेती है। जब आ जाती
है तब अपने साथ नए जीवन की लाती
लहरें, वे लहरें जिन का है अक्षय पानी।

(रचनाकाल : 1950-54, उस जनपद का कवि हूँ में संकलित)

सुन्दर आँखें, विलुलित वेणी

सुन्दर आँखें, विलुलित वेणी और चलावा–
आगे ही देखते हुए, अपनी ही धुन में
बढ़ते जाना, आवश्यक होने पर उन में
मुड़ कर बगल देखने की रुचि पथ की आवा-
जाही में, मरजाद बचाना और दिखावा
भी निबाहना देख परख कर, अपने गुन में
और निखरना, इस धरती पर बरसे हुन में
बारहबानी को देना दिन रात बढ़ावा।

यह भारत की कन्याओं का कठिन काम है
जिस की ओर लगे हैं नर-नारी के लोचन,
इस काँटे पर तुलना कितनी बड़ी बात हो
अगर कहीं हो जाए। सच्चाई एक नाम है
जिस का अर्थ खो गया है, संशय का मोचन
कौन करे, जब डाल डाल हो पात पात हो।

हवा, रोशनी सूरज की

हवा, रोशनी सूरज की, आकाश खुला है
कहीं बादलों का निशान भी नहीं। सुना है
भरसक सब की आँख बचाकर अभी बुना है
स्वेटर तुमने मेरे लिए। अनन्त धुला है
सूरज के पानी से—पावन रूप तुला है
आँखों के तिल में। मैंने दिनरात गुना है—
कौन-कौन गुण धन्य हुए हैं जिन्हें चुना है
तुमने अपने लिए, महक से रूप घुला है।

मैं इन आँखों के सुनील जल में खो जाऊँ,
जी करता है, कोई ढूँढे मुझे न पाए,
मेरा होना ही सुगन्ध बनकर दिगन्त में
जल के ऊपर खिले कंज सा हो, बो जाऊँ
मैं भी सूक्ष्म तरंगें ऐसी ही, उपजाए
प्यार तुम्हारा प्यार, प्यार रह जाए अन्त में।

सूरज का प्रकाश पड़ता है

सूरज का प्रकाश पड़ता है नए मुखों पर,
आँखें उनका चित्र उतार लिया करती हैं
अपने आप, बताने में यह सब डरती हैं—
क्या जाने क्या शब्द अर्थ हो; प्राप्त सुखों पर
कोई डीठ गड़ा दे, दुनिया भले दुखों पर
ध्यान न दे पर सुख की ईर्ष्या में मरती है
आठों याम और लम्बी साँसें भरती है—
मैंने दृश्य यही देखे हैं सभी रुखों पर।

नीले आसमान में सबने सीस उठाए
नन्ही दूब, विशाल पेड़ अथवा पहाड़ हो,
चींटी हो, गैंडा हो, साँभर हो या हाथी
या मानव हो, कोई भी हो—सभी झुठाए
हुए मरण को हैं, मृदु भाषण हो, दहाड़ हो,
सभी चाहते हैं, अपने जीवन के साथी।

पीछे हरियाली है

पीछे हरियाली है, हरियाली में पीले
पीले फूलों वाली सरसों सजी सजाई
लहराती है, मधुर गन्ध से बसी बसाई
हवा सरसराती है। मेरे आगे नीले
आसमान की छाया गंगा में है। गीले
तट से कुछ हट कर हूँ, आभा जल पर छाई
रामनगर की बिजली की, खँभिया उतराई
धारा पर जैसे सोने की, शोभा ढीले।

आवाज़ें दूरियाँ पार कर आसमान की
कानों को अपना वक्तव्य सुना जाती हैं
अनचाहे भी; धारा पर कल कल ध्वनि करती
हुई नाव चढ़ती है; अपनी टेक तान की
गाता है मल्लाह; लहरियाँ बढ़ आती हैं,
जैसे जैसे पुरवाई में लहर उभरती।

नाव चल रही है

नाव चल रही है चढ़ान पर, डाँड़ चलाता
चला जा रहा है मल्लाह। नाव भारी है,
बैठे हैं विदेश के यात्री, तैयारी है,
कई कुर्सियाँ पड़ी हुई हैं। एक घुमाता
है अपना कैमरा—किनारे ताने छाता
धूप बचाती हुई एक ही तो नारी है,
स्वस्थ, सलोने, आकर्षक सब हैं, प्यारी है
काशी की छवि। इन्हें ध्यान भी क्या कुछ आता

है तट के निवासियों का; उनके सुख-दुख का
इन पर कुछ प्रभाव पड़ता है या ये केवल
दृश्य देख कर ही अदृश्य होने आते हैं
अपने जीवन की धारा में—मानव-मुख का
ध्यान कहाँ तक करें, अनोखेपन का सम्बल
इनको लाता है जिस की सुधि ले जाते हैं।

जाड़े का दिन, धूप खिली है

जाड़े का दिन। धूप खिली है आसमान की
नील लता पर, प्राची में, थोड़ा सा ऊपर
सूरज उठ कर चला गया है, नीचे भू पर
इधर उधर ज्योति ही ज्योति है। स्नान-ध्यान की
धुन में लोग घाट पर आते हैं; बिहान की
बेला में मालिश करते हैं, यों ही भ्रू पर
बल देकर रोशनी झेलते हैं, बाजू पर
दृष्टि डालते हैं, गुनते हैं बात ज्ञान की।

प्रिय लगती है बहुत, घमौनी; घाम देख कर
लोग कहीं जमते हैं, गाएँ और बकरियाँ
खड़ी धूप में मौज लिया करती हैं, सर्दी
इसी तरह जाती है। घर से मीन-मेख कर
आती हैं महिलाएँ, आती हैं सुन्दरियाँ;
कुत्ते करते रहते हैं आवारागर्दी।

(रचनाकाल : 1962, शब्द में संकलित)

फूल साँझ का गिरा

फूल साँझ का गिरा। झुका मैं, इसे उठा लूँ।
वह गुलाब की डाली का आखिरी फूल था
जो हाथों में लिया, और अब छिन्नमूल था,
गरम गरम कुम्हलाया। सोचा, जरा पता लूँ,
कहाँ लगा था, हटा कि काँटा चुभा। निकालूँ
जब तक—सारस बोले, नेड़े नदी-कूल था—
रक्त निकल आया। हाँ, अब वह गड़ा शूल, था
पड़ा हथेली पर। इस को ले जाकर डालूँ

कोई जहाँ न जाए। मिल गई आगे, सूखी
और कँटीली झाड़ी, डाला। देखा, तारा
एक झलक आया है, जोड़ा एक स्यार का
नदी तीर को जाता था। तप तप कर रूखी
और हवा थी। दिन भर चल कर पथ का हारा
एकाकी मैं; मैंने देखा स्वप्न हार का।

*(रचनाकाल : 9/4/1957, **फूलनाम है एक** में संकलित)*

सन्ध्या ने मेघों के कितने चित्र बनाए

सन्ध्या ने मेघों के कितने चित्र बनाए—
हाथी, घोड़े, पेड़, आदमी, जंगल, क्या क्या
नहीं रच दिया और कभी रंगों से क्रीड़ा
की, आकृतियाँ नहीं बनाईं, कभी चलाए
झीने से बादल जिन में चटकीली लाली
उभर उठी थी। जिन की आभा हरियाली पर
थिरक उठी थी, जाते जाते क्षितिज-पटी पर
सूरज ने सोना बरसाया। छाया काली
बढ़ने लगी, रंग धीरे-धीरे फिर बदले,
पेन्सिल के रेखा-चित्रों से बादल छाए
विविध रूप आकार बदलते से, ज्यों न्हाए
हुए प्रकाश और छाया में, अपना पद ले।
रात उतर आई, दिखलाई दिए सितारे,
पेड़ गाँव अस्पष्ट दिखे, मानव-दृग हारे।

(रचनाकाल : 1950-54, उस जनपद का कवि हूँ में संकलित)

गाते हुए गले ये कितने

गाते हुए गले ये कितने दिन गाएँगे,
कितने दिन हम सुन पाएँगे; पर यह गाना
अक्षर रूपों में जीवन के पथ पर नाना
स्वर उठाएगा–सुन सुन कर मन लहराएँगे,
कर्मपाश में बँधे हुए भी। जो आएँगे
स्वर की डोरों से खिंच खिंच कर उन का आना
अन्तर को हुलसाएगा, हुलास से जाना
पथ सँवार देगा, आनन्द नया पाएँगे।

रूप गीत के हम साखी हैं वैसे जैसे
पवन मंडलाकार कृष्णघननील उमड़ते
हुए मसृण आषाढ़ी मेघों का साखी है,
उन का गर्जन, वर्षण, आवर्तन कब कैसे
कैसे रूप लिया करता है, घटा घुमड़ते
केकी ही देखा करता है जो पाखी है।

(रचनाकाल : 1962, शब्द में संकलित)

निझरे झीने झीने बादल

निझरे झीने झीने बादल सरक रहे हैं,
जैसे हलका धुआँ हो। जरा इन से ऊपर
काले काले स्थिर बादल हैं जैसे तट पर
धारा की छोड़ी मिट्टी, अविराम सहे हैं
जिसने हाथ चपल लहरों के साथ बहे हैं
विषम उभार, स्वरों के क्रम हैं, कंकड़ पत्थर
धारा के रेले से जैसे तैसे बच कर
ठहर गए हैं, कर्दम के आख्यान कहे हैं।

मेघ क्षितिज में पड़े प्रशान्त, दही की आँठी
जैसे, सूरज के प्रकाश ने तोड़ा घेरा
दूर बाग, बस्ती, कछार, बाँगर पर फेरा
प्रेमपूर्ण कर, वृष्टि धुले दृश्यों की गाँठी
में अपनी स्मृति बाँधी फिर परिकों की माँठी
से घन और उठे; चातक ने पिउ पिउ टेरा।

(रचनाकाल : 26/9/1954, फूल नाम है एक में संकलित)

इधर घनों के खेल व्योम में

इधर घनों के खेल व्योम में नए निराले
होते हैं दिन रात, मौन हैं, कभी मुखर हैं,
मन्द मन्द निर्घोष, कभी गर्जन के स्वर हैं,
कभी मण्डलाकार कभी चोटियाँ निकाले
ढकते हैं आकाश उमड़ कर, काले काले
पर्वत जैसे और कभी बूँदों के शर हैं,
रिमझिम रिमझिम रास अभी था, अभी प्रखर हैं,
अभी शान्त गम्भीर, अभी बिलकुल मतवाले।

कृष्ण श्वेत या धूम रंग जो जी में आया
वही दिखाकर मौज भरे चल पड़े गगन में,
कभी यूथ के यूथ कभी बिलकुल एकाकी
आ जाते हैं, सूर्य करों से जीवन पाया,
इनसे भू के भाव मगन हैं अपनेपन में,
नाच रहा है मोर लहर है तो केका की।

(रचनाकाल : 8/8/1962, फूल नाम है एक में संकलित)

कृष्ण वर्ण मेघों से

कृष्ण वर्ण मेघों से आच्छादित दिन आया
जैसे वैसे गया। उषा को मुसकाने का
समय ही नहीं मिला, महावर रचवाने का
काम रह गया और क्षितिज-मण्डल सँवलाया
इतना जितने घन थे। आँखों ने यह पाया
सन्ध्या आई और कहीं भी अपनाने का
भाव न पा कर लौट गई। जी उफनाने का
कारण अन्तर्निहित प्यार है, आश्रय काया।

काया है आधार जगत् के सम्बन्धों का,
सम्बन्धों का प्रेरक मन है, मन को स्मृतियाँ
क्षण क्षण सिंगारती हैं, यही सिंगार रूप की
नई नई रचना करता है, सद्गन्धों का
सत्कुसुमों से भाव बँधा है, अच्छी कृतियाँ
चाहक हैं कर्ता के पथ की क्लान्ति-धूप की।

उड़ते हैं पारावत

उड़ते हैं पारावत जमी हुई बदली के
नीचे नीचे। लगता है जैसे बादल के
छोटे छोटे टुकड़े खगाकार ये चल के
अपनी चाल दिखाते हैं, उस ओर गली के
ऊपर जो आकाश झुका है—भ्रमर कली के
ऊपर का लगता है। भरा उजाला छलके
जैसे दिक्-छोरों से कलश गगन का ढलके—
घन ये घूँघट-से लगते हैं किसी भली के।

हवा भूमि से आसमान तक आती जाती
है बेरोकटोक, बेलों से उलझ रही है;
पौधों से परिहास कर रही है; पेड़ों से
छेड़छाड़ कर रही है; वहाँ पंख फुलाती
है बैठी चिड़ियों के; लेकर गन्ध बही है
खिले खिले फूलों के गाँवों से खेड़ों से।

स्लेटी बादल आसमान को

स्लेटी बादल आसमान को घेर घिरे हैं,
कहीं जरा सा रन्ध्र नहीं है। जब तब बूँदा-
बाँदी हो जाती है। फैल फैल कर मूँदा
बदली ने नभ-नील-नयन को। उधर तिरे हैं
बादल के ऊपर बादल, चहुँ ओर फिरे हैं
नाना रूपों-रेखाओं में। जैसे खूँदा-
खूँदी बँधे अश्व करते हैं; सुन्दर फूँदा
किरणों का निकला, जिससे घन सान्ध्य चिरे हैं।

पेड़ों की पत्तियाँ नचाती हुई कहीं से
हवा इधर बहकी है, उधर हिली है साड़ी,
इधर बँहोली को प्रवेश कर फुला दिया है,
रोम सचेत कर दिए हैं, अब आज यहीं से
आँखों में यह आभा भर कर मेरी गाड़ी
पटरी पर सरकी क्या—सबको भुला दिया है।

(रचनाकाल : 1962, शब्द में संकलित)

भादों की रात

भरी रात भादों की...पथ...लपका वह कौंधा
दीप्ति भर उठी आँखों में इतनी, फिर हम तुम
कुछ भी पकड़ सके न डीठ से, छाया चौंधा।
तड़ तड़ तड़त्तड़ाङ् ध्राङ् ध्रा ध्राङ् ध्रु ङ् ध्रू द्रुम्

धाराधर का गगन-गान सुनकर तुम बोले
"चलो कहीं रुक जाएँ, रात भी अधिक हो गई,
दिन दिन चलना अच्छा होगा।" पथ पर टोले
गाँव कहीं दीखते नहीं थे। "कहाँ खो गई

वह धृति जो तुमको उभारकर पथ पर लाई?"
मैंने कहा। फिर चमक, कड़ कड़ कड़क कड़ग्घम्।
पकड़ तुम्हारे हाथों की कन्धे पर पाई,
बाग आ गया था, शरणस्थल मिला, गये जम।

रिमझिम रिमझिम—छक् छक् छक् छक्—सर् सर् सर् सर्
चम चेम चमक—धमाके घन के, उत्सव निशि भर।

*(रचनाकाल : दिसम्बर 1951, **दिगन्त** में संकलित)*

रात में

ढली रात, सुनसान गली है और अकेला
मैं चलता हूँ। नींद-भरा स्वर, पहरेवाला
कहता है, जागते रहो। पथ काला काला
तम से है। ऊँचे ऊँचे भवनों का मेला
दोनों ओर लगा है, मानो ठेलमठेला
की स्थिति है। बल्ब का क्षीण से क्षीण उजाला
जहाँ तहाँ पथ पर है। देव-देहली माला
फूल अटी है, याचक का मन जिनसे खेला।

गायें बैठी हैं। यह, कुत्ता, गुड़ीमुड़ी है,
जाग न जाय, न काटे तो अवश्य भूँकेगा।
अपनी सनक दूसरे कुत्तों में फूँकेगा।
मन को मोड़ा, देखा सिर पर सभा जुड़ी है
तारों की, सन्नाटा है, अफवाह उड़ी है
क्या कोई? क्या कोई अभी ज्ञान बूँकेगा?

(रचनाकाल : जुलाई 1954, दिगन्त में संकलित)

वह अँजोरिया रात

तुम्हें याद है रात अँजोरिया? हम तुम दोनों
नहीं सो सके, रहे घूमते नदी किनारे
मुग्ध देखते प्यारभरी आँखों से प्यारे
भूमि-गगन के रूप-रंग को। यों तो टोनों

पर विश्वास नहीं मेरा, पर टोने ही सा
कुछ प्रभाव हम दोनों पर था। कभी ताकते
भरा चाँद, फिर लहरों को, फिर कभी नापते
अन्तर का आनन्द डगों से, जो यात्री-सा

दोनों का अभिन्न सहचर था। इधर-उधर के
खड़े अचंचल पेड़ क्षितिज पर, ऊपर तारे,
चाँद पिघलता लहरों में, रेती—ये सारे
दृश्य आज आँखों में आए, आकर सरके।

वही नदी है, वही रात है, किन्तु अकेला
अब मैं ही हूँ। पहले की सुधियों से खेला।

(रचनाकाल : अक्टूबर 1951, दिगन्त में संकलित)

काँटे और याद

काँटे गड़कर पैर पकड़ लेते हैं जैसे
वैसे ही यह याद तुम्हारी मेरे मन को
पकड़ लिया करती है। तब घर और विजन को
भूल भाल जाता हूँ और न जाने कैसे

आँखों में वह पन्थ पहाड़ी आ जाता है।
वह दूधिया उजाला, टेढ़ा चाँद, धुँधलके
शेष बिम्ब पर चमकीला तारा यों झलके
जैसे माथे पर बिन्दी। जब गा जाता है

कोई कलासिद्ध गायक, तब गूँज निरन्तर
स्मृति की लहरों से प्राणों के उन पर्दों पर
उठती है जिनमें स्वर सञ्चित हैं। दर्दों पर
लहर होश की आती है। मिटता है अन्तर।

मन में याद गड़े चाहे पैरों में काँटा,
सुख-दुख दो पलड़ों पर नहीं गया है बाँटा।

(रचनाकाल : अक्टूबर 1951, दिगन्त में संकलित)

गाय

गाय जुगाली करती हो चाहे खड़ी खड़ी
या लेटी अधलेटी अपने खूँटे पर हो
या चरने के लिए खुली होकर बाहर हो
खोज खोज कर घास चर रही हो जरा बड़ी
चकत्तियाँ पाकर थोड़ी सी देर को अड़ी
हो, आगे ही बढ़ते चारों पैर, चँवर हो
पूँछ, डाँस, कुकुरौछी, माछी इधर उधर हो
तो, कौवा भी आता है उड़कर इसी घड़ी

पूँछ चलाती है गैया तो उसे बचाकर,
वह शरीर से चिपके कीड़े चुन लेता है
खा जाता है और मैल भी आँख-कान के
हर लेता है गैया के कितना सँभाल कर।
यह सम्बन्ध मुझे चुपके से जो देता है
वह सँभाल लेता हूँ मन में, निजी मान के।

*(साक्षात्कार, सितम्बर 1977 में प्रकाशित, **तुम्हें सौंपता हूँ** में संकलित)*

भौजी

भौजी नई नई आई थीं। मैं छोटा था।
झेंपू था। मिलने-जुलने में सिकुड़ा-सिकुड़ा
रहता था। समान वयवालों से मोटा था
पर फुर्ती थी। पीछा करने पर उड़ा उड़ा

यहाँ वहाँ फिरता था। कभी पकड़ में आता
नहीं। खड़ा था, और अचानक मुझे आ-लिया,
हाथ-पाँव फेंके पर छूट कहाँ से पाता!
लगीं गुदगुदाने मन का संकोच धो दिया।

देकर दुलहिन नाम मिठाई मुँह में भर दी।
गाँव नहीं रह पाया, भागा ज्यों ही आया,
कई होलियाँ गईं। एक होली में कर दी
अपने मन की, रँग दी कनई से यह काया।

भौजी आज नहीं है, जाता हूँ, आता हूँ,
पीछा करते कहाँ किसी को अब पाता हूँ!

*(रचनाकाल : दिसम्बर 1951, **दिगन्त** में संकलित)*

बिल्ली के बच्चे

मेरे मन का सूनापन कुछ हर लेते हैं
ये बिल्ली के बच्चे, इनका हूँ आभारी।
मेरा कमरा लगा सुरक्षित, थी लाचारी,
इनकी माँ ले आई। सब अपना देते हैं

प्यार हृदय का, वह मैं इन पर वार रहा हूँ।
मन की अप्रिय निर्जनता-शून्यता झाड़कर
दुलराता हूँ इन्हें। हृदय का स्नेह गाड़कर
नहीं रखा जाता है। भार उतार रहा हूँ

मन का। स्नेह लुटाने से दूना बढ़ता है।
यह हिसाब की बात नहीं है, इस जीवन का
मूक सत्य है। इसीलिए जो भी कंचन का
करते हैं सम्मान उन्हीं के सिर चढ़ता है

मिट्टी का अपमान। कहाँ कब छूटा पीछा
प्यार करो तो प्यार करो क्या आगा-पीछा।

(रचनाकाल : मई 1951, दिगन्त में संकलित)

भिखरिया

अभी भिखरिया होगा बस बारह-तेरह का।
समझ बूझ में कोई देखे बड़ा धनी है
गुण ही गुण दिखते हैं ऐसी सहज बनी है,
बाल चेतना उसकी। फूल अनोखा महका

मानो अपनी टहनी पर, सब आसपास की
हरता हुआ अकिंचनता। यह तो किसान के
घर का एक दिया है जिसको इस जहान के
किसी एक घर के कोने में कुछ उजास की

रेखाएँ अंकित कर बुझ जाना है। अब भी
नहीं समय आया है जब सब बढ़नेवाले
प्रोत्साहन पाएँ, समाज को गढ़नेवाले
स्वार्थों में डूबे हैं। देश जगेगा जब भी।

नई चेतनाओं के मुझको बाण अनोखे
सीधे लगे मर्म में आकर चोखे चोखे।

(रचनाकाल : नवम्बर 1951, दिगन्त में संकलित)

अतवरिया

चिल्ला जाड़ा था। चिड़ियाँ तक पंख समेटे
अभी घोंसलों में थीं, सूरज उग आया था।
दो दिन पहले ओले खूब पड़े थे। लेटे-
लेटे बाहर देख रहा था, दन्दाया था

मैं लिहाफ़ के अन्दर, बाहर गाढ़ा कुहरा
दौड़ रहा था, जब तब मुँह से भाप छोड़ता
देख रहा था उसकी लहरें। पर्दा दुहरा
था, कुछ पग के बाद दृष्टि का तीर तोड़ता

अपनी नोक लौट आता था। निकली नारी,
और पास आई, चीन्हा, अतवरिया थी, जो
मेले में हिरा गई थी। बोली, "लाचारी
मुझे फेर लाई, वह तजकर गया सरग को।"

प्रेम जागता जीवन यों तो दे जाता है,
मगर पेट के आगे वही हार खाता है।

*(रचनाकाल : दिसम्बर 1951, **दिगन्त** में संकलित)*

छुट्टा-बँधुआ

छुट्टा साँड़ बर्द बँधुआ दोनों चैती के
कटने पर सीवान में मिले, हुई रमरमी।
कहा साँड़ ने, "कैसे हालचाल हैं जी के
इधर तुम्हारे?" कहा बर्द ने, "नहीं है कमी

किसी चीज की, खाने-पीने का अच्छा सा
डौल हो गया है। ये दिन हैं सुस्ताने के।
कोई चिन्ता नहीं।" साँड़ बोला, "तुम झाँसा
किसी और को देना। कभी नहीं आने के

हम इन दमपट्टी की बातों में। उसे छलो
जो जानता न हो कुछ। घट्ठा यह कन्धे का
सब कुछ कह देता है। गैल लगे चले चलो,
जितनी माटी चल पाओ, गुर है धन्धे का।"

छुट्टा-बँधुआ दोनों जीवन में हारे हैं,
साक्षी दिन का रवि है तो निशि के तारे हैं।

(रचनाकाल : दिसम्बर 1951, दिगन्त में संकलित)

लबे सड़क

आवाजें कानों में नित्य कलबलाती हैं,
लबे सड़क घर है। वह आया गुजरा सग्गड़।
इक्के-ताँगे बैलगाड़ियाँ अपनी खड़खड़
सुना गए हैं। देखो ट्रकें हरहराती हैं
सड़क दहल उठती है। बसें सरसराती हैं
प्यादों से कहती हैं, और बगल से...मत लड़
मुझसे। कहें कहाँ तक, हरदम हड़हड़ भड़भड़
अकसर रिक्शों की घण्टियाँ टुनटुनाती हैं।

अभी जुलूस गया है, इनकलाब के नारे
दीवारों को कँपा गए हैं, भूखे-दूखे
अभी गरजते हुए गए हैं। यह, "हाय राजा
मिलके बिछुड़ गईं अँखियाँ" अलापते हैं तारे
सिनमा के। जो कहते हैं सब सोते सूखे
वे सुन लें रिकार्ड कहता है, "आ जा आ जा।"

*(रचनाकाल : अप्रैल 1954, **दिगन्त** में संकलित)*

रेलगाड़ी में

सफर रेलगाड़ी का—अपने आप झूलना
तन का, मन का। चेहरे-चेहरे, आना-जाना,
कहना-सुनना, याद दिलाना और भूलना,
मिलकर खिल जाना, खिलकर तुरन्त मुरझाना,

अनचाही भीड़ों से भिड़ना और सूरतों
की रेखाओं को उड़ती निगाह से पढ़ना,
मन की कहाँ कहाँ की किन किन मौन मूरतों
की उनहार दिखाई दे सकती है, चढ़ना

चित पर नई खोज की धुन का, सहसा रुकना
डीठ तुम्हारे मुखमण्डल पर फिर भाषा की
नई लहर आँखों में पाना, उठकर झुकना
पलकों का, वह झलक पुतलियों में आशा की

आना; नीरव नीरव इतना कुछ दे जाना
और कुछ नहीं, बस कृतज्ञता लेते जाना।

*(रचनाकाल : मार्च 1951, **दिगन्त** में संकलित)*

कुहरे में भोपाल

कुहरा ही कुहरा है। इस कुहरे का चलना,
फिरना साफ़ झलक जाता है। घना घना है,
इस सफ़ेद चादर का पवन वेग से टलना,
बार बार दिखता है। कितना रम्य बना है,

सूरज का उगना। पूरब के क्षितिज पर दिखी
उषा। पेड़ कुहरे में खोए हैं। पहाड़ियाँ
कहाँ 'अरेरा' कहाँ 'श्यामला'; भूमि पर लिखी
हरियाली के साथ छिपी हैं विरल झाड़ियाँ।

ठण्डक जैसी भी हो, टहला जा सकता है
बड़े मजे से। सड़कों पर भी कुहरा छाया
है। भोपाल रूप क्या ऐसा पा सकता है
जब चाहे, पुल पास बान गंगा का आया।

कुहरे का घाटी से उठ-उठ कर लहराना।
सर्दी का है अपनी विजय-ध्वजा फहराना।

घर वापसी

साबरमती रुकी है। इंजन बिगड़ गया है।
ठीक ठाक करने में कितने हाथ लगे हैं
फ़ैजाबाद ने खबर पा कर, सुना, कहा है
इंजन सुलभ नहीं है। यात्री थके थके हैं।

घण्टा गुजर गया, तब गाड़ी आगे सरकी
आने लगे बाग, हरियाले खेत, निराले,
अपनी भूमि दिखाई दी पहचानी, घर की
याद उभर आई मन में, तन रहा सँभाले।

क्या-क्या देखूँ, सबसे अपना कब का नाता
लगा हुआ है। रोम पुलकते हैं; प्राणों से
एक प्राण हो गया हूँ, ऐसा क्षण आता
है तो छूता है तन मन कोमल बाणों से।

अपने आसपास हूँ, खोया हूँ, अपने में,
जैसे बहुत बिछोही मिल जाए सपने में।

(ताप के ताए हुए दिन 1980 में संकलित)

महाकाव्य है विश्व

महाकाव्य है विश्व, किसी ने रचना की है
मनोयोग से, रात और दिन के रंगों से
भूषित करके पृष्ठ काल के, किस ढंगों से
वर्ण वर्ण से भरे हाशिए, उपमा दी है
किस की किस से, नई कल्पना भाषा ली है
लोकोत्तर, सुव्यक्त कला अपने अंगों से
विविध तरंगोच्छ्वसित, पल्लवित अनुषंगों से
संशोभित सर्वांग उदित है, आशा भी है।
साँसों की दो रेखाओं से चित्र बनाया
जीवन का, विस्तार दिया, आकार दे दिया,
गति दी, वाणी दी, स्वतन्त्र इच्छा की छाया
लहरा दी, बेड़ा जीवन का मौन खे दिया
छिपे छिपे ही, जब आँखें खोलीं तब पाया
हम तुम दोनों पास रहें, वह राग ले दिया।

*(रचनाकाल : 1950-54, **उस जनपद का कवि हूँ** में संकलित)*

धूल धरा से कितनी बार

धूल धरा से कितनी बार उठी चरणों से
कौन कहेगा? उठ कर धूल बैठ जाती है
और चरण वे अब तक जिनकी गति गाती है
देश-काल की मर्यादा में व्याकरणों से
छिन्न-भिन्न कर दिए गए हैं। संचरणों से
समुपलब्धि क्या हुई—बात मन में आती है—
जिजीविषा उपकरण कहाँ से क्या लाती है,
इस का समाधान सम्भव है आचरणों से।

जिस को हम इतिहास कहा करते हैं माटी,
हड्डी, पत्थर, लोहा, ताँबा, पीतल, सोना,
चाँदी, कौड़ी, मूँगा, शंख छोड़ कर क्या है
जहाँ कहीं भी जैसे भी जीवन-परिपाटी
प्रकट हुई है, उसका कुछ वैसा ही होना
ध्रुव है—शेषों-अवशेषों में श्वास बसा है।

धूल चरण से

धूल चरण से जो उड़ती है उड़ा करेगी
जब तक पथ है और पथिक हैं; सधे चरण से
उठी धूल चन्दन बन जाएगी, अनुगामी
उसे रमाएँगे, पथधारा मुड़ा करेगी
उस गतिधारा के मोड़ों पर; जुड़ा करेगी
जनतरंगिणी अपने नूतन रंग दिखाती
और महत्त्वाकांक्षाओं के केतु सँभाले
आवर्तों में दर्पभावना बुड़ा करेगी।

जब तक पथ है पथिक तभी तक, किन्तु चरण का
विचरण कब रुकने वाला है। पर्वत, घाटी,
नदी, सिन्धु, कान्तार मौन साक्षी हैं गति के
भूतल पर, ऊपर रवि-शशि-तारक-परिपाटी
देख रही है—दो पैरों के लिए वरण का
रोध नहीं है, और कहीं भय नहीं मरण का।

मिली कहाँ वह धूल

मिली कहाँ वह धूल कि ऐसे फूल उगाए,
और रची चट्टान, अनेक पहाड़ कर दिए,
वारिधि को संगीत के लिए सभी स्वर दिए,
और बनाकर प्राण प्राण को सदा चुगाए
मान-दान के अन्न, उसी के लिए जुगाए
कोमल भाव कठोर भाव, कुछ और वर दिए
मिला मिला कर शाप, अगेही जान घर दिए
तन के भू के भव्य भोग जो रहे भुगाए।

इतने इतने कार्य किए, कर्तृत्व जगाया,
और प्रपंच अपूर्व शून्य में ला कर थापा
फिर हो गया अलक्ष्य; लोक के लोचन हारे
रचना को ही देख देख कर, और लगाया
अंश, पूर्ण का अर्थ स्फुरित को मन में छापा
जीवन-पथ पर नित्य, प्रश्न थे उत्तर सारे।

किसके हैं ये पाँव

किसके हैं ये पाँव, धूल पर साफ़ छपे हैं
पूरे पूरे। इन्हें हवा ने नहीं उधेड़ा,
अभी धूल बैठी है, वरना ज़रा बखेड़ा
हुआ, कहाँ वह धूल। कणों की नाप नपे हैं
ये जीवन के वाहक, अच्छी तरह तपे हैं
तपी भूमि से, और चाह ने इन्हें उखेड़ा,
पौली पौली दौड़ाया, हर ओर पछेड़ा,
खेप खेप पर साँसा आसा लिए खपे हैं।

मिट्टी के इन चित्रों को किसने देखा है,
किस ने इनके मर्मों को समझा-बूझा है,
किस ने इन साँसों की व्याकुलता जानी है,
अभी अंकुरित लक्षित एक एक रेखा है,
जीवन की इस गति की। यह किस को सूझा है
छवि जगती में नश्वरता की पहचानी है।

दुःखागार है जगत्

दुःखागार है जगत्, फिर भी सुख-सपनों का
अंजन आँजे हुए आँख में जो चलते हैं
अपने पथ पर वे सहास मुख यदि पलते हैं
मधुर कल्पना के पलने पर तो अपनों का
अपनापन इसका कारण है, उन्हें मनों का
अवलम्बन है जो पर को हर दम खलते हैं—
बेचारे ईर्ष्या की ज्वाला में जलते हैं—
सोते-जगते, उन्हें कहाँ विश्वास जनों का।

अपनापन ही देखा करती हैं जो आँखें
उनमें ज्योति और ही ऐसी आ जाती है
जिसके पानी से दुनिया सारी की सारी
रँग जाती है, और कल्पना खोले पाँखें
नई उड़ानें भर कर वहाँ वहाँ ज़ाती है
जहाँ जहाँ छवि बैठी है आकर्षणकारी।

काल-महासागर की लहरों पर

काल-महासागर की लहरों पर मैं ठहरा,
आगे-पीछे अगल-बगल सब घूम घूम कर
देख रहा हूँ—जलशिखरों को झूम झूम कर
उठते, टकराते, लय होते। कितना गहरा
तल है कोई कैसे जाने, साहस पहरा
देता है, विश्वास अकेला रूम रूम कर
अटल उन्निनीषा के तरु से लूम लूम कर
लहराता है, हो जाता है आप इकहरा।

उन लहरों पर हूँ जिनके तल में भाषाएँ
कितनी बैठ चुकी हैं; कितने सुन्दर सपने
बिला चुके हैं पानी बन कर, सत्य कभी का
असत् हो चुका है, अब नई नई आशाएँ
दिग्दिगन्त-आकाश-सिन्धु-वसुधा पर अपने
अपने रूप सँवार रही हैं; भाव अभी का।

कोलाहल का बीजारोपण

कोलाहल का बीजारोपण कोलाहल को
जन्म दिया करता है। यदि संगीत के लिए
कोई कोलाहल को पकड़े, जीत के लिए
दुन्दुभि का निर्घोष करे तो इससे छल को
प्रबल समर्थन मिल सकता है लेकिन कल को
क्या होगा—मन का एकाकी गीत के लिए
कोलाहल में ठहरेगा भी? मीत के लिए
बरसों बाट जोहते हैं विस्मृत कर पल को।

देखी हैं वे मौन बिचरने वाली ध्वनियाँ
जो एकान्त क्षणों में जाने कहाँ कहाँ से
चल चल कर इन चिन्ताकुल आँखों के आगे
आकर ठहर ठहर जाती हैं; ये वे मणियाँ
हैं जो कभी नहीं मिलती हैं यहाँ वहाँ से
अनायास; जिसने पाया उसके दिन जागे।

जहाँ जहाँ सन्धान किया

जहाँ जहाँ सन्धान किया जीवन के पथ का
वहाँ वहाँ देखा, अब पथ ही पड़ा हुआ है
जीवन आगे चला गया है, खड़ा हुआ है
इसी तरह इतिहास विश्व का, सबके अथ का
इति के साथ ग्रन्थिबन्धन है, केवल रथ का
रथी के बिना अर्थ नहीं है, लड़ा हुआ है
संसृति का संग्राम सभी का—बड़ा हुआ है
जीवन अपने बल से, पोषित अपने गथ का,

अपनों का ही सदा रक्षणावेक्षण पा कर
अपने ही विकास की खरस्रोता धारा में
लहरें लेता हुआ, तरंगों में उमंग से
आगे बढ़ता हुआ, कभी कुछ पीछे जा कर
फिर आगे बढ़ता, दिनकर-हिमकर-तारा में
आत्मपरीक्षण करता प्रतिपद नये ढंग से।

एक समय आता है

एक समय आता है जब जीवन में स्मृतियाँ
ही रह जाती हैं, पौरुष चुपचाप किनारे
कहीं लुढ़क जाता है; एकाकी मनमारे
जीवन ताका करता है, पहले की कृतियाँ
छायापथ में मँडलाती हैं, धारक धृतियाँ
कौंध कौंध कर छिप जाती हैं—किसे पुकारे,
ऐसे में कोई, जो आशा धरे, उबारे,
कहीं डूबते को जिसकी खोई हैं सृतियाँ।

एक समय आता है जब स्मृतियाँ भी पथ के
किसी किनारे छोड़ व्यक्ति को, क्षितिज-वलय के
सघन कुहासे में रलमिल कर खो जाती हैं
कभी किसी दिन, मोह त्याग कर जीवन-रथ के
पाँव पयादे चल देते हैं, पास प्रलय के
बलाकृष्ट संज्ञाएँ थक कर सो जाती हैं।

दुश्चिन्ताओं को थोड़ा विराम

दुश्चिन्ताओं को थोड़ा विराम मिलता है,
भाव नहीं तो फिर अभाव भी इन आँखों को
नहीं दीखता। अन्धकार में जो लाखों को
दौड़ाता है वह दिन संग संग हिलता है,
उसकी गति को देख देख कर ही झिलता है
दुख का भार हृदय से। जो अपनी साखों को
भार छोड़ कर डुबा चुका है वह पाँखों को
पाकर भी अपंख है, कब खुल कर खिलता है।

अन्धकार से मुझे भय नहीं है, क्या भय से
रक्षा होगी, रक्षा, किसकी रक्षा, कैसे,
चिर यात्री प्राणों को कभी चले जाना है
मुक्त मार्ग पर। विश्वासों के महदाश्रय से
विश्व प्राणमय श्वास ग्रहण करता है; जैसे
रजनीगन्धा ने अपना वितान ताना है।

स्निग्ध कूट कौशल है

स्निग्ध कूट कौशल है जो तुम मुझे देख कर
जलझंझा में थोड़ा सा मुसका देती हो
मेरे ऊपर—क्या विपत्ति में रस लेती हो।
ऐसा रस दुर्लभ होता है, इसे लेख कर
कौन छोड़ना चाहेगा, जो मीन-मेख कर
ठहर गए वे मरें, दूसरे—जो खेती हो
तो अपनी हो और परायों की रेती हो—
इसके विश्वासी हैं; समझा पूछ-पेख कर।

जीवन का रहस्य ऐसा ही है; जीवन का
जीवन के प्रति ऐसा ही व्यवहार उजागर
होता आया है; समीपता में भी दूरी
झलक मारती है; अभिन्नता में भी मन का
भिन्न भाव है; कभी स्वगत है, कभी मुखागर—
जो है शब्दातीत, कहानी है वह पूरी।

जल के हिल जाने पर जैसे

जल के हिल जाने पर जैसे तल की छाया
हिलने लगती है वैसे ही मेरे मन के
हिल जाने पर मेरा छायापुरुष गगन के
प्रभा-लोक में हिलने लगता है। समझाया
तुम ने मुझे मर्म जीवन का—मैंने पाया
तुम जल हो मैं निहित बिम्ब हूँ, उड़ते घन के
प्रतिबिम्बों पर सुस्थिर; तार हृदय के खनके
साँस साँस से, जीवन जग कर आगे आया।

छाया छाया छाया छाया—जब भी देखा
केवल छाया दिखी; रूप किस ओर खो गया
अपनी चमक दिखा कर, कहाँ गया वह आत्मा
जिस की सब तलाश करते हैं, जिस की रेखा
नहीं बनी लेकिन सत्ता का शोर हो गया
सारे जग में, आत्मा ही तो है परमात्मा।

महाकाश का कलश

महाकाश का कलश सुनील पारदर्शी है
उसमें अपनी पृथ्वी स्थित है, घूम रही है;
एक ओर तो प्रखर ज्योति की धार बही है
सूरज की, दूसरी ओर तम सुस्पर्शी है,
अस्थिति में स्थिति—जीवन स्वयं रोमहर्षी है,
मरण दौड़ में पिछड़ गया है, किंतु सही है
जीवन ने जो व्यथा किसी से कहाँ कही है,
कौन कह गया यही व्यथा ही मधुवर्षी है।

घट के भीतर घट हैं। घट ये चाक पर चढ़े
घूम रहे हैं, कभी सँवरते, कभी बिगड़ते,
और चाक यह, अहोरात्र चलता जाता है,
कैसे कैसे कहाँ कहाँ। जब से उठे बढ़े
रंग रूप जीवन के इस को लड़ते लड़ते
वर्तमान भी देख देख कर दिखलाता है।

उड़ने वाले पक्षी को

उड़ने वाले पक्षी को तो डाल मिल गई
हरे भरे फल वाले तरु की, मुझे क्या मिला–
पृथ्वी पर चलता हूँ तो आकाश से गिला
करता हूँ थक जाने पर। वह कली खिल गई
शायद मेरी दशा देख कर और हिल गई
नई सहानुभूति से भर कर मगर खिलखिला
उठी; खिलखिलाहट का चलता रहा सिलसिला,
कहूँ कहूँ जब तक कुछ तब तक जीभ किल गई।

कौन शिकायत करे, शिकायत से क्या होगा,
कौन सुनेगा; बहुचर्चित करुणा के सागर
कान भर दिए गए–और, मन भाग रहा है।
औरों के आगे मैंने क्या कितना भोगा
जीवन के क्षण में। रीती ही अच्छी गागर।
शिलासन्धि में वह दूर्वांकुर जाग रहा है।

चिन्ताओं के ऊपर आकर

चिन्ताओं के ऊपर आकर जब भी जग को
मैं निहारता हूँ तो इस को नन्दन वन से
किसी अंश में न्यून नहीं पाता हूँ। मन से
मनन किया करता हूँ—मानव अपने डग को
कुछ सँभाल कर रखता तो इस कुसुमित मग को
विकृत न करता; सुन्दर प्राण भरे जीवन से
जो अविरुद्ध शक्ति पैदा होती वह जन से
जन का हृदय एक करती गति दे कर पग को।

यह सब तो सपना है, आँखों का अपना है
सूर्योदय सूर्यास्त और दिन; दिन के देखे
वर्ण, रूप, मुद्राएँ, ध्वनियाँ—जो भी जाने
अनजाने हैं उन सब को जी कर तपना है,
आह सभी की साँसों में है। मेरे लेखे
सुखी कहीं होंगे तो होंगे अनपहचाने।

और विश्व का यह जीवन भी

और विश्व का यह जीवन भी कहाँ मिलेगा,
दुख अभाव अवसाद अभी हैं तो होने दो,
अरुण सूर्य को आ आ कर प्रकाश बोने दो,
कभी न कभी लहर के ऊपर कमल खिलेगा;
चिर यात्री समीर भी उससे आप हिलेगा,
दिन जाने दो, संकोचों को कुछ खोने दो,
दिन आने दो बोलेगा; उतना रोने दो
जितना रो सकता है तब तो भार झिलेगा।

भाषा के भी पार प्राण लहरें लेता है,
उगता है, बढ़ता है और पल्लवित हो कर
अपने पाँव खड़ा होता है, इस के द्वारा
और और भी उठते हैं। प्रति क्षण देता है
नया बोध अस्तित्व—अहन्ता सारी खो कर,
जिस की बूँद बूँद से बह निकली थी धारा।

तुम से परिचय-बन्ध नहीं था

तुम से परिचय-बन्ध नहीं था, नाम ले लिया,
सुना तुम्हारा प्रश्न—अभी क्या मुझे पुकारा।
भ्रम भी अपने आप तिमिर के पार उतारा
करता है—पहचान गया, पहचान से जिया।
ले कर श्वास नवीन कहा, विश्वास से किया
जो सम्बोधन एक उसे स्वयमेव सहारा
दे कर संशय तोड़ आप ने मुझे उबारा।
आ कर स्वतः समीप जरा अवलम्ब दे दिया।

अपरम्पार समुद्र नाम का लहराता है,
बूँद बूँद सा एक एक अविभाज्य यहाँ है,
लहरों की गति एक एक को पी जाती है,
यहाँ समुद्र, समुद्र अकेला, गहराता है।
गर्जन गर्जन मौन मौन है, शान्ति कहाँ है—
बूँद बूँद के पास दो निमिष जी जाती है।

रक्खो अपना ज्ञान

रक्खो अपना ज्ञान, व्यर्थ है मुझे जताना,
मैं जितना पहचान चुका उतना अपना लूँ,
उसका हो लूँ और उसे आत्मीय बना लूँ,
जग है अपरम्पार हृदय की बात बताना
जीवन का इष्टार्थ सत्य है, इसे घताना
सब के बस की बात नहीं है फिर मैं पा लूँ
क्यों न शान्ति-सन्तोष, इन्हीं अपनों में गा लूँ
कड़वे मीठे गीत, गीत का ले लूँ बाना।

सम्मुख है जो पेड़ उसे नभ ने स्वीकारा
जैसा उसने भूमि को स्वयं मान दिया है,
जगद्विहारी वायु इसे बहला जाता है,
पृथ्वी ने भी आप इसे चुपचाप सहारा
दिया, किया तैयार, खगों को स्थान दिया है
इसने भी तो, मेघ इसे नहला जाता है।

आज विश्व की भक्ति

आज विश्व की भक्ति अनाश्रित भटक रही है।
भूत काल की और भविष्य काल की जानी
अनजानी आवाज, प्राण के पट की छानी,
उसको नित्य पुकार रही है। खटक रही है,
यह अजीब सी बात, द्विधा से लटक रही है,
वह चेतन की डोर पकड़ कर किस ने तानी,
किस ने ऐसा काम किया। कर्ता वह ज्ञानी
है अथवा नादान–प्रश्न ये पटक रही है।

ये चिर पीड़ित प्रश्न घरों, सड़कों, गलियों में,
हाट-बाट में, भ्रान्त निरन्तर घूम रहे हैं,
अभी अभी चुपचाप हैं, अभी चिल्लाते हैं,
सारा जग हैरान हो गया है, कलियों में
कम्पन है अविराम। कहाँ से स्रोत बहे हैं
सन्देहों के, लोग डूबते ही जाते हैं।

नीरव दीपालोक

नीरव दीपालोक दृष्टि को खींच रहा है
अन्धकार में बार बार, दूसरा सहारा
कोई भी तो और नहीं है। जीवन हारा
एकाकी अवसन्न पड़ा है। सींच रहा है
जलद कौन कान्तार, तृषित से मींच रहा है
अपने लोचन लोल, गगन का कोई तारा
नहीं हमारे पास क्षीण किरणों की धारा
भेज रहा है। श्रान्त हृदय को भींच रहा है

एकाकीपन मौन। मौन यह सिरा सिरा में
दौड़ रहा है व्यग्र रक्त बन कर, क्या जाने
आकुलता किस ओर उठा कर ले जाएगी
इस तट से किस समय। अग्नि भी आज गिरा में
उद्दीपन का कार्य छोड़ कर क्या कुछ लाने
तम से एकाकारप्राय है, सुध आएगी?

सूख गए हैं लोर

सूख गए हैं लोर, आँख के पास नहीं है
अभी गुलाबी भोर, अँधेरा वायु-लहर में
उमड़ रहा है वेग दिखाता हुआ, शहर में
सन्नाटे का बोध बिछा है, त्रास नहीं है।
फिर भी, फिर भी आज तुम्हारा हास नहीं है
जो नेत्रों की ज्योति बना था। नए पहर में
चिन्ता ही है शेष, दूर की घटा-घहर में
बिजली व्याकुल कौंध रही है। भास नहीं है।

मेरे प्रार्थी प्राण पवन पर लहराते हैं
और भाव एकाग्र तुम्हारे परिचित मुख को
देख रहे हैं। ध्यान तुम्हारा खींच रहा है
उस अतीत की ओर जहाँ से स्वर आते हैं
जीवन का सन्देश लिए। मेरे इस सुख को
अन्तःस्पन्दन नित्य रक्त से सींच रहा है।

जीवन जब तक शेष रहेगा

जीवन जब तक शेष रहेगा तब तक धारा
इसी तरह निर्बाध बहेगी, जीत-हार का
अभिनय भी दिन रात रहेगा, घृणा-प्यार का
रंग हृदय पर छाप छोड़ कर पथ पर न्यारा
रूप रचेगा, रात्रि दिवस के चक्कर द्वारा
आकांक्षाएँ वेश बदल कर नए भार का
प्रतिशिर पर आरोप करेंगी, कहीं सार का
पता न होगा और जगत में मारा मारा

मौन फिरेगा फूल, उसे कोई पूछेगा,
इस का कुछ विश्वास नहीं। पूछेगा कोई
क्यों, उस से क्या अर्थ मिलेगा, कहीं खिलेगा
कहीं प्रसन्न विकास करेगा, किस को देगा
स्वप्नों के संकेत, सत्य की आभा खोई
अन्धकार के सिन्धु बीच क्या यान मिलेगा।

(रचनाकाल : 1962, शब्द में संकलित)

खिलो, खिलो, खुल खिलो

खिलो, खिलो, खुल खिलो; तुम्हारे खिलने से ही
मेरा मन खिलता है, किसी डाल पर हो तुम
सौरभ बन कर उड़ो पवन की लहरों पर सुम,
पास तुम्हारे आता हूँ इन लहरों से ही।
हास-विकास तुम्हारा नूतन सुन्दरता से
भर देता है जग को, इस की नीरव गाथा
प्राणों को पुलकित करती है। मैं सुनता था
मौनमयी वर्णों की भाषा, सहचरता से
अनिल धन्य था, जैसे संजीवनी लहर हो
नील गगन में प्राणवायु से रलीमिली सी
कली समान मनोज्ञ वृन्त पर खिली खिली सी
प्राणोत्सव का जैसे पावन सजग प्रहर हो।
फूल, तुम्हारी सत्ता से ही मेरा जीवन
पोषित है, विकसित है, मुक्ति रूप है बन्धन।

*(रचनाकाल : 1950-54, **उस जनपद का कवि हूँ** में संकलित)*

मधु का धीर समीर

मधु का धीर समीर अनेक सुगन्ध सँभाले
मैदानों को और पहाड़ों को फलाँग कर,
नदियों से कर केलि, लताओं को दुलार कर,
वन में पहुँचा और राग अभिराम निकाले
वृक्ष वृक्ष से शीघ्र, तिमिरमय देश उजाले
रागों के ही दीप जला कर फिर पुकार कर
उस ने मृग के यूथ उतारे उस कगार पर
जहाँ न था भय लेश, भुलाए कष्ट-कसाले।

वही हमारे पास उल्लसित आ पहुँचा है,
कहीं किसी से खेल रहा है, कहीं किसी को
सहज भाव से छेड़ रहा है, वस्त्र उड़ गया
तो फिर सार-सँभाल किया अपनी इच्छा है,
यह ऊधमी समीर छोड़ता नहीं किसी को,
लहरों का लहराव जोड़ कर स्पर्श जुड़ गया।

मैं गुलाब की आब पकड़ कर

मैं गुलाब की आब पकड़ कर मगन हो गया,
जीवन-रस में रंग-रँगी आभा होती है
ऐसी, और अपूर्व काल की वह गोती है
जिस की नव पहचान प्राप्त कर गगन हो गया
जो पहले था शून्य, भाव से नगन हो गया।
उसे सर्वतः जान भान कर अब सोती है
सुख से चिन्ता और इधर मानस-मोती है
श्री-शोभा-सम्पन्न, दुरित का दमन हो गया।

आँखों देखी है दौर्वीण झलक जीवन की
भूमितलाश्रित, पास उसी के सीस उठाए
अभिवादन के भाव दिखाती महाकाश को
लघुता से उन्मुक्त, वहीं गुलाब त्रिभुवन की
स्वर-लहरी की तान सरीखा आज झुठाए
हुए चुनौती एक दे रहा है विनाश को।

(रचनाकाल : 1962, शब्द में संकलित)

जब से देखा तुम्हें

जब से देखा तुम्हें, तुम्हीं को पाना चाहा।
जीवन का क्रम अकस्मात् कुछ और हो गया,
अब तक जो कुछ पाया उस का मूल्य खो गया,
हृदय-सिन्धु की गहराई को तुम ने थाहा।
क्या कोई सम्बन्ध पूर्व से ही था ऐसा
जिस से मन खिंच गया तुम्हारी ओर, बताओ
क्या रहस्य है, हे रहस्यदर्शिनी, जताओ
आँखों की भाषा में आकर्षण है कैसा।
देखा नीले नभ में तो तुम वहाँ खड़ी हो,
नीरव, सस्मित, सरिता की लहरों पर देखा
लहराती हो, क्रीड़ा करती हो शशिलेखा
जैसे, फूलों पर हँसती हो वहीं जड़ी हो।
चंचल मन हो गया अचंचल पास तुम्हारे,
ज्यों दीपक निष्कम्प सहज आरती उतारे।

*(रचनाकाल : 1950-54, **उस जनपद का कवि हूँ** में संकलित)*

तुम को अगर सदेह चाहता

तुम को अगर सदेह चाहता हूँ तो कहते
कहते आ कर शब्द लाज से रुक जाते हैं
और निवेदन-भाव अचानक चुक जाते है।
क्यों, आखिर क्यों, प्राण वेग ये नीरव सहते
जाते हैं अविराम, प्रखर धारा में बहते
रहते हैं दिनरात। किसी दिन झुक जाते हैं
उन चरणों पर ध्यान चढ़ा कर धुक जाते हैं
अपने पथ की ओर और अपने में रहते

हैं खो खो कर मान। लक्ष्य पर अपने उन्मुख
अंजलियों के फूल कहाँ तक लिए जाएँगे,
कहीं चुन लिए और कहीं जा कर लगा दिया।
अस्थिर है विश्वास। श्वास को है इस का दुख।
फिर भी तो उपहार प्राण के दिए जाएँगे।
तुम ने जो अस्तित्व लिया जी को जगा दिया।

(रचनाकाल : 1962, शब्द में संकलित)

प्यार

जब भौरे ने आःकर पहले पहले गाया,
कली मौन थी। नहीं जानती थी वह भाषा
इस दुनिया की, कैसी होती है अभिलाषा
इससे भी अनजान पड़ी थी। तो भी आया

जीवन का वह अतिथि, ज्ञान का सहज सलोना
शिशु जिसको दुनिया में प्यार कहा जाता है,
स्वाभिमान-मानवता का पाया जाता है
जिससे नाता। उसमें कुछ ऐसा है टोना

जिससे यह सारी दुनिया फिर राई-रत्ती
और दिखाई देने लगती है। क्या जाने
कौन राग छाती में लगता है अकुलाने
इन्द्रधनुष-सी लहराती है पत्ती पत्ती।

बिना बुलाए जो आता है प्यार वही है।
प्राणों की धारा उसमें चुपचाप बही है।

दुनिया का सपना

तुम जो मुझसे दूर कहीं हो सोच रहा हूँ
(और सोचना ही यह जीवन है इस पल का)
अब जो कुछ है वह कल के प्याले से छलका,
गतप्राय है। किसी लहर में मौन बहा हूँ,

अपना बस क्या। जीवन है दुनिया का सपना,
जब तक आँखों में है तब तक ज्योति बना है,
अलग हुआ तो आँसू है या तिमिर घना है।
बने ठीकरा तो भी मिट्टी को है तपना।

कल छू दी जो धूल आज वह फूल बन गई,
चमत्कार जिन हाथों में चुपचाप बसा है
ऐसा हो ही जाता है। यह सत्य कसा है
सोना, जिस पर जमे मैल की पर्त खो गई।

पथ का वह रजकण हूँ जिस पर छाप पगों की
यहाँ वहाँ है; मूक कहानी सहज डगों की।

इतना तो बल दो

यदि मैं तुम्हें बुलाऊँ तो तुम भले न आओ
मेरे पास, परन्तु मुझे इतना तो बल दो
समझ सकूँ यह, कहीं अकेले दो ही पल को
मुझको जब-तब लख लेती हो। नीरव गाओ

प्राणों के वे गीत जिन्हें मैं दुहराता हूँ।
सन्ध्या के गम्भीर क्षणों में शुक्र अकेला
बुझती लाली पर हँसता है। निशि का मेला
इसकी किरणों में छाया-कम्पित पाता हूँ।

एकाकीपन हो तो जैसा इस तारे का
पाया जाता है वैसा हो। वास अनोखी
किसी फूल से उठती है, मादकता चोखी
भर जाती है, नीरव डण्ठल बेचारे का

पता किसे है, नामहीन किस जगह पड़ा है?
आया फूल, गया, पौधा निर्वाक् खड़ा है।

*(रचनाकाल : फरवरी 1950, **दिगन्त** में संकलित)*

दुःख और गान

जब जब दुख की रात घिरी तब तब मैं गाना
    खुलकर गाता रहा, अँधेरे में स्वर मेरा
और उदात्त हो गया, सीखा नहीं छिपाना
    मैंने मन के भाव। देखकर घोर अँधेरा

दीप स्वरों के पथ पर रखता मैं एकाकी
    बढ़ता रहा, रुका कब? इनकी उनकी आशा
मुझे नहीं थी, विषपायी था, कभी सुधा की
    चाह नहीं की, न ही अमरता की परिभाषा

गढ़ने बैठा। डर क्या है, अब वह भी बीते
    जो बाकी है, आघातों-प्रत्याघातों में
नया सत्य आयेगा। हार नहीं मैं जीते
    जी मानूँगा। और लड़ूँगा उत्पातों में।

दुख के गाने कण्ठ कण्ठ के हैं पहचाने
सबके प्राण तड़पते हैं जाने-अनजाने।

*(रचनकाल : दिसम्बर 1951, **दिगन्त** में संकलित)*

दिनों की फेरी

अच्छाई इन दिनों बुराई के घर पानी
भरती है। क्या ठाट बुराई ने बाँधे हैं,
बड़े बड़े अड़ियल भी हार गये; काँधे हैं
उसके जुए और चलते हैं। जो कुछ ठानी
वही कराया। कहीं किसी ने भौंहें तानी
उसको निबटाया, कड़वे व्यंजन राँधे हैं
इधर रसोई ने उसकी, बाहर धाँधे हैं
नये नये उद्योग। कहाँ है कोई मानी?

अच्छाई के बिगड़े दिन हैं, और बुराई
राजपाट करती है। अब तो रानी चेरी,
चेरी रानी है। सच के आसन पर बैठा
झूठ पुजाता है। केवल हर और खुराई
दीख रही है। कभी दिनों की ऐसी फेरी
नहीं हुई थी। जन-मन में भय ही भय पैठा।

*(रचनाकाल : अक्टूबर 1951, **दिगन्त** में संकलित)*

काकली

तड़के तड़के क्या जाने क्यों कोकिल बोला।
फिर बोला, फिर बोला, अन्धकार की कारा
रह रह कर थर्राई। स्वर की ज्योतिर्धारा
बार बार उमड़ी। कल कल की ध्वनि ने तोला
विकल और अवसन्न क्षणों को। धीरज डोला
दुख के दल का। इसमें क्या था जिससे हारा
थका हृदय इतना इतना पा गया सहारा
अप्रियता को दुरा दिया सम्मुख प्रिय को ला।

मुक्ति कहाँ है, मुक्ति कहाँ? जीवन बन्दी है।
पंख फड़फड़ाती है मन में मुक्ति विचारी,
तन के बन्धन में जन-मन निरुपाय पड़ा है।
भँवरों में बहुजन हैं, कोई आनन्दी है।
"हो आनन्द न सब का तो मानवता हारी",
कोकिल का तम के गढ़ में सन्देश बड़ा है।

(रचनाकाल : अप्रैल 1954, दिगन्त में संकलित)

सपना देख रहा हूँ

सपना देख रहा हूँ—मुझ को प्यास लगी है,
लेकिन पैसा पास नहीं है, ले कर पानी
कण्ठ सींच लूँ। अगर कहीं ऐसी नादानी
कर बैठूँ कि कुएँ तालाबों में हिलगी है
जानवरों की भीड़, उसी के साथ ही कहीं
मैं भी पी लूँ, तो निश्चित है मुझे व्यवस्था
तुरत जेल देगी, स्वदेश की आज अवस्था
इतनी उन्नत है, सुखमय है, दुख कहीं नहीं,
शेष अवैधानिकता है। छींको या खाँसो
सब नियमानुसार हो, यदि विपरीत किया तो
दण्ड भोगना होगा। कोई मरा जिया तो
सब कानून मुताबिक हो, तुम कभी न गाँसो
कहीं किसी को। हाँ, इस को उन्नति कहते हैं,
जीवन नहीं। और अधिकार सभी रहते हैं।

*(रचनाकाल : 1950-54, **उस जनपद का कवि हूँ** में संकलित)*

कितने डर हैं

कितने डर हैं। हम कितना कम बोल रहे हैं,
कितना कम मिलते हैं, कितना कम सुनते हैं,
कितना गम खाते हैं, कितना कम गुनते हैं,
हम अपना रहस्य कितना कम खोल रहे हैं,
कहाँ कहाँ होना था पर हम गोल रहे हैं
होना की मर्यादा से। हम सिर धुनते हैं
जब कुछ कभी गुजर जाता है, फिर चुनते हैं
चिन्ताओं को, भाव चढ़ा कर तोल रहे हैं

भीड़ भाड़ में। इस का कब विचार करते हैं,
ये जो भाव पूछ कर अभी बढ़ गए आगे,
ये कुछ यों ही भाव पूछने आ जाते हैं,
इन्हें कुछ नहीं लेना-देना, आ मरते हैं,
घर भी रहते तो क्या करते, घर के त्यागे
चिन्तामुक्ति मार्ग पर बिखरी पा जाते हैं।

कभी-कभी लगता है

कभी-कभी लगता है कोई अर्थ नहीं है
इस जीवन का, यदि कुछ है तो मार-काट है,
हत्या और आत्महत्या है, लूटपाट है,
बलात्कार है। जग में कौन अनर्थ नहीं है;
निराकरण में कोई कहीं समर्थ नहीं है,
ढूँढ़ ढूँढ़ कर हार गया हूँ। हाट-बाट है
जहाँ उचक्कों की बनती है, कौन घाट है
अच्छे जल का—खोज किसी की व्यर्थ नहीं है।

मानवता के गहन विपिन में भटक गया मैं—
जितने नर, जितनी नारियाँ—सभी के अपने
अपने सपने—अपने अपने पथ या साथी
मिले—देर से समझा इसको नया नया मैं—
कच्चा ही था आखिर—मुझे पकाया तप ने—
दिया ज्ञान वह, जिस की मुझ को अभिलाषा थी।

क्यों हिलाइए हाथ

क्यों हिलाइए हाथ, पाँव भी क्यों पिराइए,
क्यों उठाइए आँख, बात भी तो कोई हो,
ढूँढ़ रहे हैं लोग कला जैसे खोई हो—
कितना है आवेश, हेरिए तो हिराइए,
आरा तर्क-वितर्क हुआ माथा चिराइए,
कहीं बैठ चुपचाप, अगर जिह्वा सोई हो
तो क्या है उपचार, भारती जो रोई हो
तो अपना कर धैर्य कहीं कैसे थिराइए।

परिवर्तन की बात—कई परिवर्तन हम भी
अपनी आँखों देख चुके हैं, परिवर्तन की
परिभाषा उपयुक्त बराबर हम ने की है।
कविता का हम मर्म जानते हैं। हम कम भी
और वेश भी बूझ चुके हैं। लय-नर्तन की
माया से भी मुक्त रहे परिपाटी ली है।

हम जिस घर में पड़े हुए हैं

हम जिस घर में पड़े हुए हैं उसमें खिड़की
एक नहीं है, जिस से हवा रोशनी आए
बाहर की, संधों से हो कर छाया छाए
दीवारों पर, अपनी उन्मुखता में छिड़की
हुई प्रकाश-तरंगों से। आपस की झिड़की,
खीज, घुटन, दूरी है। इस में कोई पाए
कैसे पथ विकास का—आने को आ जाए,
भय ही भय देखे जैसे उड़ जाए पिड़की।

यहाँ बाप दादों को नहीं हमें रहना है।
हम को अपनी आँखों देखरेख करनी है
अपनी अपनों की। अब तो इतिहास पुराना
संग्रहालयों की शोभा है—सच कहना है
इस जीवन का। घर की नई नींव धरनी है,
धारण करना है, नवीन मानव का बाना।

(रचनाकाल : 1962, शब्द में संकलित)

स्वागत है, स्वागत, वसन्त प्रिय

स्वागत है, स्वागत, वसन्त प्रिय, आओ आओ,
शिशिर काल के कुहरे पर जब चित्र सुनहले
रवि अपने कर से लिखता है, तब तुम पहले
विहगों को नूतन स्वर दो, फिर मिल कर गाओ,
हलवाही किसान को खेतों में जब पाओ।
तुम आए क्या, निखिल शून्यता के दल दहले
उदासीनता, एकाकीपन के मन बहले
इस उस लतिका द्रुम में नूतन फूल लगाओ।

आमों ने मंजरियों का उपहार दिया है,
कोकिल ने पंचम में गान तुम्हारा गाया,
उष्ण करों से सूर्य धरा को सहलाता है,
पवन तरंगों ने अग जग को प्यार किया है,
खेती के ऊपर सोने का पानी छाया
नए भाव से नए राग से कवि गाता है।

*(रचनाकाल : 9/2/1954, **फूल नाम है एक** में संकलित)*

बिछे बाग में थे पतझर के

बिछे बाग में थे पतझर के टूटे पत्ते,
ऊपर किसलय नई शान से लहराते थे
वायु तरंगों में, रह रह कर दिखलाते थे
नई नई थिरकन। कोई बोला, ये खत्ते
ये चिथड़े, ये शोक चिन्ह, ये भूरे लत्ते
अगर न होते तो छवि होती हम लाते थे
आशीर्वाद स्वर्ग के, इन में खो जाते थे;
व्यर्थ शिखर के हुए हमारे मधु के छत्ते।

हवा बही, सूखे पत्ते बोले, चल चल चल
हम सब देख चुके हैं जो तू देख रहा है,
भोग चुके हैं, जिन भोगों की साध जगाए
तू जीवन से लगा हुआ है; अब तो गल गल
हमें खाद बनना है, विधि का लेख रहा है
इसी अर्थ का, ऊँचे थे हम नीचे आए।

*(रचनाकाल : 13/4/1954, **फूल नाम है एक** में संकलित)*

हंस देख कर अपने ही पंखों की ढेरी

हंस देख कर अपने ही पंखों की ढेरी
कभी नहीं रोता है, कभी नहीं पछताता—
इन पंखों से मैं ने आसमान से नाता
जोड़ लिया था, अब बदली बयार की फेरी
इन को इधर उधर करती है, इस में देरी
उसे नहीं लगती है। वह तो उड़ कर जाता
है आगे, ऊपर से ऊपर, आन निभाता
है जीवन की, नहीं डराती राह अँधेरी।

सब से पहले ऊषा का स्वागत करता है
उड़ते उड़ते व्योम मार्ग में। जो छूटे हैं
उन के लिए नहीं रुक जाता है, गाता है
गति के गान। निरन्तर गति क्रम से हरता है
अंगों की थकान, जो बोझे से टूटे हैं
उन की आँखों को नव जीवन दिखलाता है।

(रचनाकाल : 24/3/1954, फूल नाम है एक में संकलित)

शुभे, तुम्हारी छवि

शुभे, तुम्हारी छवि अपने हृत्पट पर आँकी
है मैं ने, अविराम ध्यान से उसे सँवारा,
सुख दुख में दिन रात लगन से उसे निहारा,
आओ, मेरी आँखों में देखो तो झाँकी
उस की कुछ पाओगी। तुम को इतनी बाँकी
अन्य प्रतिच्छवि नहीं मिलेगी। जब मैं हारा
मैंने यथाकाम उस से पा लिया सहारा,
ऐसा क्या रच देगी मूर्तिकार की टाँकी

यह पानी का रंग है मेरा, जिसे बनाते
मैं ने इन आँखों का पानी चुका दिया है
रस भरने को रस जीवन का सुखा दिया है
गीत तुम्हारे गाए मैं ने गाते गाते
भावों की अनन्त यात्रा पर आते जाते
श्रद्धा से भर कर मानी सिर झुका दिया है

*(रचनाकाल : 18/8/1954, **फूल नाम है एक** में संकलित)*

अपना? अपना? तू क्या देख रहा है सपना

अपना? अपना? तू क्या देख रहा है सपना,
अपना कोई नहीं। अगर कोई कह जाए
तो नासमझ न हो अवसर ऐसे कुछ आए
जिस में वह परास्त हो जाता। फिर तो तपना
जीवन भर पड़ता। बिलकुल एकाकी खपना
शुद्ध मूर्खता है। जिस की इच्छा हो धाए
एकाकीपन की ऊँची चोटी पर, पाए
इष्ट; न छोड़ा कभी किसी क्षण निस का जपना।

मन का भ्रम है सब, यह सब, अपना अपनापा।
हाट खुली है। लेन देन कर। क्या भूला है
बनिए के पलड़े पर तेरा मन झूला है
आखिर क्यों, किस लिए। बाट से उस ने नापा
थोड़ी सी डण्डी मारी, यह कुल का छापा
है। शाखा शाखा पर भिन्न फूल फूला है।

*(रचनाकाल : 30/8/1954, **फूल नाम है एक** में संकलित)*

ब्राह्म काल में पूर्वा आई

ब्राह्म काल में पूर्वा आई, कहा, "बधाई
है कवि, तुम ने सैंतिस वर्षों की प्रिय कड़ियाँ
पूरी कीं।" पर मुझे लगा बस दो ही घड़ियाँ
अभी गई होंगी। सम्मान से झुका। "आई
हो कैसे, क्यों कष्ट किया।"—पूछा। मुसकाई
वह कि सज गईं इधर उधर फूलों की छड़ियाँ,
टूटा चन्द्रहार रजनी का, बिखरी लड़ियाँ
तारों की दिन की श्री जगतीतल पर छाई।

बोली, "जो रवि उदित हुआ था साथ तुम्हारे
उस दिन, वही जगाने जगते ही आया है।
दैवयोग से तुम ने दिव्य मित्र पाया है
इस जीवन में। घर या बाहर जब तुम हारे
तुम्हें दिया अवलम्ब, स्निग्ध कर सदा पसारे
इस ने दिव्य ज्योति दी है, तुम ने गाया है।"

*(रचनाकाल : 31/8/1954, **फूल नाम है एक** में संकलित)*

कृतघ्नते, हट जा

कृतघ्नते, हट जा, आँखों की ओट चली जा,
जा, जा, जा। मैं क्या तुझ पर ये हाथ चलाऊँ,
पश्चात्ताप की अँगीठी में स्वर्ण गलाऊँ,
मन का क्यों। सुनसान पड़ी है, देख, गली, जा।
पली धृष्टता और नीचता जहाँ, पली, जा।
क्यों, आखिर क्यों, तेरे आगे पेट खलाऊँ,
क्यों पानी की जगह आग से जीभ जलाऊँ
भली बनी रह, भलों भलों में, भली भली, जा।

बहनापा तू ने कृतज्ञता से दिखलाया,
अपना काम बनाया, सत् की टेक बताई।
आज रीढ़ सीधी है, पा ली सूत-कताई
मनमानी। ओ मिठबोली, किस ने सिखलाया
तुझ को यह सब, अथवा, तू ने स्वयं कमाया।
कौन हवा थी जो तुझ को फिर मुझ तक लाई।

*(रचनाकाल : 2/9/1954, **फूल नाम है एक** में संकलित)*

रात जागते बीत गई है

रात जागते बीत गई है। नींद न आई।
डाँटा फटकारा चिन्ताओं को, 'अब जाओ,
जहाँ तुम्हारा जी चाहे हुड़दंग मचाओ,
मेरी जान छोड़ दो।' आह, कहाँ कल पाई
मैं ने पल भर को भी। मानो हत्या धाई
मेरे सिर चढ़ गई। कहा मैंने, 'मत गाओ
मेरे कानों के परदे पर सिर मत खाओ।'
बन बन कर अवलुप्त हुई माथे पर घाई।

आँखों देखा, टकरा उठे लोक लोकान्तर।
अन्तिम ज्योति उठी, अनन्त आकाश भर गया,
जैसे कोटि कोटि सूर्यों का नाश कर गया
कोई शक्तिस्रोत्र अप्रतिघ, अरुद्ध। अवान्तर
निमिष, निमिष के सहस्रांश का यह कल्पान्तर
स्तब्ध चेतना में अनजाना त्रास भर गया।

*(रचनाकाल : 4/9/1954, **फूल नाम है एक** में संकलित)*

वर्षा का जल जितनी देर

वर्षा का जल जितनी देर पात पर ठहरा,
उतनी देर रहे जीवन, जग का मल धो दे
और पसीजे तप से, मेघ आँसुओं रो दे,
पत्थर भी गल जाएँ और गहरे से गहरा
अन्धकूप भर जाय, मेंह का पहला लहरा
भर दे नदियों को, तालों को, खेतिहर बो दे
नए बीज कृषि के, वसुधा विराग सब खो दे,
सुजल, सुकाल और हरियाली का हो पहरा।

हाथ उठें तो अशरण जन को काम्य शरण दें।
चरण चलें तो पद पद पर विश्व को खिला दें
एक नई श्री से। जीवन के तार मिला दें
स्वर की यात्रा में। भूखों के लिए भरण दें।
चक्रावर्तों से रक्षा के लिए तरण दें।
सहानुभूति अबाध जगा कर अचल हिला दें।

*(रचनाकाल : 7/9/1954, **फूल नाम है एक** में संकलित)*

सागर गरज रहा है

सागर गरज रहा है, सागर गरज रहा है।
टला एक तूफान, दूसरा फिर आता है,
व्योम स्तब्ध है। रुद्ध कण्ठ से तू गाता है
आज प्रार्थना। बोल, बोल क्यों लरज रहा है।
यदि तुझको चलना है तो फिर क्या नाता है
कौन नशा है, तू जिस के कारण माता है,
स्वयं लपकता है औरों पर तरज रहा है

यह चट्टान नहीं, छोटा जलयान बिचारा
है, लहरों की इच्छा, इस को झेल रही हैं,
अभी घेर कर रोका तो अब ठेल रही हैं;
देख रहा है तू, हुंकार मारती धारा
चट्टानी तट को ले दौड़ी है। तू हारा
ताक रहा है काली लहरें खेल रही हैं।

(रचनाकाल : 8/9/1954, **फूल नाम है एक** में संकलित)

अपने अपने घर से निकलो

अपने अपने घर से निकलो, आओ आओ आओ आओ।
यह धरती छाती पर लेगी, महाकाश तुम को चूमेगा,
अपने पथ पर गति से झूमो साथ सौर मण्डल झूमेगा।
अपने अपने कण्ठ मिलाओ गाओ गाओ गाओ गाओ।
तन का मन का धन का उत्तम लाओ लाओ लाओ लाओ।
मत ठिठको, मत झिझको, पथ पर कौन तुम्हें चुपके टूमेगा,
जभी जिधर चुपके तुम घूमे विश्व उधर चुपके घूमेगा।
प्रतिनिधि बन कर ज्योति अग्नि के जाओ जाओ जाओ जाओ।

तुम ने अपनी पदचापों में जीवन का संगीत भरा है,
जीवन की उन्नीत पताका देखो कहीं न झुकने पाए
जीवन की सेना प्रस्थित है देखो कहीं न रुकने पाए।
इस सेना के रक्त स्वेद से जीवन का उद्यान हरा है,
खान खान के रत्न मिले हैं अब कल्याणी वसुन्धरा है
अमृत प्राण का अति दुर्लभ है देखो कहीं न चुकने पाए।

*(रचनाकाल : 16/9/1954, **फूल नाम है एक** में संकलित)*

कड़वी से कड़वी भाषा में

कड़वी से कड़वी भाषा में दोष बताओ
मुझ को मेरे; सदा रहूँगा मैं आभारी।
जहाँ जहाँ मैं चूका, थी मेरी लाचारी।
निर्बलता पर तरस न लाओ और सताओ,
उँगली रख रख कर स्रष्टा की भूल जताओ।
मेरे मन में एक और मन है जो सारी
बातें उलट दिया करता है, सब तैयारी
रह जाती है, मनवाँ दे कर सूत कताओ।

मैं फिर अपने को देखूँगा, फिर जो उतरन,
इधर उधर की, इन की उन की संचित की है
फेंक फाँक दूँगा। मैंने कब वंचित की है
वृत्ति आत्मविश्लेषण की, तोते की कुतरन
से सिंह की क्षुधा न जाएगी। सागर सुतरन
चाहे उस को सर्वोपरि दृढ़ता चित की है।

मुझे यथेच्छ पछाड़ो

मुझे यथेच्छ पछाड़ो। अंग अंग को काटो।
यदि मैं निर्बल हूँ तो मेरा यही दण्ड है।
जो सत् सत् चित् की सत्ता का एक खण्ड है
उस को असत् बना दो, और मांस से पाटो
अपने मन की खाई। मेरे भय को छाँटो
तीखी असिधारा से, जिस पर रश्मि चण्ड है,
जो मृत्यु को देख कर भागे वही भण्ड है,
फाड़ कलेजा दो, फिर मेरा लोहू चाटो

लप लप जीभ बढ़ाते। फिर मेरे अनुगामी,
नहीं, स्वार्थ के हामी पुतलों को ललकारो
आओ इन चरणों में या जाओ घर तारो
बीवी बच्चों को, यह धूलिधूसरित नामी
बैरी कथाशेष है, अपने तन का स्वामी
भी न रहा; जाओ मन से दुर्भाव निसारो।

*(रचनाकाल : 18/9/1954, **फूल नाम है एक** में संकलित)*

बढ़ो मृत्यु की ओर

बढ़ो मृत्यु की ओर नज़र से नज़र मिलाओ,
डर क्या है, जीवन में जो कुछ कल होना है
आज अभी हो जाए। तुम्हें यदि कुछ खोना है
तो अपने मन का भय। जड़ मूल से हिलाओ
इस दुर्बल तरु को, धक्के अनवरत खिलाओ
इस उस क्षण में उखड़ जाएगा, जो कोना है
इस का अपना, वहाँ तुम्हें साहस बोना है,
फिर इस बिरवे को विवेक-जल सदा पिलाओ।

कितनी सार सँभाल रखो पर जीवन की लौ
बुझती ही है, फिर क्यों आँसू व्यर्थ बहाए
क्यों आँखों के खारी जल में व्यर्थ नहाए।
घण्टा बजता है, कारवाँ चल पड़ा है, सौ
दो सौ की क्या गिनती; आगे फटती है पौ,
कौन कहेगा तुमने सागर व्यर्थ थहाए।

*(रचनाकाल : 23/9/1954, **फूल नाम है एक** में संकलित)*

जीवन में संगीत कहाँ है

जीवन में संगीत कहाँ है, हौं हौं खौं खौं
सुना करो, फिर चुना करो जो मिले काम का;
कठिन परिश्रम है। सुख? सुख? सुख? अजी राम का
नाम लो करो जो उन पड़े यह कुकुर झौं झौं
जल्द नहीं थमने की। हित की रक्षा घौं घौं
ध्वनि से गले कर रहे हैं। जो पथिक शाम का
भूला है, वह कहाँ जाए। इन दिनों चाम का
दाम बढ़ा है, पट्टे से निकली है भौं भौं।

ऐसे में हम किस को आसावरी सुनाएँ
किन कानों में जैजैवन्ती के सुर ढालें
भैरव और कानड़ा लाएँ दीपक बालें,
किसके लिए इमन, कल्याण, दादरा गाएँ
और मेघ गीतों के किस भू पर बरसाएँ
किन हृदयों के लिए राग रागिनियाँ पालें।

*(रचनाकाल : 25/9/1954, **फूल नाम है एक** में संकलित)*

तृषा लिए ही प्राण एक दिन

तृषा लिए ही प्राण एक दिन चले जाएँगे,
यात्री कितने रोज कहीं भी टिक सकता है,
टिकने का अधिकार शक्ति से ही पकता है।
जीवन के मधुपर्व यहीं से गर्व पाएँगे,
ले ले कर उल्लास आप से आप आएँगे
आने वाला दीर्घ पन्थ से क्या थकता है—
थक थक कर उपलब्धि-सोमरस से छकता है,
छक छक कर मदहोश होश के रत्न लाएँगे।

प्राणों की यह चाल एक सी सदा रहेगी
या कोई बदलाव किसी दिन दिखलाएगी,
क्या होगा। कुछ बात सृष्टि यह कभी कहेगी
या न कहेगी, मौन रहेगी; सिखलाएगी
मौन, मौन के भेद, मौन को मौन सहेगी,
तम के पट पर ज्योति-कणों को लिख लाएगी।

*(रचनाकाल : 21/4/1962, **फूल नाम है एक** में संकलित)*

भिन्न भिन्न विश्वास

भिन्न भिन्न विश्वास विश्व को भिन्न करेगा
किसी न किसी प्रकार। एक विश्वास न होगा
जन जन का विश्वास, कदापि विकास न होगा
जीवन का इस भाँति। खेद ही खिन्न करेगा,
एक एक को और मूलतः छिन्न करेगा,
उकठ जाएगा पेड़, हरित उद्भास न होगा,
सर में केवल क्लेद रहेगा, हास न होगा–
विकसित हसित सरोज को वही क्लिन्न करेगा।

निखिल भुवन ब्रह्माण्ड हमारा हो, अपना हो,
हम भी एक अनेक भाव से भरे हुए हों,
यह अनेक भी एक हृदय का प्रिय सपना हो,
हृदय हृदय के स्वप्न सत्य से हरे हुए हों,
सत्य स्वप्न हो, स्वप्न सत्य हो, थिरथपना हो,
भेद भाव से प्रेम भाव सब परे हुए हों।

*(रचनाकाल : 24/4/1962, **फूल नाम है एक** में संकलित)*

मुझ को तो मुसकान तुम्हारी

मुझ को तो मुसकान तुम्हारी जिला रही है।
जहाँ कहीं भी और जब कहीं भी जाता हूँ,
वही स्निग्ध मुसकान आँख आगे पाता हूँ,
मर्त्य लोग में श्रान्त देख कर पिला रही है
मुझे सुधा का सार, हृदय में खिला रही है
कांक्षाओं के फूल, सुगन्ध नई लाता हूँ
गन्धबोध में और मौन रह कर गाता हूँ
अनदेखी अनुभूति। रात दिन मिला रही है

कण कण से भी और विराट् नम्र होता है
बन कर अश्रुत तान। गान की प्यास जगी है
ओठों पर दिन रात, गान मेरे टोता है
मुसकानों का स्पर्श; वही लौ मुझे लगी है
और उसी के बीच बोध मेरा बोता है,
वही सहज मुसकान प्राण में नित्य पगी है।

*(रचनाकाल : 1/5/1962, **फूल नाम है एक** में संकलित)*

खिल खिल कर ये फूल

खिल खिल कर ये फूल एक मंजिल जीवन की
दिखा गए हैं; रोज नए आते जाते हैं,
कुछ दल दल में रूप गन्ध भी कुछ लाते हैं,
सब कुछ देकर दान मौन, उपवन की वन की
गूढ़ गूढ़तर बात सहज अन्तर की मन की
बिन गाए भी ताल और लय से गाते हैं
साँस साँस के छन्द छन्द में, जो पाते हैं
दे जाते हैं मौन, कहाँ चिन्ता की क्षण की।

फूल नाम है एक वनस्पतियों की स्थिति का
और नाम का सूत्र समीप खींच लाता है,
ज्ञान नाम को छोड़ नहीं सकता है। स्मृति का
रेखांकन है चित्र, नाम के गुण गाता है
जीवन का विस्तार, कहाँ बन्दी है मिति का,
देश काल में प्राण घूम फिर कर आता है।

*(रचनाकाल : 23/5/1962, **फूल नाम है एक** में संकलित)*

ऐसा क्यों होता है

ऐसा क्यों होता है, क्यों जी घबराता है
कभी कभी, घबराना क्यों, जो होने को है
वह होगा, वह कुछ भी। चिन्ता सोने को है
जाने कहाँ—कहीं सोए—उससे नाता है
मेरा कब का—जैसा मुझे याद आता है
परिचय उसने नया दिया है—ढोने को है
जैसे भी हो—आपा ही अब खोने को है
दौड़ धूप में—मन भी छाँव नहीं पाता है
मन—यह मन—छाँव के लिए व्याकुल भी क्यों हो—
धूप, ओस, वर्षा से क्या कोई बचता है
किसी तरह भी अपनी व्यथा अतुल भी क्यों हो
अहम् वहाँ भी अपना नया रूप रचता है
काली छाया में उरेहकर—सजग दृष्टि ही
जिसे देख कर दिखलाती है सकल सृष्टि ही

*(अनियतकालिक **ज़मीन-3** में प्रकाशित, **तुम्हें सौंपता हूँ** में संकलित)*

कर्तव्य कर्म

समझा व्यर्थ आदमी ने मकड़ी का जाला
पर मकड़ी के लिए वही जीवनाधार है,
रक्षा और संभरण सबका समाहार है।
इसी एक रचना में जिसको लगकर ढाला
मकड़ी ने, आयी विपदाओं को भी टाला
और यहीं तो मकड़े का अन्तिम विहार है,
प्रजनन करना हो मकड़ी का मरण द्वार है,
जीवन जो पाया जी जी कर उसको पाला।
जहाँ कहीं संचार-विघ्न कम से कम पाया
मकड़ी ने, यह विरल दुर्ग अपने जाले का
टाँक दिया, चिन्ता कब की आहार के लिए,
वह तो अपने आप मिला करता है, आया
जैसे लपक लिया, गर्मी का बसकाले का
जाड़े का इतवृत्त रहा संसार के लिए।

*(**आजकल**, सितम्बर 1982 में प्रकाशित, **तुम्हें सौंपता हूँ** में संकलित)*

गए दिनों के साथ कहाँ क्या

गए दिनों के साथ कहाँ क्या मैं ने त्यागा,
मेरा जी ही बात जानता है यह पूरी,
कहाँ कहाँ थे स्वप्न और कितनी थी दूरी
उन से मेरी। लाख लाख भय ले कर जागा,
जीवन के दिन रात एक कर दिए, न माँगा
कभी किसी से प्राप्य, कौन सी थी मजबूरी
जिस ने सारी दौड़धूप हर बार अधूरी
छुड़वा दी। हे प्राण, आज का भी दिन भागा,

इस से अपने आप कुछ नहीं मैं ले पाया।
अन्धकार में याद आ रही हैं वे बातें,
जिन से कोई काम किसी दिन जग में अपना
नहीं बना, आवाज़ खो गई बन कर छाया।
ले कर दीपालोक दिखाएँगी क्या रातें,
स्मृति से भी तो छूट गया देखा जो सपना।

(रचनाकाल : 1962, शब्द में संकलित)

मूर्तिकार हो दक्ष विधाता

मूर्तिकार हो दक्ष विधाता, किन्तु तुम्हारी
गढ़ी मूर्तियाँ सब क्षयिष्णु हैं। अच्छा होता
तुम ने ऐसा किया न होता। तब तो सारी
कथा और कुछ होती। दुख का अक्षय सोता

नहीं दिखाई देता। विश्व कदापि न खोता
एक बार उपलब्ध सम्पदा, और रंग ही
रहता। कष्ट व्यथाकुल जीवन कभी न ढोता
भूतल। तुम ने इसे न सोचा। यही ढंग ही

तुम्हें रुचा। जो रचा, जड़ दिया वहीं संग ही
परिवर्तन, विनाश या अपचय। चाहे जो हो,
कुछ दिन को गा ले, मुसका ले, मूर्ति व्यंग्य ही
रह जाएगी; आपस में कहने को यों तो

उस का वही नाम होगा पहले का। इस से
क्या होता है, कौन कहेगा, किस की, किस से।

*(रचनाकाल : 11/1/1951, **अनकहनी भी कुछ कहनी है** में संकलित)*

कवि, क्या हुआ, नहीं तुमसे यदि

कवि, क्या हुआ, नहीं तुम से यदि चित्र प्रिया का
बना। तुम्हें चिन्ता क्या, सब जन चित्रकार तो
होते नहीं, जानते ही हो। किन्तु क्रिया का
फल होता है, पृथ्वीतल पर मधुर प्यार तो
आता ही है, चन्द्रोदय का पुरस्कार तो
सब के लिए समान सदा है पर सागर का
अनिर्बन्ध उल्लास उसी का है, प्रसार तो
चटुल चाँदनी का सब पर है, दुनिया भर का
वर्णन कौन करे। कवि, तुम को अपने स्वर का
ध्यान रहे, सम्मान रहे, तो जैसा पहले
के कवियों ने गीतों में ही उस सुन्दर का
रूप रख दिया, तुम कर लोगे, कोई कह ले

कुछ, पर हृदय हृदय में स्पन्दित होने वाला
काव्य अमर है, सुकवि बीज-स्वर बोने वाला।

*(रचनाकाल : 19/1/1951, **अनकहनी भी कुछ कहनी है** में संकलित)*

सत्य यही है मैं तुम से अनजान

सत्य यही है मैं तुम से अनजान नहीं था
किन्तु जानता था जो जितना उसे जानना
कहना उचित नहीं है। उसको ज्ञान मानना
एक दुराग्रह होगा। मुझ को भान नहीं था

उस ऐश्वर्य राशि का जो प्रत्यक्ष सत्य है,
जिस में है मुसकान उषा की, मधुराका की
सकल तरंगें लहराती हैं, नव आभा की
पूर्ण व्यंजना है, वैभव का अनुगत्य है।

बदल गया हूँ इसी लिए मैं आज नवीने,
तट जैसे लहरों को पी कर बदल गया हो,
मधु ऋतु में दल दल पीपल हो गया नया हो
जैसे, स्वप्न अपूर्व आ गए मन में जीने।

कण कण अन्वेषण कर मैं ने तुम को पाया,
क्षण क्षण गीतों में तुम आईं, मैंने गाया।

(रचनाकाल : 18/2/1950, अनकहनी भी कुछ कहनी है में संकलित)

देख रहा हूँ मैं तुमको

देख रहा हूँ मैं तुम को मानव-काया में
अपने से अभिन्न, लेकिन विश्वास न होता
तुम भी पृथ्वी की पुत्री हो। स्वर्ग न खोता
तुम को तो नभ की नीरव सुनील छाया में।

इस दुनिया में, कहो कहाँ से प्रभा तुम्हारी
छा जाती वरदान रूप में। जग का जीवन
धन्य तुम्हारी साँसों से है, आत्म समर्पण
करता हूँ मैं उसी भाव से, जैसे, नारी,

आदिम नर ने किया। नई यह बात नहीं है,
नए प्राण फिर भी नवीनता का मधु पीते
जीवन की उन्मत्त धार में मरते जीते
चले जा रहे हैं, उन को अवकाश नहीं है।

आज तुम्हारी आँखों में मैं अपना जीवन
देख रहा नीरव, गाता है गीत समीरण।

*(रचनाकाल : 19/2/1950, **अनकहनी भी कुछ कहनी है** में संकलित)*

पत्र तुम्हारा पढ़ा

पत्र तुम्हारा। पढ़ा। और नीरव ही देखा
इधर उधर। तुम अभी अभी केवल कुछ पहले
आए थे। तब द्वार बन्द था। जीवन-रेखा
मैं भी पथ पर खींच रहा था। चित्र सुनहले

जो मन में थे, उन्हें धरा पर खोज रहा था,
तुम को क्या मालूम। तुम्हारी तो अभिलाषा
मन की मन में रही। किसी ने नहीं कहा था
कहाँ गया वह, तुम आए थे, जिसकी भाषा

सुनने और समझने, अमिलनजन्य निराशा
कितना मूक बना देती है, छिपा नहीं है
मुझसे। हार्दिक क्षमा और अप्रतिहत आशा
पदचिह्नों पर दौड़ाती है, कृपा नहीं है।

मुझे तुम्हारा हृदय निरन्तर बल देता है,
जगज्जलधि में जीवन की नौका खेता है।

(रचनाकाल : 24/2/1950, अनकहनी भी कुछ कहनी है में संकलित)

पाठक नया नहीं हूँ तारों की भाषा का

पाठक नया नहीं हूँ तारों की भाषा का,
रोज पढ़ा करता हूँ, चिर नीरवता ही तो
इनकी भूतल पर आती है कोई भी तो
नहीं जानता है कुछ आशय। अभिलाषा का

छोर किसी को कहाँ मिला है। हारी आँखें
अन्धकार से इन पर जा टिकती हैं पल को,
वर्तमान से हारा मन आगामी कल को
कहाँ देख पाता है। खग की जर्जर पाँखें

कहाँ प्रभंजन। सागर के विक्षुब्ध ज्वार में
चल पाती हैं, कहीं खोज कर ज़रा सहारा
सुस्ताती हैं। यही शक्ति का आशय सारा
चेतन में है, स्फूर्ति सर्वदा ही उभार में

नहीं मिली है, आज लड़े, कल हारे, बैठे,
जोड़ों में बल हुआ, उठे; फिर रण में पैठे।

*(रचनाकाल : 26/4/1951, **अनकहनी भी कुछ कहनी है** में संकलित)*

नहीं चाहता, कभी तरस खाओ

नहीं चाहता, कभी तरस खाओ, इस जन पर,
अब तक दुख ही दुख जिसने देखा है जग में।
चलते चलते जब थकने लगता हूँ, मग में
ध्यान तुम्हारा आ जाता है, चंचल मन पर

काबू चलता नहीं, जहाँ चाहे जाता है,
तन तो मिट्टी है, उस का क्या, कहीं पड़ा है,
कभी स्तम्भ क्या चिल्लाता है जहाँ गड़ा है,
लोग समझते हैं कि गीत गायक गाता है।

गीत और सौरभ दोनों की गति न्यारी है,
आज जहाँ है, वहाँ नहीं कल। हमने देखा
है, दुनिया का तौर तरीका रेखा रेखा,
जाने क्यों जीवन में इतनी लाचारी है।

लाचारी है, स्वतन्त्रता है, अभिलाषा है,
और पराजय है, बन्धन है, परिभाषा है।

(रचनाकाल : 13/8/1950, अनकहनी भी कुछ कहनी है में संकलित)

मैं निराश हूँ

मैं निराश हूँ; मुझे मनुष्य अभी तक कोई
नहीं मिला, दो पैरों वाले पशु तो कितने
रोज़ मिला करते हैं। अब तो वह धुन सोई
है जाने कब की, जिस में मैं प्रतिदिन इतने
स्वप्न-चित्र रचता था, रंग सजाता जितने
इन्द्रधनुष में नहीं। नए वर्णों का उत्सव
उमड़ रहा था दिशा दिशा में। यह घट रितने
वाला नहीं जान पड़ता था। अक्षय आसव
उफन उफन कर कण कण को चिर कांक्षित वैभव
लुटा रहा था। जनसामान्य देखने वाला
नहीं समझ पाता था यह कैसे है सम्भव।
जीवन का मधु पात्र पात्र में जैसे ढाला

उस साक़ी ने, वैसे ही चल रहा दौर है,
नई घटाएँ हैं, दुनिया भी और और है।

(रचनाकाल : 12/9/1950, अनकहनी भी कुछ कहनी है में संकलित)

कभी कभी वह शून्य

कभी कभी वह शून्य हृदय बेधा करता है
जो भीतर बाहर छाया है, जिस का आदी
यह मन है, जिस की स्वर-लहरें अविसंवादी
हैं, जिस की शक्ति के सामने जग डरता है
शीश उठाते, निखिल पराक्रम को हरता है
पल भर में, हो जाते हैं सब दृश्य विषादी,
मनःप्रसादन जो करते थे, उस आबादी
के पहले परिचय में सूनापन भरता है।

जो सुवर्ण का पात्र अमृत से भरा हुआ है,
स्वेच्छापूर्वक, विष से उन को कौन भरेगा,
जो आनन्द तरंगों से ही हरा हुआ है
उस भव को विषाद से आप्लुत कौन करेगा;
जीवन भावी अन्धकार से डरा हुआ है,
उस का घोर तिमिर करुणा कर कौन हरेगा।

*(रचनाकाल : 6/10/1950, **अनकहनी भी कुछ कहनी है** में संकलित)*

कवि तो मानव-आत्मा का शिल्पी

कवि तो मानव-आत्मा का शिल्पी होता है,
मानव-आत्मा विपुल बन्धनों में जो जकड़ी
रहती है। जिस तरह से बुढ़ापे की लकड़ी
के बल पर कोई बूढ़ा तन को ढोता है,

उसी तरह से होता है साहित्य सहारा
सब के मन का, जो इस से बेख़बर रहा है,
उस ने किसी समय ऐसा कुछ नहीं कहा है
जिस से वह जन जो अपने पथ पर थका हारा

जैसे तैसे चला जा रहा है, कुछ पाए
अवलम्बन धैर्य, बल, प्रेरणा, लेकिन इसकी
धारा आदेशों उपदेशों से कुछ खिसकी
बहती है, जीवन से सब को जीवन आए।

जीवन में ही प्रगति भरी है, अलग नहीं है,
जो बाहर है वस्तु तत्त्व से दूर कहीं है।

*(रचनाकाल : 30/10/1951, **अनकहनी भी कुछ कहनी है** में संकलित)*

महाकुम्भ :1953

जाड़े की घनमाला

क्षितिज नील, तदुपरि बैंगनी, और फिर नीला,
महाकाश को घेरे जाड़े की घनमाला,
गंगा बीचोंबीच, पार झूसी का टीला,
सम्मुख कुम्भनगर, दिन का साँवला उजाला,
आड़ी, सीधी, टेढ़ी राजमार्ग की माला
पहने हुए बस्तियाँ क्रम से चली गई हैं,
तम्बू, कुरिया, टाट-चटाई-टीनों वाला
आट-ठाट छाजन का, एकाकार कई हैं,
भिन्न कई हैं, अपनी अपनी चाल गई हैं,
साज-बाज दिखलाती हुई नवीन बस्तियाँ,
नर-नारी की धाराएँ आनन्दमयी हैं,
और कहाँ यह चुहल, यह लहर और मस्तियाँ,

जहाँ श्वेत चमकीले बादल जैसा रेता
था, अब वहाँ ध्यान-लोचन दर्शक है देता

कुम्भनहान

सतुआ और पिसान बाँधकर कुम्भ नहाने
नर नारी घर पुर तज कर प्रयाग आए थे;
संगम की धारा में अपने पाप बहाने
की इच्छा रखने वालों का हल लाए थे।
तितली के भी पेड़ तले अशंक छाए थे,
गीत नारियाँ गंगा मैया के गाती थीं,
और नरों ने योग यज्ञ के फल पाए थे
कथा कहानी कहते सुनते थे। आती थीं
पछुआ की लहरें, पूरब को बढ़ जाती थीं,
कोई इन पर पल को ध्यान नहीं देता था,
अन्तर्हित इच्छाएँ अभिव्यक्ति पाती थीं
काय-क्लेश में देखा जीवन रस लेता था।

देखा कोटि संख्य जनता सामने पड़ी है,
गंगा यमुना की धारा के साथ अड़ी है।

कुम्भ नगर

कहीं यज्ञ होता था, कहीं पाठ होता था,
कहीं दान होता था, कहीं कथा होती थी,
कहीं कुचाल देख कर हृदय काठ होता था,
कहीं अनीति देख कर मर्म व्यथा होती थी,
कहीं इष्ट की पूजा यथा-तथा होती थी,
कहीं लाभ के लिए लूट सी मची हुई थी,
कहीं ठगी छल बल से नई प्रथा होती थी,
कहीं किसी की सेज काँट की रची हुई थी,
कहीं सरलता भोलेपन में बची हुई थी,
कहीं किसी को कोई जन ललकार रहा था,
कहीं किसी की कोठी धन से हची हुई थी,
कहीं अभागा करमकटा झख मार रहा था,

कहीं विमान रवाते थे, या घहराते थे,
कुम्भ नगर के नभ में झण्डे फहराते थे।

सहस्त्रशीर्षपुरुष

जनता का समुद्र वह, देखा शीश झुकाया,
तभी सहस्त्रशीर्षापुरुषः याद आ गया,
उन आँखों को देखा, सहस्राक्षः गाया
चरणों को देखा, तो सहस्रपात् छा गया
प्रतिबिम्बित होकर मानस में। मुझे भा गया
वह विराट् दर्शन। मैंने विश्वास पा लिया,
वह विश्वास जो विजय के नवगान गा गया,
गान के स्वरों से मैंने आकाश छा लिया,
जहाँ जहाँ जीवन को देखा वहाँ जा लिया,
मेरे स्वर जीवन की परिक्रमा करते हैं।
गाता जाऊँगा, गाता हूँ, अल्प गा लिया,
भूल चूक छोड़ो भी, गीत क्षमा करते हैं।

महाकुम्भ में देखा मैंने मानव-कानन,
मानचित्र था भारत का रेखांकित आनन।

पर्वत की दुहिता

आने दो, आने दो, जनता को मत रोको,
पर्वत की दुहिता है, कब रुकने वाली है,
पथ दो, प्याऊ बैठा दो, चलते मत टोको,
बलप्रयोग देख कर कब झुकने वाली है,
हार थकन से क्या यह धुन चुकने वाली है,
रेल कसी है, बसें भरी हैं, बैलगाड़ियाँ
लदी-फँदी हैं; सिद्धि कहाँ लुकने वाली है
गिरि-गह्वर-कंदरा-गहन-वन-झाड़-झाड़ियाँ
सर-सरिता-निखात-सागर-कासार-खाड़ियाँ
कहाँ मनुष्य नहीं पहुँचा है; पृथ्वीतल में
खान खोद कर जा पैठा, दुर्गम पहाड़ियाँ
उसे सुगम हैं, सारा व्योम नाप दे पल में।

आने दो, यदि महाकुम्भ में जन आता है,
कुछ तो अपने मन का परिवर्तन पाता है।

सहनशीलता

'आगे राह बन्द है। पीछे-पीछे जाओ',
'लोग बाँध पर अटे पड़े हैं'। 'भीड़ बड़ी है।'
'अपने मन में थोड़ी सहनशीलता लाओ।'
'स्नान आज कल कर लेना, क्या यही घड़ी है।'
देख लिया जाने वालों की भीड़ खड़ी है
मानो सोच रही है वह आने वालों की
बात मान ले क्या। मेला है, यहाँ पड़ी है
सबको अपनी अपनी। फिर खाने वालों की
ओर लखे भूखा यों समझाने वालों की
ओर लखा। कुछ लौटे, कुछ ने पाँव बढ़ाए
कतरा कर। धुन अपनी सुन पाने वालों की
आँखों ने देखा कि, एक जन लाँग चढ़ाए

कीचड़ में लथपथ आता है, चिल्लाता है–
लाशों पर चढ़कर मानव आता जाता है।

महाकाल था

पलक मारने में जो उमड़ा भीड़ भड़क्का,
बाँध के शिखर से सरका, पट गया वह गढ़ा
जो नीचे था और अनवरत धक्कमधक्का
निगल गया सैकड़ों को। महाकाल था चढ़ा
अपने दल बल से, फँसने वाला नहीं कढ़ा।
जिन की साँस चल रही थी वे सब अचेत थे
और मृतों की हत्याओं के पाप से मढ़ा
था जैसे उन का चेतन स्तर, कटे खेत थे
मानो भीषण नाट्य के लिए, बचे प्रेत थे
आसपास जो घूम रहे थे, चौवाई है
जैसे नदी किनारे हिलते हुए बेत थे,
कुछ ऐसे थे जैसे उन्हें टक्कबाई है।

मृत्यु अकेली भी तो बेध बेध जाती है,
सामूहिक से छाती छलनी बन जाती है।

जुलूस का जलसा

नागों का वह नंगा नाच और वह चिमटा
भाँजते हुए जाना, फिर तान कर डराना
जनसाधारण को, समूह जिन का था सिमटा
आसपास कौतूहल से, भयभीत कराना
और भगाना, प्रेतरूप से उन्हें छराना,
हौदा कसे हुए हाथी, सजे हुए घोड़े,
ऊँट, वेश रचना, पैंतरे, नवीन तराना,
वह विरागियों के जुलूस का जलसा, थोड़े
में इन्द्र का अखाड़ा, कोई पी कर छोड़े
जिसे नहीं वह मद पल पल में छलक रहा था,
लोग भभर कर भागे, कितनों ने दम तोड़े
वेश बनाए, निशाचरी छल ललक रहा था।

लानत है, लानत, विराग को राग सुहाए,
साधू होकर मांस मनुज का भर मुँह खाए।

o

सुलफे का दम

कुम्भ नगर के नागरिकों की बस्ती देखी
भोर, दोपहर, संझा और रात की बेला
सजे एक से एक अखाड़े मस्ती देखी।
" 'सब के दाताराम'-अर्थ क्या है," यह चेला
पूछ रहा था; बोले गुरु, देख आ मेला
बैरागी रागी हैं और माल खाते हैं
मूढ़, विधाता का है यह छोटा सा खेला
देख कुली मजदूर वस्तु ढोकर लाते हैं
मजदूरी के पैसे पर धक्के पाते हैं
साधु-सन्त सोते हैं सुखी पाँव फैलाए
कितने ही लखपती पास उन के आते हैं
चरणधूलि लेते हैं, वही स्वर्ग से आए।

बमभोले शंकर गाँजे का, सुलफे का दम
लिया गुरु ने; लवर उठी, फिर बोले, बम बम।

लाशों की प्रदर्शनी

लाशों की प्रदर्शनी देखी कुम्भ नगर में
आज दूसरा दिन था। देखा, उमड़ रहा था
झुण्ड दर्शकों का। चर्चा थी डगर डगर में,
मानव ने यह असहनीय आघात सहा था।
मुर्दे पड़े हुए थे, मुँह नाक से बहा था
काला और पनीला रुधिर। गन्ध का लहरा
हलका हलका उठता था। पुत्र ने गहा था
हाथ पिता का, वेग आँसुओं का था गहरा
'बाबू, तुम्हें हो गया क्या, आशा में ठहरा
मैं डेरे पर रहा कि तुम जब आ जाओगे
तब हम गाँव चलेंगे।' सारा मेला थहरा,
कहा पुलिस ने, 'अब रोने से क्या पाओगे'।

करुणा का सागर था वहीं कुतूहल भी था,
किरणों का उत्ताप जहाँ था मृगजल भी था।

यात्री चंचल

अभिनायक शर्मा बोले, "मुझ को पीना था
कुछ दिन और गरल जीवन का तभी बच गया।"
अभिनायिका माधुरी बोल उठीं, "छीना था
प्राण आप ने क्रूर काल से। जभी रच गया
मन अपने आदर्श लगन से, सभी जच गया
नया पुराना एक दृष्टि में। भावना जगी
कुछ कर जाने की, गरिष्ठ शोक भी पच गया।"
कतवारू बोला, "मुखार से वचन से सगी
विपदा मुझे आप की लगती है। कहाँ लगी
थी अजगरी भीड़ वह जिस ने कवर बनाया
नर, नारी, बूढ़े, बच्चे का, कुछ नहीं डगी।"
"संगम पर।" कोई बोला, "सब झूठ बताया।"

रेल दौड़ती हुई, बात से यात्री चंचल,
मन को मोड़ा, देखा विन्ध्याचल का अंचल।

महाकुम्भ का लेखा

रामलाल, देखो कोई अपना भी है क्या,
ट्रक में भर भर आज गंज शव का आया है
उकस पुकस करते हो, कुछ बेचैनी है क्या,
लाशों का सुखवन पुलीस ने फैलाया है,
इसी के लिए तो उसने पैसा खाया है
सुप्रबन्ध का कहना ही क्या है, कमाल था,
समाचारपत्रों ने गली गली गाया है
पहले दिन तल ऊपर सब का लगा टाल था,
जल्दी थी, क्या क्या कर लेते, बुरा हाल था,
अब पंक्तियाँ बिछी हैं संख्याबद्ध कर दिया।
तीर्थयात्रियों का जो कुछ भी माल जाल था
उस पर अब सशस्त्र पहरा सन्नद्ध कर दिया।

लोग कुतूहल से, भय से, देखा करते हैं,
महाकुम्भ की फूटन का लेखा करते हैं।

विद्यार्थी भीड़ में

चुप्पी तोड़ी, विद्यार्थी ने भी मुँह खोला,
"उसी भीड़ में बुरी तरह मैं फँसा हुआ था।
लाख छटपटाया, हाथों ने किन्तु न तोला
एक बार भी तन को, जैसे धँसा हुआ था
सुग्राही दलदल में। सम्मुख डँसा हुआ था
एक व्यक्ति भीड़ के नाग का, वदन खुला था
दाँत दीखते थे, मानो शव हँसा हुआ था
निखिल परिग्रह संग्रह पर, वायु में घुला था
महामरण का भय, प्रिय जीवन विवश तुला था
क्रूर काल के हाथों, हाहाकार खो गए
सिर पर चढ़ा खून, आँसू से नहीं धुला था,
दबे हुए बात की बात में बिदा हो गए।

पत्नी कहीं रो रही थी, पति कहीं विकल था,
पुत्र कहीं पछाड़ खाते थे, नाश अचल था।"

पावन मंसूबा

पण्डा रामप्रसाद ने कहा, धर्म जगा है,
धर्म विरोधी देखें, धर्म नहीं डूबा है,
गंगा यमुना के घाटों पर ठाट लगा है
सहज विरागी भी विराग से अब ऊबा है।
धर्म कर्म का बढ़ने वाला मंसूबा है
संगम, महाकुम्भ फिर तीर्थराज ये तीनों
अलग अलग भी दुर्लभ हैं। पावन दूबा है
अभिषेचन के लिए। उमंग से भरे दीनों
के दल पर दल आते हैं। अवमानित, हीनों
के जीवन प्रसून खिलते हैं। सब नर नारी
भूले हुए चले आते हैं, पथ पर बीनों
को छेड़ कर गा रहे हैं, बिसरी लाचारी।

धर्म न होता तो वह दुनिया कैसे होती,
पुण्य न होता तो प्रवृत्ति क्या ऐसे होती।

व्यर्थ लड़ गया

शंकर, शंकर, शंकर, यह तो नहीं बोलता।
यह क्या, किस के ऊपर मेरा पाँव पड़ गया।
बड़ा पसीना छूट रहा है, बटन खोलता,
यदि थोड़ा फोंफर पा जाता। व्यर्थ लड़ गया
पास खड़े मुर्दों से। वह आवेश झड़ गया।
धक्के आ कर इधर उधर कुछ ठेल रहे हैं।
मेरे पाँवों को यह किस का पेट गड़ गया।
भीड़ नहीं है, दल राक्षस के खेल रहे हैं।
चरणों के आघात अभागे झेल रहे हैं।
आह, फेफड़े फड़क रहे हैं, हवा कहाँ है।
छूटी भूमि, भयानक धक्के रेल रहे हैं,
अब कन्धों पर हूँ, व्याकुलता यहाँ वहाँ है।

प्राण बच गए, जीवन, तू कितना प्यारा है
हाथ, अदेख काल के आगे तू हारा है।

बिजली के खम्भे पर

बिजली के खम्भे पर, आई बुद्धि, जा चढ़ा
उस को देखो। भीड़ ठाँव पर झूम रही है
बँधे हुए हाथी सी। ऊँचे बाँध से बढ़ा
एक हुलुक्का, एक दरेरा, घूम रही है
भीड़। भीड़ पर भीड़ दूसरी रूम रही है।
अस्फुट अगणित कण्ठों की ध्वनि की धारा
महाकाश में मँडराती है, बूम रही है
मरणसिंधु में मग्नप्राय मानवता। हारा
कोई अपने लड़के को दे रहा, सहारा
खम्भे वाला उस को दे दे। ले लेता है
वह भी बच्चे को, भीड़ की लहर ने मारा
खम्भे को, क्या करे, फेंक उस को देता है।

कल जिस छाती में पौरुष का पार नहीं था,
आज उसी के प्राणों का उद्धार नहीं था।

दबाव

भीड़ कस उठी थी, पच्चर से लोग बन गए,
वह दबाव था, जौ भर किसी तरह हिल पाना
अब असाध्य था। खड़े लोग निरुपाय तन गए।
जो छूटा, छूटा; अब मुश्किल था मिल पाना।
आगे पीछे अगल बगल का बल झिल पाना
छाती के बस के बाहर था। लोग मर चले।
जो प्रसून खिलने को थे, उनका खिल पाना
क्रूर काल को नहीं सुहाया, और झर चले।
क्या करने आए थे क्या क्या असहाय कर चले,
धराधाम से गए। तीर्थ का यही फल मिला।
अपने घर की जगह विवश काल के घर चले;
कल्या चाहने वालों को कल नहीं छल मिला।

भीड़भाड़ में सकल व्यक्तिबल खो जाता है,
महावीर भी तृण प्रवाह का हो जाता है।

आँखें देख नहीं पाती थीं

आदमियों की वह मछेह, वह भीड़ ठसाठस,
उठती हुई गनगनाहट, आगे का रेला,
पीछे का दबाव, चारों ओर की कसाकस,
आदमियों के सिर ही सिर, ऐसा था मेला।
सरसों छींटो भूमि तक न जाए वह ठेला
ठेली थी, आँखें कुछ देख नहीं पाती थीं,
कान सुन नहीं पाते थे, मिट्टी का ढेला
ही मनुष्य था यदि साँसें बाहर जाती थीं
तो फिर अन्दर फिर कर कभी नहीं आती थीं,
'हाय', 'मरा' 'देख कर' 'बचाओ' 'पैर तो गया'
'कहीं खड़ा हो पाता तो' 'चक्कर खाती थीं'
'रमिया-बुधिया उधर', 'महेसर कहाँ खो गया।'

दब पिच कर कितने ही जन दम तोड़ रहे थे,
माया, ममता, माल मता सब छोड़ रहे थे।

प्रण

त्रेता में खर दूषण भी दावत करते थे,
मुनियों की हड्डी का एक पहाड़ बन गया,
विकट चक्र था, फँस कर वीतराग मरते थे,
शान्त तपोवन बेचारों का भाड़ बन गया
अनायास सामूहिक वध खिलवाड़ बन गया,
प्रभुता के मदमत्तों का। यह बात राम से
छिप न सकी, हिंसन कब तिल का ताड़ बन गया;
''राक्षस जब तक नहीं जाएँगे। धरा-धाम से
तब तक चैन न लूँगा''; अपने दिव्य नाम से
दक्षिण भुजा उठाकर यह प्रण किया और फिर
लगे कार्यसाधन में, केवल इसी काम से
तन मन जोड़ा, रहे इसी के हित स्थिर अस्थिर।

महाकुम्भ में हत निरीह प्राणों की पीड़ा
कौन समझ कर बढ़ता है लेने को बीड़ा।

सुना करे किस किस की आहें

जहाँ राष्ट्र के पेड़ अनेकानेक गिरे थे
आज वहीं से कार राष्ट्रपति की निकली थी,
दो ही लोचन लोचन-वन में घिरे घिरे थे
भीड़ भाड़ में अतुल त्वरा गति की निकली थी,
कहीं खो गई जो आभा मति की निकली थी,
कानों में संगीत भरा था, वहाँ कराहें
कैसे जातीं, चिट्ठी सी यति की निकली थी
दौड़ रही थी, दौड़ रही थी। दावत चाहें
तो गति कुछ ऐसी हो जिस को देख सराहें
दर्शकजन। दुनिया है, लोग मरा करते हैं,
भला राष्ट्रपति सुना करे किस किस की आहें
इन आहों से दुर्बल हृदय डरा करते हैं।

ऐसा हो राष्ट्रपति कि जीमे, फिर डकार ले,
'दुर्घटना से मुझे दुःख है' यह सकार ले।

कुम्भकाण्ड में जननेता

चमत्कार है, दावत होने पर दुर्घटना
नेताओं को ज्ञात हुई। फिर कारें दौड़ी
दौड़ी इधर से उधर पहुँचीं, यों ही खटना
पड़ता है अवसर पर, सजी सजाई चौड़ी
सड़क दहल सी उठी। भीड़ थी मानो गौड़ी
रीति पृष्ठ की पंक्ति में कसी कसाई
हो। बन गई सड़क पल में बन्दर की पौड़ी
जननेता आसीन दिखे, इस तरह रसाई
उनकी दिखी, जहाँ फूटन थी वहाँ टसाई
बातों से करते थे, सचमुच घाव बड़ा था
नहीं धूल से ढँक देते पर सभा बसाई
थी रेती पर, कितना टेढ़ा काम पड़ा था।

अज्ञ कहाँ सर्वज्ञ कहाँ हैं ये जननेता,
कुम्भकाण्ड कहता है, लेखा लेता देता।

कुम्भकाण्ड में पुलिस

पुलिस कहाँ थी, नेताओं के पीछे पीछे
व्यस्त भाव से चलती थी, यह शान बढ़ाने
की कुछ नई कला थी। अगर काल ने बीछे
इसी बीच कुछ सौ सिर फिर लग गया मढ़ाने
लोगों की नज़रों से तो फिर फूल चढ़ाने
में पुलीस के दस्ते भी क्यों पीछे रहते,
गज़ब न हो जाता, अधिकारी लोग पढ़ाने
लगते नए पाठ। सारी कठिनाई सहते
कैसे बेचारे, किस से अपना दुख कहते।
जनता का क्या, यह तो मर मर कर जीती है
अधिकारी की ठोकर से पक्के घर ढहते
हैं, जनता रहती है, कौन अमृत पीती है।

प्रभुओं की भौंहें ताके या भीड़ सँभाले
दुर्घटना रोके पुलीस क्या क्या कर डाले।

'वे साहित्यकार हैं'

लाशों की चर्चा थी, अथवा सन्नाटा था
राज्यपाल ने दावत दी थी, हा हा ही ही,
चहलपहल थी, सागर और ज्वारभाटा था।
जो सुनता था वही थूकता था, "यह, छी छी।
यह क्या रंग ढंग है। मानवता थोड़ी सी
आज दिखा दी होती।" "वे साहित्यकार हैं",
कहा किसी ने। औरत बोली झल्लाई सी–
"बादर होइँ, पहाड़ होइँ, आपन कपार हैं"
पति ने कहा, "होश में बोलो," "धुआँधार हैं
उन के भाषण संस्कृति पर।" "कोई तो स्याही
जा कर मुँह पर मल देता।" "ये भूमिभार हैं..."
"कर की कालिख आप पोत ली है मनचाही..."

भय का कम्पन आज वायु में भरा भरा था,
छाती पर जो घाव लगा था, हरा हरा था।

अधिकारी छाए थे

इन्द्र वरुण कुबेर से अधिकारी छाए थे,
शिविर सजे थे, धूलि कहाँ उनको लगती थी,
खुद आए थे, अपनी ऐंठ अकड़ लाए थे,
कुम्भ नगर में श्री इन के कारण जगती थी।
तीर्थराज की रेणु जाहिलों को ठगती थी,
इनके स्पर्शों से पल पल पवित्र होती थी,
होता था छिड़काव, बात रस में पगती थी
इन लोगों की। बेचारी जनता सोती थी
कल्पवास के श्रम पर, स्वेदबिंदु बोती थी
बंजर में, आसरा कर्म का ताक रही थी,
अलग अलग भी धरती पर किस की गोती थी
गंगा कल कल कल कल कहती बीच बही थी।

जनता में कब होगा जनता का अधिकारी,
कब स्वतन्त्र होगी यह जनता टूटी हारी।

प्रभुता के मद का विध्वंसक कोप

कलकत्ता बम्बई हेठ थे उस के आगे,
कुम्भ नगर था भी क्या, दो दिन का मेला था।
पथिक दूर के आए, ठहरे, रम कर भागे
मेले ने कुछ तो चिंताओं को ठेला था,
महामरण का चण्ड गदाभिघात झेला था
मूक देश ने दुःशासन का। याद आज भी
हूक जगा देती है, पाव तले ढेला था
कड़ा नुकीला मानो। अगर स्वतन्त्र राज भी
जनता की जीवन-रक्षा का प्रथम काज भी
न कर सके तो किस मतलब के लिए राज है?
जैसा घोड़ा हो वैसा चाहिए साज भी
शासन का प्रमाद बिलकुल कोढ़ की खाज है।

कुम्भ नगर माया का पुर था, लोप हो गया,
प्रभुता के मद का विध्वंसक कोप हो गया।

*(**सर्वनाम** : मई 1973 में प्रकाशित, **अरघान** में संकलित)*

'प्रभो, पुत्र वह माँग रही है'

'प्रभो, पुत्र वह माँग रही है।' 'लिखा नहीं है।'
फिर गोस्वामी तुलसीदास और क्या कहते,
तो भी दासी की विनयों में बहते बहते
तीन बार पूछा।, प्रभु बोले, 'लिखा नहीं है।'
किनाराम ने सारी बात भेद की जानी।
गंगास्नान कर चली दासी, पीछे फक्कड़
ने एक दो तीन कह मारे उसको लक्कड़
और कहा, 'जा तुझे मिल गया' औघड़ बानी
फुर हो गई, तीन बेटे वन्ध्या ने पाए।
तुलसीदास के चरण पथ पर छुए, बताया
जब पूछा, कैसे वरदान कहाँ से पाया।
प्रभु ने सेवक को समझाया, वचन सुनाए :
भाग्य करेगा क्या, यदि कोई जन अपना दे,
रिक्त पात्र को भर दे, जड़ में जीव पिन्हा दे।

(रचनाकाल : 1950-54, उस जनपद का कवि हूँ में संकलित)

एक हजार आठ स्वामी

एक हजार आठ स्वामी...जी ने डकार ली,
हाथ पेट पर फेरा। बोले, "अधिक खा गया।
मर्यादा पुरुषोत्तम प्रभु का ध्यान आ गया,
भूल गया मैं। उन लोगों ने तो उतार ली

मर्यादा इस पुण्य-भूमि की, जिन लोगों ने
कहा कि रोटी ही सब कुछ है। यदि यह रोटी
सब कुछ होती, मुनि त्रिकालदर्शी यह छोटी
बात कहीं कह जाते! आज नये ढोंगों ने

सबको बहकाया है। श्रद्धा रही अब कहाँ?..."
प्रणत हो गया भक्त, कहा, "स्वामी जी, भोजन
रुचि का हुआ न होगा। हम वैसा आयोजन
कहाँ कर सके।" "अजी माल था। तुष्ट हूँ यहाँ।"

हँसी-हिलोरों से फिर तो वह काया मोटी
हिलने लगी तोंद में सिहरी संचित रोटी।

*(रचनाकाल : सितम्बर 1951, **दिगन्त** में संकलित)*

बाढ़ में दशाश्वमेध घाट

दशाश्वमेध घाट पर गंगा की धारा है
तट पर जल के ऊपर ऊँचे भवन खड़े हैं
विपुल गुहा-कक्षी ज्यों क्षुद्र पहाड़ गड़े हैं।
बिजली जली ज्योति से भग्न तिमिर कारा है।
तोड़ मारते जल-प्रवाह का स्वर न्यारा है।
जल पर पीपल की शाखा के छत्र पड़े हैं
दल दल के तम से बिजली के स्रोत लड़े हैं
तमसाच्छन्न क्षितिज-तरुश्रेणी, नभ सारा है।

र्रे बैठे, काली सड़क दाहिने बायें,
जल को छूते तख्ते, तख्तों पर सैलानी
जमे हुए हैं, कहीं चल रही कथा-कहानी,
नौजवान आते हैं, आती हैं महिलाएँ,
विस्फारित लोचन विलोकने वे उपदाएँ
जो गंगा ने दी हैं, जो हैं आनी-जानी।

(रचनाकाल : अक्टूबर 1954, दिगन्त में संकलित)

चाँदनी रात है सन्नाटा है

चाँदनी रात है, सन्नाटा है, बैठा हूँ
गंगा के तट पर, धारा बहती जाती है
अविराम; भाव के अतल सिंधु में पैठा हूँ
नीरव, निश्चल। यह हवा कहाँ से आती है
जो अपनी लहरों से तन को छू जाती है
खेलती हुई किस ओर, कौन कह सकता है।
तारे सुनील नभ में हैं, भू पर आती है
उन की आभा, क्या वह कोई आ सकता है
इनकी किरणों की डोर पकड़ कर। थकता है
मन, लगा कल्पना की उधेड़बुन में नीरव,
रजनीगन्धा से वातावरण गमकता है
शीतल बयार ले कर विचार आई नव नव।
यह दूरी, केवल स्थान की नहीं मन की है,
विह्वल अधीरता क्षण क्षण की कण कण की है।

(रचनाकाल : 1950-54, उस जनपद का कवि हूँ में संकलित)

देख रहा हूँ गंगा के उस पार

देख रहा हूँ गंगा के उस पार धूल की
धारा बहती चली जा रही है, चढ़ चढ़ कर
वायु-तरंगों पर, अपने बल से बढ़ बढ़ कर
धूसर करती हुई क्षितिज को, वृक्ष-मूल की
शोभा हरित सस्य की निखरी, विषम कूल की
अखिल शून्यता हरती है छवि से मढ़ मढ़ कर
मानव-आकृतियाँ निःस्वन गति से पढ़ पढ़ कर
जीवन - मन्त्र कहानी देतीं शूल - फूल की।

मैं इस पार नहीं हूँ, आँखें उसी पार को
दौड़ दौड़ जाती हैं, लहर लहर से होकर
तट की सतत वक्र रेखाओं का अनुधावन
करती हुई, धूल - धारा को, कृषि-उभार को,
पुनः क्षितिज की वृक्षशीर्ष रेखा को, टो कर
नील व्योम में करती हैं अनुभव-संभावन।

(रचनाकाल : 1962, शब्द में संकलित)

काशी मुझे गाँव सी लगती

काशी मुझे गाँव सी लगती है, शहराती
हवा यहाँ कम से कम है। सब आसपास से
घुले मिले रहते हैं। अपना रंग दिखाती
प्रकृति मनुष्यों में है, धरती से अकास से

सहज मुक्त सम्बन्ध बना है। चोरी डाका
यहाँ न हो यह बात नहीं है। दुर्गुण सारे
कम बेशी हैं। जाग रही है इस की साका
तीन लोक से न्यारी होने में। जो हारे

हैं वे जन भी मस्त मिलेंगे। ऐसी मस्ती
और कहीं तो नहीं मिलेगी, चना चबेनी
और गंगजल के मस्ताने हैं यह हस्ती
और कहाँ है, झंखें तीरथराज त्रिबेनी।

रोज़ रोज़ ताज़ा है कभी नहीं है बासी
आन बान में, कबिरा तुलसी की यह काशी।

काशीपुरी पवित्र है

काशीपुरी पवित्र है इसी लिए यहाँ पर
दुनिया की गन्दगी इकट्ठा मिल जाती है;
ओर छोर से लोग छोड़ने पाप जहाँ पर
पहुँचें, काशी दशा वहाँ की दिखलाती है।

म्युनिसिपैलिटी डिस्ट्रिक्ट बोर्ड करें तो क्या क्या
करें, हुई नैष्कर्म्य सिद्धि है अनायास ही;
मेम्बर जेबें भरते हैं, इस में भी क्या क्या
कष्ट उठाने पड़ते हैं, प्रत्येक श्वास ही

उन का बतलाता है। इस से अधिक काम की
बात न पूछो, मंचों पर से बकते बकते
जीभ खिया जाती है इज़्ज़त कहाँ चाम की
है, करने वाले करते हैं थकते थकते।

जो सब का है कभी किसी का कब होता है
सार्वजनिकता में अपनी सत्ता खोता है।

(रचनाकाल : 7/10/1951, अनकहनी भी कुछ कहनी है में संकलित)

काशी है यह, गंगा जी हैं

काशी है यह, गंगा जी हैं, विश्वनाथ हैं,
दुर्गा हैं, संकटमोचन हैं, और क्या नहीं
है। खिंच कर कोने कोने से देश के यहीं
जन सिमटे हैं। खेने वाले वही हाथ हैं
जो मनु की नौका खेते थे, प्रलय काल की
चिन्ता सब के मुख पर है। दुनिया की सारी
वस्तु यहाँ मिल जाएगी, नहीं है लाचारी
किसी बात की। नई पुरानी चाल ढाल की

कहाँ कमी है। इधर विश्वविद्यालय सुन्दर
हरा भरा है, उधर दालमण्डी की शोभा
रात चौगुनी होती है, रसिकों का लोभा
हुआ हृदय ही जान सका है निशि के अन्दर।

भले बुरे, गुण्डे सज्जन, सब यहाँ पड़े हैं,
शव हिन्दू के जले मुसलमान के गड़े हैं।

(रचनाकाल : 3/10/1951, अनकहनी भी कुछ कहनी है में संकलित)

विश्व बन्धुत्व

हम अपना एकान्त भी बचा नहीं सकेंगे
अलग-अलग पहचान सभी देशों की अपनी
अगर नहीं है, कौन हमारे साथ रहेंगे
और रखेंगे कौन विरोध-नीति ही अपनी।

दुनिया का विस्तार आज विस्तार नहीं है
कुछ घण्टों की बात कहीं कोई जा पहुँचे,
उपग्रहों की चाल कहीं दुस्तार नहीं है
मन में एक उभार और कोई आ पहुँचे।

हम हो जाएँ तटस्थ, हमारी यह तटस्थता
औरों की मुहताज रहेगी, इस पर सबकी
सहमति हो तो अर्थ रहेगा और स्वस्थता
भी होगी सप्राण-मिटीं प्राचीरें कबकी।

अब जीवन के साथ विश्व भर में निवाह है,
जीना भी निर्बाध कठिनतम है, अथाह है।

*(दैनिक **नई दुनिया**, इन्दौर 6 जून 1982 में प्रकाशित, **तुम्हें सौंपता हूँ** में संकलित)*

परेशान क्यों हो

जब तक राजनीति है तब तक शस्त्र रहेंगे
और शान्ति की वार्ता भी चलती जाएगी,
देश देश के कर्ता कोई बात कहेंगे,
देश देश की जनता उस को दुहराएगी।

जनता से ही चुन चुन कर भारी सेनाएँ
बना करेंगी और युद्ध भी हुआ करेंगे,
सेनानायक लगे लगे रहेंगे दाएँ बाएँ
देशभक्त कहलाएँगे जो वहाँ मरेंगे।

लड़ने वाले या रण का संचालन करने
वाले कहा करेंगे हमें शान्ति ही प्रिय है,
कोई नहीं कहेगा भूले भी हम मरने
और मारने को हैं,—यों ही रण सक्रिय है।

शान्ति कहाँ है, यह तो केवल मुहावरा है,
परेशान क्यों हो, इस में क्या अर्थ धरा है।

(रचनाकाल : भोपाल—7/1/1977, अरघान में संकलित)

कैसा युग है

कैसा युग है, कहीं अकन लो, हाय हाय है,
सभी कराह रहे हैं, पत्थर सबकी छाती
पर है। दिन कैसे बीतेंगे। कुछ तो आती
कहीं झलक आशा की, बिलकुल निस्सहाय है
जीवन हृदयों की धड़कन में। क्या उपाय है,
इससे बच पाने का; कुछ भी पता न पाती
बुद्धि किसी की। सुगति कभी थोड़ों की थाती
नहीं रही है, इस में सब का तुल्य दाय है।

खींचानोची मची हुई है, अपनी अपनी
ढपली अपना अपना राग, सुने फिर किसकी
कौन। मामले और और भी उलझ रहे हैं
मुँहजोरों की आँख बन्द है, स्थिर है पपनी,
हाथ सुन्न हैं, पाँव अकारथ हैं, यदि सिसकी
लोग भरें तो भरें, सूत्र यों सुलझ रहे हैं।

*(रचनाकाल : 22/4/1953, **फूल नाम है एक** में संकलित)*

सभी बुरे हो गए

सभी बुरे हो गए, इसी बात से बुराई
नहीं भलाई कहलाएगी। लेखा जोखा
बुरे भले का सदा रहेगा। कोई धोखा
अधिक नहीं टिक सकता है। सत्यता दुराई
नहीं जा सकी है। दुनिया में कीर्ति चुराई
नहीं गई है। यहाँ माल है जिस का चोखा
वह दूकान चला पाता है। ढर्रा नोखा
वही चला पाएगा जिस ने बात फुराई।

सुनते आए हैं दुनिया में, जैसी देखे
रीत अन्य की वैसी अपनी भीत उठाए।
अपनी रुचि खाइए पहनिए सदा पराई
रुचि। जीवन को रचना हो तो मेरे लेखे,
इन सत्यों को उँह करके न कदापि झुठाए,
पहले बैठा बैल चलेगा नहीं हराई।

*(रचनाकाल : 22/4/1953, **फूल नाम है एक** में संकलित)*

देसी और विदेसी लादी ढोते ढोते

देसी और बिदेसी लादी ढोते ढोते
जिनकी पीठ कट गई थी वे गधे शान से
घोड़े कहलाते फिरते हैं। आन बान से
कहते हैं कि इन्द्र के घोड़े जैसे होते
हैं वैसे ही हम हैं। सब कुछ खोते खोते
हमने जो कुछ पाया है, वह सिद्ध ज्ञान से
ऊपर है, मनुष्यता अपनी नई तान से
रीझेगी, पिक चातक खोए सोते सोते।

साम्यवाद के पथ में लीद किया करते हैं,
मानवता का पोस्टर देखा, लगे रेंकने।
क्या प्रतीक है और तथ्य क्या, दूर दूर हैं,
समझ बड़ी भोली है, व्यस्त जिया करते हैं।
संस्कृति की हरियाली देखी, लगे छेंकने,
अपनी दुलत्तियों के मद में सदा चूर हैं।

*(रचनाकाल : 12/1/1954, **फूल नाम है एक** में संकलित)*

पूरब में लाली फैली

पूरब में लाली फैली, उल्लू चिल्लाए,
इतना भीषण रक्तपात दुनिया में अब तक
नहीं हुआ है। हम लोगों से जितना अब तक
बना सभ्यता संस्कृति की रक्षा की, छाए
थे दुर्दिन के घन, ओले बरसे, छितराए
हम लोगों के सबल पंख, हम सब भी तब तक
सँभल न पाए, आशा में हैं, कोई कब तक
आए, गिरे पंख चुन कर यह सूर्य छिपाए।

गौरवमयी हमारी यह प्यारी परम्परा,
इसी तरह क्या हाय लुप्त हो जाने को है।
शीतल अन्धकार वह जिस की मोहक ममता
अब भी स्मृति में है, क्या उस के बिना यह धरा
कभी सुखी होगी। कैसा दिन आने को है,
जिस में हम न रहेंगे कैसी होगी समता।

*(रचनाकाल : 12/9/1954, **फूल नाम है एक** में संकलित)*

मानवता की जय होगी

मानवता की जय होगी–धोखे पर धोखा
खा खा कर भी यह विश्वास नहीं टूटा है
मेरा अब तक; किन्तु धैर्य जब तब छूटा है।
जीवन चेतन है, यह बिल्कुल नापा जोखा
नहीं मिला है, सीत घाम पानी का पोखा
ठहरा। जितना महाकाल का धन लूटा है
उतना भोग करेगा, यदि घट ही फूटा है
तो किस तरह रुकेगा उस में अमृत, अनोखा।

माना कुछ लोगों पर माया की ममता है,
माना कुछ लोगों ने अपना लोक बनाया,
माना थके थकाए हैं पथ पर उद्योगी,–
थकन दबा देगी, विश्वास नहीं जमता है।
जिन की साँसों ने आस्था का ही स्वर गाया,
आज नहीं तो कल उन की अवश्य जय होगी।

*(रचनाकाल : 17/2/1954, **फूल नाम है एक** में संकलित)*

दीयाँ बीयाँ फ़ू में

दीयाँ बीयाँ फ़ू में वियतमिह्न का झण्डा
बड़ी शान से लहराता है, आसमान में
ग्लोब मास्टर घर्घर मँडलाए गुमान में
अस्त्र शस्त्र सैनिक लाए कुनीति का भण्डा
फूट कर रहा, हिन्दचीन का भीषण डण्डा
चलता रहा, कमर टूटी मोहाभिमान में
उपनिवेश की, दुर्दिन झलका ज्ञान ध्यान में,
गिरा भूमि पर हाइड्रोजन बम वाला पण्डा।

हिन्दचीन की जय दीनों दलितों की जय है।
इस जय में स्वतन्त्रता नए गान गाती है
निर्भय, मानव पंक्ति आज तैयार खड़ी है
लाली फैल चली है सम्मुख सूर्योदय है।
नई प्रतिज्ञा मानव भाषा दुहराती है
आशा भीतर बाहर चारों ओर लड़ी है।

*(रचनाकाल : 11/5/1954, **फूल नाम है एक** में संकलित)*

अनुचर है? अनुचर है?

अनुचर है? अनुचर है? बोलो, नाश तुम्हारा
अनुचर है विज्ञान? या तुम्हीं बिके हुए हो
उस के हाथों। अनुकम्पा से टिके हुए हो
उस की। सत्यसंध, सत्य की विपथगा धारा
आज किस दिशा में उन्मुख है। तुमने सारा
हालचाल देखा। तुम भी तो सिके हुए हो
उग्र रसायन की भट्ठी में, हिके हुए हो
कठिन चिरायंध से, तुम ने मनुष्य को मारा।

आज तुम्हारे तप का बल पा कर हत्यारे
समुदायों की हत्या कर देते हैं। उन के मन को
हिचक कहाँ। वे काटें, चिथड़े चिथड़े तन को
कर दें उन को तृप्ति कहाँ। वरदान तुम्हारे
लोक-विनाशक हैं, आतंकग्रस्त हैं सारे
जन, जनपद वा राष्ट्रअभय चाहिए भुवन को।

*(रचनाकाल : 4/9/1954, **फूल नाम है एक** में संकलित)*

सड़ी व्यवस्था के विरुद्ध

सड़ी व्यवस्था के विरुद्ध विद्रोह के लिए
मैं ललकार रहा हूँ उस सोई जनता को,
जिस को नेता लूट रहे हैं, कह कर, ताको
मत, हम तो हैं ही, अत्यधिक विमोह के लिए

क़ौल क़रारों की बौछार किया करते हैं
इन से उन से सब से, दिन को और रात को।
बाल भी नहीं समझ सके जो कही बात को
अपनी, अब वे सच्चाई का दम भरते हैं।

बीज क्रान्ति के बोता हूँ मैं, अक्षर दाने
हैं, घर बाहर जन समाज को नए सिरे से
रच देने की रुचि देता हूँ। घिरे घिरे से
रहना असम्मान है जीवन का अनजाने।

अगर घुटन हो, प्राण छटपटाएँ तो घेरा
तोड़ फोड़ दो, क्यों कि हुआ है नया सवेरा।

*(रचनाकाल : 5/11/1951, **अनकहनी भी कुछ कहनी है** में संकलित)*

भीषण कमी अन्न की

भीषण कमी अन्न की, बलात्कार की अनुदिन
बढ़ने वाली गाथाएँ, हत्याएँ, डाके,
चोरी, रिश्वतख़ोरी; कोई बुरा न ताके
रामराज्य है। रामराज्य ही बढ़ती के दिन

आ जाने पर रावण-राज्य कहा जाता है,
राजदण्ड काले हाथों में पहुँच गया है,
और समय दो, मौका दो। सब नया नया है,
कोई पूर्वाभ्यास नहीं था, जो आता है

उसे सहा जाता है, जो गद्दीनशीन हैं
अलापते हैं इसी राग को। ये जनता के
प्रतिनिधि हैं, भूखी, अपमानित, जड़ ज़नता के
ये खद्दरधारी प्रतिनिधि हैं, दीन हीन, हैं

ज़रा और इन का घर भर दो, क्यों कि तुम्हारा
दुःख दर्द तो नया नहीं है, बनो सहारा।

(रचनाकाल : 13/6/1951, अनकहनी भी कुछ कहनी है में संकलित)

धौली, काली, लाल टोपियों की मर्यादा

धौली, काली, लाल टोपियों की मर्यादा
का गुणगान वायुमण्डल को चीर रहा है
नित्य निरन्तर। सब कहते हैं अभी कहा है
अंश मात्र। टोपी ने इतना लिया, लबादा

कितने दिनों, महीनों, वर्षों में स्थिर होगा।
होगा भी या नहीं, कौन निश्चित कह सकता
है। अपनी अपनी उड़ान है। जो भी बकता
हो उस की चुप सुनते जाओ। जिसने भोगा

है, वह तो गूँगी जनता है, जिसे जवाहर
जयप्रकाश गोलवलकर फुसलाया करते हैं—
स्वर्ग तुम्हें दिखलाएँगे हम, पर डरते हैं
कहीं तुम्हें यह या वह कोई रंग मनोहर

लग न जाए, तुम धारण कर लो, तब तो अपना
किया कुछ. नहीं होगा, सच भी होगा सपना।

(रचनाकाल : 9/6/1951, अनकहनी भी कुछ कहनी है में संकलित)

वह मेरा भाई है

वह मेरा भाई है जिस को तुम अलगाना
अपना धर्म समझ बैठे हो। मैं न सुनूँगा
बात तुम्हारी। उसी हृदय की बात सुनूँगा
जिस के पीछे शास्त्र चला करते हैं। माना,

यह वह जो तुम कहते हो, उस में न मिलेगा,
वह भी उस के पास न होगा जिसे तुम्हारे
यहाँ देख सकता है कोई। तुम्हें पुकारे
तो कोई पाएगा क्या, किस तरह खिलेगा

पारिजात जीवन का। तुम तो ध्वजा धर्म की
लिए लिए फिरते हो, तुम को ग्लानि नहीं है,
कोई भी मर जाए तुम्हारी हानि नहीं है
बहुत हुआ, दिख गयी तुम्हारी कला कर्म की।

हिन्दू मुसलमान ईसाई अब ये सारे
नाम मिटेंगे, सब मनुष्य होंगे तुम हारे।

*(रचनाकाल : 26/4/1951, **अनकहनी भी कुछ कहनी है** में संकलित)*

हाथों के दिन आएँगे

हाथों के दिन आएँगे। कब तक आएँगे,
यह तो कोई नहीं बताता। करने वाले
जहाँ कहीं भी देखा अब तक डरने वाले
मिलते हैं। सुख की रोटी वे कब खाएँगे,
सुख से कब सोएँगे, उस को कब पाएँगे
जिसको पाने की इच्छा है। हरने वाले,
हर हर कर अपना अपना घर भरने वाले,
कहाँ नहीं हैं। हाथ कहाँ से क्या लाएँगे।

हाथ कहाँ हैं, वंचक हाथों के चक्के में
बन्धक हैं, बँधुए कहलाते हैं। धरती है
निर्मम, पेट पले कैसे। इस उस मुखड़े की
सुननी पड़ जाती है, धौंसों के धक्के में
कौन जिए। जिन साँसों में आया करती है
भाषा, किस को चिन्ता है उन के दुखड़े की।

*(रचनाकाल : 24/9/1977, **फूल नाम है एक** में संकलित)*

काशी का जुलहा

ब्राह्मण को तुकारनेवाला वह काशी का
जुलहा जो अपने घर नित्य सूत तनता था
लोगों की नङ्गई ढाँकता था। आशी का
उन्मूलन करता था जिसका विष बनता था
जाति-वर्ण अहंकार। क़ब्रें खनता था
मुल्लों-मौलवियों की झूठी शान के लिए
रूढ़ि और भेड़ियाधसान को वह हनता था
शब्द-बाण से। जीता था बस ज्ञान के लिए
गिरे हुओं को खड़ा कर गया मान के लिए।
राम-नाम का सुआ शून्य के महल में रहा,
पन्थ पन्थ को देखा सम्यक् ध्यान के लिए
गुरु की महिमा गाई, वचन विचारकर कर कहा।

साईं की दी चादर ज्यों की त्यों धर दीनी
इड़ा-पिंगला-सुखमन के तारों की बीनी।

(रचनाकाल : अक्टूबर 1954, दिगन्त में संकलित)

ग़ालिब

ग़ालिब ग़ैर नहीं है, अपनों से अपने हैं।
ग़ालिब की बोली ही आज हमारी बोली
है। नवीन आँखों में जो नवीन सपने हैं
वे ग़ालिब के सपने हैं। ग़ालिब ने खोली
गाँठ जटिल जीवन की बात और वह बोली
आप तुली थी; हलकेपन का नाम नहीं था।
सुख की आँखों ने दुख देखा और ठिठोली
की, यों जी बहलाया। बेशक दाम नहीं था
उनकी अण्टी में। दुनिया से काम नहीं था
लेकिन उसको साँस साँस पर तोल रहे थे।
अपना कहने को क्या था? धन-धाम नहीं था,
सत्य बोलता था जब जब मुँह खोल रहे थे।

ग़ालिब होकर रहे, जीतकर दुनिया छोड़ी,
कवि थे, अक्षर में अक्षर की महिमा जोड़ी।

*(रचनाकाल : दिसम्बर 1954, **दिगन्त** में संकलित)*

बापू, तुम होते तो

बापू, तुम होते तो कितना अच्छा होता,
बिना तुम्हारे सूना सूना सा लगता है,
यद्यपि तुम से मेरे मन का मेल न होता
जन्मजात जो विद्रोही है पर जगता है
वह विद्रोही रूप तुम्हारा जो डगता है
अब भी पथ पर नहीं, वही क्षुर की धारा है
निशित, दुरत्यय; नहीं शत्रु को भी ठगता है,
तुम तो किन्तु अजातशत्रु थे। पथ न्यारा है
आगामी मानव का, उस का यह नारा है
काम करे सो खाए, जग में परोपजीवी
जमींदार पूँजीपति सब को ललकारा है।
चारण नहीं बनेंगे आगामी मसिजीवी
उच्च वर्ग के, वर्गहीन होगा समाज यह,
पूज्य रहोगे उस समाज में पर तुम अहरह।

(रचनाकाल : 1950-54, उस जनपद का कवि हूँ में संकलित)

नागार्जुन

नागार्जुन–काया दुबली, आकार मझोला,
आँखें धँसी हुई घन भौंहें, चौड़ा माथा,
तीखी दृष्टि, बड़ा सिर। इस में ऐसा क्या था
जिस से यह जन असामान्य है। पूरा चोला
कुछ विचित्र है, पतले हाथ पैर। वह बोला
जब कविता के बोल तब लगा सत्य सुना था,
इस जन का यश, जिस ने जीवन-तत्त्व चुना था;
खुला बात में बात बात में जीवन खोला।

अपने दुख को देखा सब के ऊपर छाया,
आह पी गया, हँसी व्यंग्य की ऊपर आई,
काँटों में कलिका गुलाब की भू पर आई
भली भाँति देखा, किस ने क्या खोया पाया।
हानि लाभ दोनों का उस ने गायन गाया
कभी व्यंग्य उपहास कभी आँखें भर आईं।

*(रचनाकाल : 16/9/1954, **फूल नाम है एक** में संकलित)*

मेरे दुख की आँच देखकर

मेरे दुख की आँच देख कर भी तुम भागे
नहीं विष्णु, जब समय मिला अपने से आए
हालचाल पूछा, मेरे निर्जन पर छाए
रहे। तुम्हारे भीतर शुद्ध भाव थे जागे,
कवि का आदर करे किन्तु मानव को त्यागे
तुम हो उन में नहीं। विभव कविता ने पाए
मानव से ही, तुम ने मानव के गुण गाए,
मन में रचना में मानव को रक्खा आगे।

आँखों की वह ज्योति नहीं करुणा की बाँहें
सन्तप्तों को सुख देती हैं, पाँव तुम्हारे
तुम को ले जाते हैं जहाँ तुम्हें जाना है।
अपनी अपनी ओर बुलाने वाली राहें
तुम्हें खींच लेती हैं, कभी नहीं तुम हारे,
तुम को पथ पर दे दे कर जीवन पाना है।

*(रचनाकाल : 20/2/1954, **फूल नाम है एक** में संकलित)*

इलाहाबादी

काफे रेस्त्राँ में हिलमिल कर बैठे। बातें
कीं; कुछ व्यंग्य-विनोद और कुछ नए टहोके
लहरों में लिए दिए। अपनी अपनी घातें
रहे ताकते। यों, भीतर भीतर मन दो के
एक न हुए, समीप टिके, अपनापा खो के,
जीवन से अनजान रहे, पर गाना गाया
जन का, जीवन का, लेकिन दुनिया के हो के
दुनिया में न रहे। दुनिया को बुरा बताया।
उससे तन बैठे जिसने कुछ दोष दिखाया।
इस प्रकार से ढले नवीन इलाहाबादी
कवि साहित्यकार, जिनको भाती है छाया,
नहीं सुहाती आँखों को भू की आबादी।

जीवन जिस धरती का है। कविता भी उस की
सूक्ष्म सत्य है, तप है, नहीं चाय की चुस्की।

(अरघान 1983 में संकलित)

प्रतिभा नहीं चाहिए

प्रतिभा नहीं चाहिए, मेरे गुट में आओ,
इधर उधर मत भटको। देखो स्वयं, जमाना
बहुत बुरा है, बेकारी छाई है। जाना
सुना तथ्य है। जाओ वहाँ जहाँ सुख पाओ।
अपना है रेडियो, वहाँ बोलो या गाओ।
जगह जगह शाखाएँ हैं, अब नाम कमाना
और डुबाना अपनी इच्छा पर है। आना
चाहो आ जाओ, या चूको फिर पछताओ।

हमने बढ़ कर उन लोगों की रोटी छीनी
जो चुपचाप खा रहे थे, जनता के हामी
बनते थे। केवल इनको उनको उकसाया,
अपना काम बन गया। बड़े जतन से बीनी
है जाली हम ने जालों की। अब आगामी
भय समाप्त हैं, स्वर्ग नरक तक अपनी माया।

*(रचनाकाल : 25/1/1954, **फूल नाम है एक** में संकलित)*

कीर्तन ने इन दिनों देश के

कीर्तन ने इन दिनों देश के सभी रेडियो
का ठेका ले रखा है। जो जाना चाहे
कीर्तन वालों को तब तक भरपेट सराहे
जब तक सिद्ध न हो। क्या कहना है कीर्तनियो,
चाभो माल, बनाओ उल्लू, मौज से जियो।
ऊँटों के ब्याह में गधों की रीति निबाहे
चले चलो। सुखकामी लोग अमित अनचाहे
काम किया करते हैं, तुम भी मधु कलश पियो।

दल बाँधो, फिर अपने दल का ढोल बजाओ,
व्यर्थ साधना है, छोड़ो भी उसकी चिन्ता,
आप सुखी जग सुखी, तुम्हारा सूत्र भला है।
सुन प्रचार का नाम नवोढ़ा तुल्य लजाओ
पर प्रचार में लगे रहो, प्रचार से गिनता
है सारा संसार, तुम्हारी सिद्ध कला है।

*(रचनाकाल : 12/2/1954, **फूल नाम है एक में संकलित**)*

शराब और कविता

पुष्कर तो शराब पीकर कविता करता है,
उसके सिर सरस्वती आती है। क्या कहिए,
वह धारा प्रवाह उसका, मस्ती में बहिए
गीत-तरंगों में, वह रंगों में भरता है
रंग अनोखे। बिना शराब पिये यदि कोई
कवि होने का दम्भ करे तो उसको छोड़ो
उसके अहंकार का गुब्बारा मत फोड़ो,
पीने से शराब जिसकी उतर गयी लोई,
क्या कर लेगा कोई। उसकी बात हटाओ,
नाम त्रिलोचन का लेते हो, यह नादानी
है; पीता है वह लोटे पर लोटे पानी,
कहाँ शराब मयस्सर उसको। नाम घटाओ।
कवि कविता शराब तीनों का पक्का नाता—
तीनों साथ न हों तो काव्य नहीं बन पाता।

(कंक, मार्च 1981 में प्रकाशित, तुम्हें सौंपता हूँ में संकलित)

रामचन्द्र दूबे

रामचन्द्र दूबे पैंसठ से कुछ ऊपर ही
होंगे, गोरा रंग, सफ़ेदी सिर पर मुँह पर
बाल रखा लेने से छाई, माथा भर कर
सल दिखती थी। रूप सुन्दरों में सुन्दर ही

मिला हुआ था। छाती और हाथ के रोएँ
भी सफ़ेद थे, नख भी उनके बढ़े हुए थे।
पण्डिताव करते थे, थोड़ा पढ़े हुए थे,
ब्याज कमाते थे ऋण देकर, धन क्यों खोएँ।

किसी बड़े को बड़ा ऋण दिया, ब्याज न आया,
फेरे करते रहे, पाँव उनके खिया गए।
प्राप्ति नहीं दीखी तो ब्राह्मण-भाव आ गए,
न्याय देवता करें इसलिए बाल रखाया।

पाँच साल पर ऋणी गया, कर दी भरपाई,
दूबे ने भी देव-दया से जटा कटाई।

*(**साक्षात्कार**, सितम्बर 1977 में प्रकाशित, **तुम्हें सौंपता हूँ** में संकलित)*

साथ ही साथ

प्रिय साही जी,
शुभ कामना आपकी मुझको
अभी मिली है, जहाँ व्यक्त है नए वर्ष की
रम्य कल्पना। किन्तु कल्पनाओं से किसको
तोष हुआ यदि छवि दीखी ही नहीं हर्ष की।
हर्ष, शान्ति, आनन्द कौन है जिसे न प्रिय हो,
इसे ढूँढ़ते हुए लोग टकरा जाते हैं
एक दूसरे से, संघर्षों में सक्रिय हो
मारू राग सङ्घटित हो होकर गाते हैं
क्या विनाश से भी सम्भव होती है रचना,
आखिर क्यों विनाश-साधक उद्योग बढ़े हैं।
रक्षा के नाम पर। असम्भव है क्या बचना
शान्ति मार्ग से। हमने कैसे पाठ पढ़े हैं।

साही जी, मेरा सुख बिलकुल अलग नहीं है
मेरा दिन भी औरों के ही साथ कहीं है।

(ओर, जनवरी 1978 में प्रकाशित, तुम्हें सौंपता हूँ में संकलित)

जगदीश जी का कुत्ता

"मुझे आपके कुत्ते ने कल काट लिया था;
जगदीशजी, आपने भी क्या कुत्ता पाला!"
"साहब कुत्ता ही है। ऐसा क्या कर डाला
जिससे आप ख़फ़ा हैं, परसों चाट लिया था
मिस डिंगर का लिपस्टिक क्या ही ठाट लिया था,
सब रौनक़ उड़ गई, पड़ गया मुँह पर ताला।
आँखें भर आईं, तुरन्त रूमाल निकाला।
लोगों ने गम्भीर मुखौटा डाट लिया था।"

"कुछ भी आप कहें, ऐसे कुत्तों को गोली
मार दिया करते हैं।" "साहब, क्षमा कीजिए।
मुझमें उसमें कोई मौलिक भेद नहीं है।
इसी बहाने जाँच आपकी पूरी हो ली।
अभी शिष्टतापूर्वक अपनी राह लीजिए।
अगर आपको इन शब्दों पर खेद नहीं है।"

*(रचनाकाल : मई 1954, **दिगन्त** में संकलित)*

अन्य कविताएँ

ललक

(कालिदास से साभार)

हाथ मैंने
उँचाए हैं
उन फलों के लिए
जिनको
बड़े हाथों की प्रतीक्षा है।

फलों को
मैं देखता हूँ
जानता हूँ
चीन्हता हूँ
और
उनके लिए
मुझमें ललक भी है।

हाथ मैंने
उँचाए हैं
उन फलों के लिएं
जिनको
बड़े हाथों की प्रतीक्षा है
डर नहीं है
हँसा जाऊँगा!

(प्रहार, मई-जून 1978 में प्रकाशित, तुम्हें सौंपता हूँ में संकलित)

तुम्हें जब मैंने देखा

पहले पहल तुम्हें जब मैंने देखा
सोचा था
इससे पहले ही
सबसे पहले
क्यों न तुम्हीं को देखा

अब तक
दृष्टि खोजती क्या थी
कौन रूप क्या रंग
देखने को उड़ती थी
ज्योति-पंख पर
तुम्हीं बताओ
मेरे सुन्दर
अहे चराचर सुन्दरता की सीमा रेखा।

*(कवि भारती (काव्य संकलन) 1953 में प्रकाशित, **तुम्हें सौंपता हूँ** में संकलित)*

तुम्हें सौंपता हूँ

फूल मेरे जीवन में आ रहे हैं

सौरभ से दसों दिशाएँ
भरी हुई हैं
मेरा जी विह्वल है
मैं किससे क्या कहूँ

आओ,
अच्छे आए समीर,
जरा ठहरो
फूल जो पसन्द हों, उतार लो
शाखाएँ, टहनियाँ,
हिलाओ, झकझोरो,
जिन्हें गिरना हो गिर जायँ
        जायँ जायँ

पत्र-पुष्प जितने भी चाहो
अभी ले जाओ
जिसे चाहो, उसे दो

लो
जो भी चाहो लो

एक अनुरोध मेरा मान लो

सुरभि हमारी यह
    हमें बड़ी प्यारी है
इसको सँभालकर जहाँ जाना
    ले जाना
इसे
तुम्हें सौंपता हूँ

*(अपरम्परा (साहित्य संकलन) जून 1959 में प्रकाशित, **तुम्हें सौंपता हूँ** में संकलित)*

आत्मालोचन

शब्द,
मालूम है,
व्यर्थ नहीं जाते हैं

पहले मैं सोचता था
उत्तर यदि नहीं मिले
तो फिर क्या लिखा जाए
किन्तु मेरे अन्तर निवासी ने मुझसे कहा–
लिखा कर
तेरा आत्म-विश्लेषण क्या जाने कभी तुझे
एक साथ सत्य शिव सुन्दर को दिखा जाए

अब मैं लिखा करता हूँ
अपने अन्तर की अनुभूति बिना रँगे चुने
कागज पर बस उतार देता हूँ।

(कंक, मार्च 1982 में प्रकाशित, तुम्हें सौंपता हूँ में संकलित)

विपर्याय

मैं ने कब कहा था
कविता की साँस मेरी साँस है
जानता हूँ मेरी साँस टूटेगी
और यह दुनिया
जिसे दिन रात चाहता हूँ
एक दिन छूटेगी

मैं ने कब कहा था
कविता की चाल मेरी चाल है
जानता हूँ मेरी चाल रुकेगी
और यह राह
जिसे दिन रात देखता हूँ
एक दिन चुकेगी

मैं ने कब कहा था
कविता की प्यास मेरी प्यास है
जानता हूँ मेरी प्यास तड़पेगी
और यह तड़प
जिसे दिन रात जानता हूँ
और और भड़केगी।

*(रचनाकाल : 18/10/1963, **चैती** में संकलित)*

कर्म की भाषा

रात ढली, ढुलका बिछौने पर,
प्रश्न किसी ने किया,
तू ने काम क्या किया

नींद पास आ गई थी
देखा कोई और है
लौट गई

मैं ने कहा, भाई, तुम कौन हो।
आओ। बैठो। सुनो।

विजन में जैसे व्यर्थ किसी को पुकारा हो,
ध्वनि उठी, गगन में डूब गई
मैं ने व्यर्थ आशा की,
व्यर्थ ही प्रतीक्षा की।

सोचा, यह कौन था,
प्रश्न किया,
उत्तर के लिए नहीं ठहरा

मन को किसी ने झकझोर दिया
तू ने पहचाना नहीं?
यही महाकाल था
तुझ को जगा के गया

उत्तर जो देना हो
अब इस पृथ्वी को दे
कर्मों की भाषा में

(रचनाकाल : 9/8/1954, चैती में संकलित)

अगर चाँद मर जाता

अगर चाँद मर जाता
झर जाते तारे सब
क्या करते कविगण तब?

खोजते सौन्दर्य नया?
देखते क्या दुनिया को?
रहते क्या, रहते हैं
जैसे मनुष्य सब?
क्या करते कविगण तब?

प्रेमियों का नया मान
उनका तन-मन होता
अथवा टकराते रहते वे सदा
चाँद से, तारों से, चातक से, चकोर से
कमल से, सागर से, सरिता से
सबसे
क्या करते कविगण तब?

आँसुओं में बूड़-बूड़
साँसों में उड़-उड़कर

मनमानी कर-धर के
क्या करते कविगण तब
अगर चाँद मर जाता
झर जाते तारे सब
क्या करते कविगण तब?

(हंस, अक्टूबर 1942 में प्रकाशित, तुम्हें सौंपता हूँ में संकलित)

समुद्र के किनारे

आज हम समुद्र के किनारे हैं

जीवन का ज्वार यहाँ
आता है तो आता है
क्या-क्या साथ लाता है
शंख, सीप, घोंघे
जलचर जीव
और भी बहुत कुछ

जीवन का ज्वार यहाँ
आता है तो आता है
हरियाली और बढ़ आती है
उदासी उड़ जाती है
लजाती हुई वेला
चादर को जरा और खींच लेती है

ज्वार
फिर ज्वार
फिर ज्वार
ज्वार ज्वार ज्वार

अट्टहास फेनिल तरंगों का
लगातार
थोड़ी देर बाद
सभी लहरें
एक-एक
वहीं लौट जाएँगी
जहाँ से बढ़ आई हैं
फिर
भीगी वेला रह जाएगी
समीर यहाँ आएगा
समुद्र की कहानी कह
आगे बढ़ जाएगा

*(**कथन**, मई-जून 1981 में प्रकाशित, **तुम्हें सौंपता हूँ** में संकलित)*

चारों ओर घोर बाढ़ आई है

पृथ्वी गल गई है
पेड़ों की पकड़ ढीली हो गई है
आज ककरिहवा आम सो गया
सुगौवा को देखो तो
शाखा का सहारा मिला गिरकर भी बच गया

पानी ही पानी है
खेतों की मेंड़ों पर दूब लहराती है
मेंढक टरटों टरटों करते हैं
उनका स्वरयंत्र फूल आया है
बगले आ बैठे हैं जहाँ तहाँ
मछलियाँ चढ़ी हैं खूब

बौछारें खा-खाकर
दीवारें सील गईं
इनमें अब रहते भय लगता है
दक्खिन के टोले में
रामनाथ का मकान
बैठ गया
यह तो कहो पसु परानी बच गए
अब कल क्या खाएँगे

सुनते हैं, उत्तर की ओर, रामपुर में
पानी पैठ गया है

लोग ऊँची जगहों में जा-जाकर ठहरे हैं
कुछ पेड़ों पर चढ़े
इधर-उधर देखते हैं
वर्षा का तार अभी नहीं थमा
यह कैसा दुर्दिन है।

*(कंक, मार्च 1982 में प्रकाशित, **तुम्हें मैं सौंपता हूँ** में संकलित)*

पवन शान्त नहीं है

आज पवन शान्त नहीं है श्यामा
देखो शान्त खड़े उन आमों को
हिलाए दे रहा है
उस नीम को
झकझोर रहा है

और देखो तो
तुम्हारी कभी साड़ी खींचता है
कभी ब्लाउज़
कभी बाल

धूल को उड़ाता है
बग़ीचों और खेतों के
सूखे तृण-पात नहीं छोड़ता है

कितना अधीर है
तुम्हारे वस्त्र बार बार खींचता है
और तुम्हें बार बार आग्रह से
छूता है
यौवन का ऐसा ही प्रभाव है
सभी को यह उद्वेलित करता है

आओ ज़रा देर और घूमें फिरें
पवन आज उद्धत है

वृक्ष-लता-तृण-वीरुध नाचते हैं
चौपाए कुलेल करते हैं
और चिड़ियाँ बोलती हैं
आओ श्यामा थोड़ा और घूमें फिरें

(रचनाकाल : 5/7/1956, चैती में संकलित)

नीला आकाश कह सकता है

प्रेम
दबे पाँव चला करता है
जाड़े का सूरज
जैसे कुहरे में छिप कर
आता है

साँसों को साध कर
नयन पथ पर
लाते हैं
आना ही पड़ता है

कुहरे में
उषा कब आई
कब चली गई
नीला आकाश
यदि कहे कह सकता है

राग उस पर
बरसा था।

अप ा अपना सन्धान

मैं ने जो प्रेमगान गाया था
वह केवल मेरा था
तुम ने जो प्रेमगान सुना था
वह केवल तुम्हारा था
मैं तुम दोनों ही
अपना सन्धान कर रहे थे।

प्रेम व्यक्ति व्यक्ति से
समाज को पकड़ता है
जैसे फूल खिलता है
उस का पराग किसी और जगह पड़ता है
फूलों की दुनिया बन जाती है।

प्रेम में अकेले भी हम
अकेले नहीं हैं
मेला क्या हमारा ही मेला है
और मेले नहीं हैं।

तारे चुपचाप देखा करते हैं

पवन
शाम बीतने पर
बँसवारी में
छिप कर आता है
बाँसुरी बजाता है
रुक रुक कर
बाँसुरी बजाता है

नीम के फूलों की
हरी भरी सुगन्ध पिए
रात
मौन रहती है
बाँसुरी की तान सुना करती है

तारे चुपचाप देखा करते हैं
पृथ्वी को
राहें उदास देखती हैं
आकाश को!

(अरघान 1983 में संकलित)

नदी : कामधेनु

नदी ने कहा था : मुझे बाँधो
मनुष्य ने सुना और
तैर कर धारा को पार किया।

नदी ने कहा था : मुझे बाँधो
मनुष्य ने सुना और
सपरिवार धारा को
नाव से पार किया।

नदी ने कहा था : मुझे बाँधो
मनुष्य ने सुना और
आखिर उसे बाँध लिया
बाँध कर नदी को
मनुष्य दुह रहा है

अब वह कामधेनु है।

सहस्त्र कमल

जब तक यह पृथ्वी रसवती है
और
जब तक सूर्य की प्रदक्षिणा में लग्न है,
तब तक आकाश में
उमड़ते रहेंगे बादल मण्डल बाँध कर;
जीवन ही जीवन
बरसा करेगा देशों में, दिशाओं में;
दौड़ेगा प्रवाह
इस ओर उस ओर चारों ओर;
नयन देखेंगे
जीवन के अंकुरों को
उठ कर अभिवादन करते प्रभात काल का।
बाढ़ में
आँखों के आँसू बहा करेंगे,
किन्तु जल थिराने पर,
कमल भी खिलेंगे
सहस्त्रदल।

लहरों में साथ रहे कोई

बाँह गहे कोई

अपरिचय के
सागर में
दृष्टि को पकड़ कर
कुछ बात कहे कोई।

लहरें ये
लहरें वे
इनमें ठहराव कहाँ
पल
दो पल
लहरों में साथ रहे कोई।

यह सुगन्ध मेरी है

नदी के किनारे
पुकार एक
मैंने सुनी
कल शाम
यों उस पुकार में
किसी के लिए
सम्बोधन नहीं था
फिर भी
मुझे जान पड़ा
जाने क्यों
यह पुकार मेरी है
तो भी मैं बोला नहीं।

सूने राज मार्ग पर
परस मिला मुझे
ज़रा गरमीला
आधी रात
यों उस परस में
किसी के लिए
अनुरोध नहीं था
फिर भी
मुझे जान पड़ा
जाने क्यों
यह परस मेरा है

तो भी मैं चौंका नहीं।

बौरे आम के तले
सुगन्ध मिली
मुझे आज
प्रातः काल

यों उस सगुन्ध में
किसी के लिए
आमन्त्रण नहीं था
फिर भी
मुझे जान पड़ा
जाने क्यों
यह सगुन्ध मेरी है
तो भी मैं खिला नहीं।

दिन ये फूल के हैं

मत जाना चले कहीं भूल के
दिन ये फूल के हैं

किए मन के सिंगार
सामने कचनार
आम के बौर कहते हैं
देखो बहार
हाल ऐसे ही कुछ
अब बबूल के हैं

कोई रूठे मनाओ
जाओ जाओ अपनाओ
इस हवा की समझ से
सभी को समझाओ
कितने दिन फूल मन्दिर
में धूल के हैं

आ गई वह कली
आज अपनी गली
कल जो आई थी
पहचान पा कर खिली
प्राण धारा के हैं
कहाँ कूल के हैं

सरसों के फूल

सरसों के फूल
    बहुत नहीं रहते

अपने ही रूप में
अपने ही रंग में
अपनों के बीच हैं
अपनों के संग में
    पीला बनाने के
        लिए नहीं कहते।

ऐसे ये सलोने
लगें न कहीं टोने
होते हैं होने को
फिर ये नहीं होने
    भूले किसी काऽ
        भाव नहीं गहते।

फूल, तुम खिल कर झरोगे

क्या करोगे
शून्य प्राणों
को भरोगे

पथ कहाँ, वन
जटिल तरु-घन,
हरा कण्टक–
भरा निर्जन
खेद मन का
क्या हरोगे

हवा डोली
घास बोली
आज मैंने
गाँठ खोली
फूल, तुम खिल–
कर झरोगे

एक लहर फैली अनन्त की

सीधी है भाषा वसन्त की

कभी आँख ने समझी
कभी कान ने पाई
कभी रोम रोम से
प्राणों में भर आई
और है कहानी दिगन्त की

नीले आकाश में
नई ज्योति छा गई
कब से प्रतीक्षा थी
वही बात आ गई
एक लहर फैली अनन्त की।

(ताप के ताए हुए दिन 1980 में संकलित)

आशीः

पृथ्वी से
दूब की कलाएँ लो
चार

उषा से
हल्दिया तिलक
लो

और
अपने हाथों में
अक्षत लो

पृथ्वी आकाश
जहाँ कहीं
तुम्हें जाना हो
बढ़ो
बढ़ो

प्रसार

सूरज की—

एक किरण
पीपल के पत्ते पर
ठहरी है

एक किरण
बेले के फूलों पर
फिसली है

एक किरण
ताल की तरंगों पर
थिरकी है

एक किरण
शिशु की दाँतुलियों पर
बिहँसी है

—सूरज की

(अरघान 1983 में संकलित)

ताप के ताए हुए दिन

ताप के ताए हुए दिन ये
क्षण के लघु मान से
मौन नपा किए।

चौंध के अक्षर
पल्लव पल्लव के उर में
चुपचाप छपा किए।

कोमलता के सुकोमल प्राण
यहाँ उपताप में
नित्य तपा किए।

क्या मिला क्या मिला
जो भटके अटके
फिर मंगल मन्त्र जपा किए।

हम साथी

चोंच दबाए एक तिनका
गौरय्या
मेरी खिड़की के खुले हुए
पल्ले पर
बैठ गई
और देखने लगी
    मुझे और
        कमरे को।
मैंने उल्लास से कहा
            तू आ
        घोंसला बना
    जहाँ पसन्द हो
शरद के सुहावने दिनों से
हम साथी हों।

(ताप के ताए हुए दिन 1980 में संकलित)

फूल मुझे ला दे बेले के

माली के छोकरे, माली के छोकरे
फूल मुझे ला दे बेले के

बेले की कलियों के गजरे बनाऊँगी
पाँच-पाँच लड़ियों के गजरे बनाऊँगी
हाथों में कंगन गले बीच हार
बालों में होगी लहरिया बहार
पूनम शरद् की रात आज आई है
फूल मुझे ला दे बेले के

चली गईं मेरी सखियाँ सहेलियाँ
फूलों से भर-भर आई हैं बेलियाँ
छूटे घरौंदे छूटा गुड़ियों से प्यार
छूट गए खेल खिलौने अपार
पूजा की साध आज मेरे मन जागी है
फूल मुझे ला दे बेले के

देख, लोढ़ लाना न कहीं निरी कलियाँ
खुल-खुल पड़ने को हों ऐसी कलियाँ
जाकर देखना लेना उतार
हौले-हौले हाथों से लेना उतार
कह देना, ऊर्मि तुम्हें न्यौता दे आई है
फूल मुझे ला दे बेले के

*(**कविताएँ** (काव्य संकलन) 1954 में प्रकाशित, **तुम्हें सौंपता हूँ** में संकलित)*

शब्दों से कभी कभी काम नहीं चलता

शब्दों से कभी कभी काम नहीं चलता

जीवन को देखा है
यहाँ कुछ और
वहाँ कुछ और
इसी तरह यहाँ वहाँ
हरदम कुछ और
कोई एक ढंग सदा काम नहीं करता

तुमको भी चाहूँ तो
छू कर तरंग
पकड़ रखूँ संग
कितने दिन कहाँ कहाँ
रख लूँगा रंग

अपना भी मनचाहा रूप नहीं बनता।

(ताप के ताए हुए दिन 1980 में संकलित)

खेलों से आगे बढ़ आया

धनुष-बाण लेकर
क्या करूँगा

रक्खो
रक्खो इन को
नाटक में
वेशधरियों के काम आएँगे
जीवन इन खेलों से
आगे बढ़ आया है

अब धनुष चढ़ाने का
कोई महत्त्व नहीं

यों ही

मत्स्यवेध करने में
कोई तत्त्व नहीं

(अरघान 1983 में संकलित)

झापस

कई कई दिनों से पड़ाव पड़ा हुआ है
बादलों का
हिलने का नाम भी नहीं लेते

वर्षा
फुहार, कभी झीसी, कभी झिर्री, कभी रिमझिम
और कभी झर झर झर झर
बिजली चमकती है
चिर्री गिरती है
पेड़ पालो सभी काँपते हैं

सड़कें धुली धुली हैं
जैसे तेल लगी त्वचा हाथी की
इक्के दुक्के लोग आते जाते हैं
सैलानी दिखाई नहीं देते
ऐसे में कौन कहीं निकले

दुकानें उदास हैं
बैठे दुकानदार मक्खी मार रहे हैं
काफ़ी हाउस, रेस्त्राँ और होटलों में
चहल पहल पहले की नहीं है

गंगा तट सूना है
गिने चुने स्नानार्थी वही आते हैं

जो यहाँ सदा आते हैं
फूल वाले, पटरी के दुकानदार, भाजी वाले
आज अनुपस्थित हैं

चिड़ियाँ समेटे पंख जहाँ तहाँ बैठी हैं।

*(रचनाकाल : 15/9/1956, **चैती** में संकलित)*

वातावरण

साँझ गुलाबी काँप रही है ठण्ड से,
उधर गुलाबों के पौधे लाचार हैं
झूल झूल कर फूल हवा से कह रहे
हैं यह, इतनी, छेड़छाड़ अच्छी नहीं।

काँप रहे हैं पेड़, तृणों की बात क्या
यहाँ चलाई जाए। सुदूर दिगन्त में
मेघ-खण्ड सहसा उद्भासित हो गए,
सूर्य क्षितिज को सूना करके देर का

चला गया। हलकी आभा आकाश की
क्रमशः हलकी हो कर नभ की नीलिमा
को गहराती चली। नीलिमा क्या हुई,
यह, इतनी, श्यामता कहाँ थी जो यहाँ

से धीरे धीरे सारे संसार में
फैल गई। धूमाच्छादित हैं वृक्ष वे,
टहनी टहनी डाली डाली थाम के
धुआँ और ऊपर चढ़ता है, गन्ध से

वातावरण बसा है, जनपथ पुत गया
बिजली की आभा से। कुहरा क्षीण है,
अस्ति नास्ति के बीच। लोग आ जा रहे
पैदल या सवारियों से, आवाज़ की

बाँहें इधर उधर फैलाए राह में
अत्र तत्र सर्वत्र शीत का ज़ोर है।

सौन्दर्य

मैं
तुम्हें निहारते
अघाता नहीं

यौवन

दौड़ते हुए हिरन
यौवन के
राग हैं

अन्तरंग

उषा की
आभा जल के भीतर
घुलती है

क्रम

पीछे उषाएँ हैं
और आगे सन्ध्याएँ पंक्तिबद्ध
बीच में मैं मेरा आकाश

बरसाती ऊषा, तू जा

बरसाती ऊषा, तू जा
फिर इन्हीं दिनों ऐसे ही चुपचाप
जूही की एक कली, मेरे लिए, ला

प्रसन्न ताल

शरत् का प्रसन्न ताल
जिस में लहरें भी नहीं भीतर मछलियाँ कुछ करती हैं
जब तब पानी के ऊपर आ जाती हैं

आत्मालाप

मेरी जी उदास है
(पर)
कोकिल तुम गाओ

आम की डाल सुहाए
          तो वहाँ
काँचनार तुम को लुभाए
          तो वहाँ
जाओ जाओ जाओ

कुछ और नहीं चाहिए

इन आँखों की ज्योति
और इन केशों की छाँह
पथ पर हो
          और
कुछ और नहीं चाहिए

पास

और, थोड़ा और, आओ पास
मत कहो अपना कठिन इतिहास
मत सुनो अनुरोध, बस चुप रहो
कहेंगे सब कुछ तुम्हारे श्वास

गाय करती है घमौनी

आँख मूँदे, पेट पर सिर टेक
गाय करती हैं घमौनी बँधी जड़ से
पेड़ की छाया खड़ी दीवार पर है

जीवन का खेल

मेमने कुदकते हैं
जाड़े की धूप को जीवन के खेल से
आँक आँक देते हैं

(अरघान 1983 में संकलित)

कातिक का पयान

कातिक पयान करने को है, उठाया है
दाहिना चरण, देहरी को लाँघ आया है,
लेकिन अँगूठा अभी भूमि से लगा नहीं,
ऊपर ही ऊपर है, जैसे जगा नहीं।

(रचनाकाल : 26/10/1962, ***चैती*** *में संकलित)*

वसन्त

नव वसन्त खिला जब भाग्य सा,
भुवन में तब जीवन आ गया,
गगन ने उस को अपनाव से,
अतुल गौरव से, अपना किया।

(रचनाकाल : 6/1/1963, ***चैती*** *में संकलित)*

दुखों की छाया

दुखों की छाया में यह भव बसा है, नियति की
सदिच्छा होगी तो कुछ दिन कटेंगे, समय के
सधे आयामों में। भ्रम भ्रम रहेगा कि सच का
कभी पल्ला लेगा; श्वसन ठहरेगा विजन में।

(रचनाकाल : 8/1/1963, चैती में संकलित)

आकाँक्षा

सुरीली सारंगी अतुल रस-धारा उगल के
कहीं खोई जो थी, बढ़ कर उठाया लहर में,
बजाते ही पाया, बज़ कर यही तार सब को
बहा ले जाएँगे, भनक पड़ जाए तनिक तो।

प्रकाश के रंग

प्रकाशों की धारा दिवस रजनी नित्य बहती
सभी की आँखों में अदिख छवि लाई मचल के
सधे आवर्तों में घिर कर कई प्राण बहके
इन्हीं में रंगों की लहर उमड़ी व्योम-सरि सी।

(रचनाकाल : 9/1/1963, चैती में संकलित)

फेरू

फेरू अमरेथू रहता है
वह कहार है

काकवर्ण है
सृष्टि वृक्ष का
एक पर्ण है

मन का मौजी
और निरंकुश
राग-रंग में ही रहता है।

उसकी सारी आकाँक्षाएँ-अभिलाषाएँ
बहिर्मुखी हैं
इसलिए तो
कुछ दिन बीते
अपनी ही ठकुराइन को ले
वह कलकत्ते चला गया था
जब से लौटा है
उदास ही अब रहता है।

ठकुराइन तो बरस बिताकर
वापस आई
कहा उन्होंने मैंने काशीवास किया है
काशी बड़ी भली नगरी है
वहाँ पवित्र लोग रहते हैं

फेरू भी सुनता रहता है।

(ज़मीन में प्रकाशित, तुम्हें सौंपता हूँ में संकलित)

परदेसी के नाम पत्र

सोसती सिरी सर्ब उपमा जोग बाबू रामदास को
लिखा गनेसदास का राम राम बाँचना। छोटे बड़े का सलाम
असिरबाद जथा उचित पहुँचे। आगे
यहाँ कुसल है, तुम्हारी कुसल काली जी से
रात दिन मनाती हूँ।

वह जो अमोला तुम ने धरा था द्वार पर,
अब बड़ा हो गया है। खूब घनी
छाया है। मौरों की बहार है। सुकाल
ऐसा ही रहा तो फल अच्छे आएँगे।

और वह बछिया कोराती है। यहाँ
जो तुम होते। देखो कब ब्याती
है। रज्जो कहती है। बछड़ा ही वह
ब्याएगी, मेरा कहना है बछिया ही वह
ब्याएगी; देखो क्या होता है। पाँच
पाँच रुपए की बाजी है। देखें कौन
जीतता है।

मन्नू बाबा की भैंस ब्याई है। कोई
दस दिन हुए। इनरी भिजवाते हैं।
तुम को समझते हैं यहीं हो। हालचाल
पुछवाते रहते हैं।

तुम्हें गाँव की क्या कभी याद नहीं आती है
आती तो आ जाते
मुझ को विश्वास है।
थोड़ा लिखा समझना बहुत,
समझदार के लिए इशारा ही काफी है
ज्यादा शुभ।

साथी है सेमल पुराना

साथी है मेरा एक
सेमल का पेड़
जो पुराना है

किसी ने लगाया नहीं
और
न ही रक्षा के लिए
गोड़ा खड़ा किया
बस्ती से दूर
ताल के समीप खड़ा है

पत्तियाँ
अनेक पतझारों को लुटा चुका
उल्लसित हो कर
पुष्पोत्सव मना चुका
रँग दिया दिशाओं को
हृदय में सँजोई हुई
अरुण तरंग से
डाल डाल, टहनी टहनी,
जगमगा उठी
हुलास से
नीले आसमान को
सुहाने लाल फूलों को
गुच्छा एक

पृथ्वी ने मौन उपहार दिया।

छाल जड़ों के समीप
काली है
खुट्ठियाँ जमी हुई हैं
ऊपर तने में
जहाँ शाखाएँ निकलती हैं
काँटे लसे हुए हैं
वर्ण वहाँ शुभ्र है
और आगे
डाले हैं
एक पर एक निकली हैं
इस ओर उस ओर
क्या बुलाने वाली बाँहें
फैली हुई हैं

चिड़ियाँ भी आती हैं
ठहरती हैं
खेलती कलोलती हैं
और चली जाती हैं
धूप शीत वर्षा से बचने के लिए
यहाँ
आया ही करते हैं जानवर
जड़ों से रगड़ रगड़ कर
देह की खुजली मिटाते हैं
सुस्ती झाड़ देते हैं
थोड़ी देर आँखें मूँद मूँद कर
आराम करते हैं
फिर कहीं जाते हैं
या

ले जाए जाते हैं

हरियाली इस की
जो प्राणों के रस का प्रवाह है
मनोहर है
जीवन में आकर्षण भरा है
स्थावर या जंगम हो
जड़ हो या चेतन हो
सभी एक सूत्र से
बँधे हुए हैं

अपने इस साथी का परस पा के
मेरी भी सिराओं में
नई रवानी आती है
रुधिर की तरंग बढ़ जाती है
साथी है न!

मुझ को शिकायत नहीं कभी
क्यों नहीं सुगन्ध कभी देता यह
फूलों में
जो कुछ भी देता है
वही कौन कम है

(अरघान 1983 में संकलित)

चम्पा काले काले अच्छर नहीं चीन्हती

चम्पा काले काले अच्छर नहीं चीन्हती
मैं जब पढ़ने लगता हूँ वह आ जाती है
खड़ी खड़ी चुपचाप सुना करती है
उसे बड़ा अचरज होता है :
इन काले चीन्हों से कैसे ये सब स्वर
निकला करते हैं

चम्पा सुन्दर की लड़की है
सुन्दर ग्वाला है : गायें-भैंसें रखता है
चम्पा चौपायों को लेकर
चरवाही करने जाती है

चम्पा अच्छी है
        चंचल है
न ट ख ट भी है
कभी कभी ऊधम करती है
कभी कभी वह क़लम चुरा देती है
जैसे तैसे उसे ढूँढ़ कर जब लाता हूँ
पाता हूँ—अब काग़ज़ ग़ायब
परेशान फिर हो जाता हूँ

चम्पा कहती है :
तुम कागद ही गोदा करते हो दिन भर
क्या यह काम बहुत अच्छा है

यह सुन कर मैं हँस देता हूँ
फिर चम्पा चुप हो जाती है

उस दिन चम्पा आई, मैंने कहा कि
चम्पा, तुम भी पढ़ लो
हारे गाढ़े काम सरेगा
गाँधी बाबा की इच्छा है—
सब जन पढ़ना-लिखना सीखें
चम्पा ने यह कहा कि
मैं तो नहीं पढ़ूँगी
तुम तो कहते थे गाँधी बाबा अच्छे हैं
वे पढ़ने लिखने की कैसे बात कहेंगे
मैं तो नहीं पढ़ूँगी

मैंने कहा कि चम्पा, पढ़ लेना अच्छा है
ब्याह तुम्हारा होगा, तुम गौने जाओगी,
कुछ दिन बालम संग साथ रह चला जाएगा जब कलकत्ता
बड़ी दूर है वह कलकत्ता
कैसे उसे सँदेसा दोगी
कैसे उसके पत्र पढ़ोगी
चम्पा पढ़ लेना अच्छा है!

चम्पा बोली : तुम कितने झूठे हो, देखा,
हाय राम, तुम पढ़-लिख कर इतने झूठे हो
मैं तो ब्याह कभी न करूँगी
और कहीं जो ब्याह हो गया
तो मैं अपने बालम को संग साथ रखूँगी
कलकत्ता मैं कभी न जाने दूँगी
कलकत्ते पर बजर गिरे।

(धरती 1977 में संकलित)

नगई महरा

गाँव वाले इधर उधर कहते थे
नगई भगताया है
सामना हो जाने पर कहते थे
नगई भगत

नगई कहार था
अपना गाँव छोड़ कर
चिरानीपट्टी आ बसा
पूरब की ओर
जहाँ बाग या जंगल था
बाग में
पेड़ आम जामुन या चिलबिल के
जंगल में मकोय, हैंस, रिसबल की बँवरें
झाड़ियाँ झरबेरी की
और कई जाति की
ढेरे, कटार, ढाक, आछी,
बबूल और रेवाँ के
पेड़ भी जहाँ तहाँ खड़े थे

सूखे पत्ते वहाँ बहुत सारे थे
नगई ने भाड़ बैठा दिया
दिन में साँस मिलने पर
भाड़ को जगाता था
दूर दूर से भुँजाने वाले आ जाते थे

संझा के पहले ही
भाड़ बन्द होता था

नगई का परिवार
छोटा था
घरनी और एक बच्ची
बच्ची गोहनलगुई थी
घरनी सेन्दुर से मिली नहीं थी
घरौवा कर लिया था

घरनी फुर्तीली थी
चुस्त काम काज में
बोल बात में हँसमुख
कभी उसका चेहरा मुरझाया हो
याद नहीं आता मुझे
बात पर बात ऐसे जड़ती थी
जहाँ समझ लड़ती थी
और यह दुर्लभ है
नगई ने गाँव के
तीन चार घरों का
पानी थाम लिया था
कभी वह भरता था
कभी घरनी भरती थी
कुछ खेत मिले थे इसके लिए
और घर घर से
कलेवा मिल जाता था
नगई नहीं खाता था
माँ-बेटी खा कर कुछ करती थीं

पूरा परिवार मैंने देखा

पैरों पैरों है
हाथों ने काम कोई लिया, किया
हो जाने को ही काम
हाथों में आता था
रस्सियाँ भी नगई बरा करता था
सुतली को कात कर बाध भी बनाता था
कहता था, दैव ने मुँह चीर दिया है
उसमें कुछ देने को हाथ तो चलाना है
मैंने इस घर में
टुन्न-पुन्न नहीं देखी

घरनी को महरिन मैं कहता था
मैं ही नहीं कोई मुँह मुँह देखे
क्योंकि नगई महरा थे
सबके लिए
केवल बड़े बूढ़े बखरी वाले
नगई बुलाते थे
कभी नगई कभी महरा
जो भी ज़बान पर चढ़ गया
कहने की झोंक में

नगई को बैठने और उठने का
बोलने-बतियाने का सहूर है
यह अनमोल बाबा कहते थे
अनमोल बाबा की आँख
इन्हीं बातों पर पड़ती थी
अच्छी तरह जानता हूँ
मुझ पर जब चिढ़ते थे
कहते थे तू कैसे
बेटा बैरागी का हो गया

भलमनई की कोई चाल नहीं
नगई की चर्चा
निन्दकों को प्रिय नहीं थी
गाँव में निन्दक कम नहीं थे
कहाँ नहीं होते वे
जहाँ वृद्धि पाते हैं
खुचड़ खोज खोज कर दिखाते हैं

बहुतों के पाँव अपनी डगर पर
निन्दा की कहीं छिपी कहीं उभरी
अढुकन से ठोकर खा जाते हैं
उबेने पाँव चलना कठिन होता है
हर डग का ऊँच खाल
देखे और तोले बिना
काम नहीं चलता
अपना शरीर बेसम्हार होता है
एक दिन अपने द्वारे
इमली के पेड़ तले मैं था
घेउरा बुआ थीं महरिन पानी भरने आ गई
बुआ ने बुलाया महरिन
महरिन आ गई पास
बुआ ने, अब मैं समझता हूँ,
कुछ प्यार कुछ तिरस्कार से
कहा होगा—महरिनिया
तू दमाद के घर
क्यों बैठ गई
महरिन का जवाब पहले का तैयार लगा
बुआ, अपनी ओर ही निगाह करो
दूसरों की बूझने से अपना ही बूझना
कहीं अच्छा होता है

और वह इज़्ज़त बचाती हुई
घर में चली गई
छूछा जोर ले कर बाहर निकली
बिलकुल चुप
बुआ भी चुप ही रहीं
उसके इनारे की ओर चले जाने पर
आप ही आप कहा
कौन नीच जाति के मुँह लगे

तब मेरी उमर जैसी छोटी थी
समझ भी छोटी थी
शब्द याद रह गये
अर्थ वर्षों बाद खुला जब
समाज के पर्दे खुलने लगे

चार भाई थे—नगई, बैरागी, बित्तू
और कोई और
बैरागी को मैंने देखा था जब तब
चिरानीपट्टी कभी कभी आता था
बैरागी का बियाह महजी से हुआ था
महजी इस महरिन की कोख से जनमी थी
बैरागी-महजी के नाते से
कभी कदा नगई की चर्चा चल जाती थी

चर्चा कमजोर थी
कहारों में
किसी को छोड़ कर दूसरे को कर लेना
चलता था
और अब भी चलता है
नर या नारी का बिसेख कोई नहीं था

जोड़े जब कोई नहीं रहा
दूसरे को लाने में बाधा कुछ नहीं थी
जरा ऊँच नीच का विचार तो यहाँ भी था
जातियों के आपसी भेद थे
कोई जाति कुछ ऊँची
कोई जाति कुछ नीची
स्त्री पुरुष भिन्न भिन्न शाखा के हुए
तो मुश्किल पड़ जाती थी
लेकिन पंचायत थी
डाँड बाँध करती थी
जिसे मानना ही था
और फिर भोज भात चलता था
भोज पात खाया भागे नहीं
आपसी बतियाव, खेला, गाना, नाच-रंग
नाटक, तमाशा, सभी होता था
इसी समय सबके गुन खुलते थे

नगई ने अपने सगे भाई की सास को
घर में बैठाया था
उसी घर में माँ-बेटी
जेठानी देवरानी थीं
सम्बन्धों की छीछालेदर
घर में न हो गाँव भर में होती थी
बाप दादों का कुटका
बछैया छोड़ कर नगई ने छोड़ दिया
भँडई डाल ली चिरानी पट्टी में आकर

मैंने एक दिन उधर
पेड़ों के सहारे एक मड़ई खड़ी देखी
पास ही बँसवट थी

जिसमें बहुत साँप सुने जाते थे
और कुछ कदम पर डँड़ियबा का मसान था
गाँव में गाँव से अलग छनिहर
कौन यहाँ रहता है
देखने के लिए गया
आँखें जो देखती थीं मन को बताती थीं
मुँह मेरा बन्द था

नगई ने जेंवरी बरते पूछा, पढ़ते हो
हाँ कहने को खुला
फिर नगई ने पूछा
रमायन बाँच लेते हो
हाँ अटक अटक कर
सुन कर हँसा नगई खुल कर बोला
बाँचना अटक अटक कर
और इसे बूझना बूझने की बात है
मेरे कान नगई के कहन-रस में पगे
अब उसने फिर कहा
लाऊँ मैं बाँचोगे,
ले आओ मैंने कहा
मन में गुना अब तक तो
अपने आप बाँचता था
आज किसी और के लिए मुझे बाँचना है
यह नई बात थी
और नई बात से अनकुस होता ही है
मन हाल रहा था
बात को फैलाव से बचाने के लिए मैं
नगई का नाम बार-बार दे रहा हूँ
लेकिन मुझे उस दिन
उसका नाम मालूम नहीं था

बातों से बात चली
अलगाव दूर था लगाव पास पास था
और हर लगाव को कोई नाम देने से
काम बहुत नहीं बनता
नाम एक निश्चित निश्चय उगाता है
अर्थ सम्बन्धों के सहारे चला करते हैं
यानी अर्थ का उद्‌गम छिपा रह जाता है
नगई ने बेठन को खोलकर पोथी को
माथे से लगा लिया
फिर उसे खाट के सिरहाने रखा
लोटे में पानी लेकर मुझसे कहा
चरण मुझे धोने दो
और उसने मेरे दोनों पैरों को
घुटनों तक धो दिया अच्छी तरह
फिर लोटे को माँजा धो कर पानी लिया
और कहा, चलो हाथ-मुँह भी धुला दूँ

मैं उठा पानी वह ढालता रहा
मैंने हाथ-मुँह फरचाए
पास के मँड़हे में कुशासन एक अलग था
उसकी गर्द झाड़ कर मुझे बैठने को कहा
मेरे बैठ जाने पर पोथी मुझे सौंप दी
फिर मुझे बड़े भक्ति भाव से प्रणाम किया
कुछ हट कर हाथ जोड़कर सामने ही
भूमि पर बैठ गया

मैंने पोथी खोल ली
पूछा, कहाँ पढ़ूँ
उसने कहा सुन्दर काण्ड
मैंने साँस चैन की ली

सुन्दर काण्ड कई बार पढ़ा था
पढ़ने को, अर्थ कौन ढूँढता
ध्वनि अपनी मुझे अच्छी लगती थी
जहाँ जहाँ अर्थ झलक जाता था
वहाँ आनन्द मुझे मिलता था
जनक सुता के आगे ठाढ़ भएउ कर जोरि
पढ़ कर मैं रुका प्रति दोहे पर जैसे
वैसे ही उसने इस दोहे पर
भक्ति भाव से कहा
सियाबर रामचन्द्र की जय
फिर मुझ से कहा अब विश्राम
कुशा खण्ड पतला सा मेरी ओर करके कहा
चिन्ह रख दो पोथी में
मैंने चिन्ह लगा लगा कर पोथी को बन्द किया
उसने अब पूछा था कल भी क्या आओगे इस ओर
मैंने कहा, आऊँगा
जब मैं खड़ा हुआ चलने को
उसने भक्ति भाव से मुझे फिर प्रणाम किया

मँड़हे से निकला मैं वह भी साथ था
पूछ पड़ा, किस के लड़के हो
मैंने शिक्षा जैसी थी अलक्ष को प्रणाम किया
कहा, जग्गरदेव सिंह मेरे पिता थे
बैरागी बाबू, पूछा उसने
मैंने कहा, उनका यह भी नाम है
उसने कहा, अब ऐसे आदमी दिखाई नहीं पड़ते
धरम जान कर रहे धरम किया

मैं बाहर निकला तो सोचता हुआ निकला
आज हुआ वह केवल आज ही हुआ है

और मैंने आज के उड़ंछू शब्दों को
पकड़ पाने के लिए अपने मन को
उद्यत कर दिया
ऐसा कम होता है बहुत कम
जब शब्द किसी समय जी से बतियाने लगें
बूआ से मैंने सब कुछ कहा फिर पूछा
उसका नाम क्या है
बूआ ने कहा नगई
महरिन को माथे से उबहनी लटकाए
मैंने घर जाते देखा था
उधर वही घर था
मुड़ते भी देख लिया उनको
उसी ओर
कई दिनों बाद
गया नगई की मँड़ई पर

नगई खाँची फाँदे बैठा था
हाथों में वही काम
आँखें उन हाथों को
हथवट चिताती हुई
खाँची में लगी एक आँख मुझे भी देखा
और कहा बैठो उस पीढ़े पर
साफ़ है मैंने कुछ ही पहले धोया है
बैठने पर मुझसे कहा
अच्छा बाँच लेते हो रामायन
तुम्हारे बाबू कहते थे जैसे
अब कोई क्या कहेगा
उनकी भीतरी आँख खुली थी
सुर भी क्या कण्ठ से निकलता था
जैसे असाढ़ के मेघ की गरज

मैंने कहा महरा
मैं तो अभी सीख ही रहा हूँ
नगई ने कहा कितने होंगे
जो जानते हैं कहीं कुछ सीखना है
बाबू की तपस्या का फल
तुम्हें मिला है मिलेगा
मैं इस सनेहिल असीस से
चुपाया रहा
नगई ने हाथ चलाते चलाते फिर कहा
दुनिया है दुनिया का ज्ञान है आदमी है
आदमी को क्या क्या नहीं जानना है
देखते सुनते और करते ज्ञान होता है
अपनी जब होती है समझ नई होती है
मेरे लिए समझ पाना कठिन था
पर रुक रुक कर निकले बोल ये
कहीं ठहर गए थे मेरे मन में
अर्थ बहुत बाद में कुछ कुछ पाया
धारणा बेकार बोझ ढोना ही नहीं है
आदमी बात से व्यवहार से
पहचान जाता है
समझ ही
आदमी को आदमी से जोड़ती है

वर्ष बीत जाने के बाद, शायद
एक दिन नगई की ओर जा निकला
इतने जन वहाँ मैंने कभी नहीं देखे थे
अपना कुछ काम था फिर भी मैं रुक गया
नगई की दृष्टि मुझ पर पड़ी
काम रोक कर मेरे पास आ गया
और कहा, भात है

बिरादरी को न्योता है
दिन परसों निश्चित है
आप कहाँ जाते हो
मैंने कहा काम से
उन्होंने कहा मुझे भी बझाव है
परसों आना
इज्जत मैं क्या दूँगा
फिर भी दसों नँह जोड़े
खड़ा ही मिलूँगा
सेवक हूँ और सेवा करना मेरा काम है

मैं आगे बढ़ गया
उस दिन बड़ी भीड़ थी
बड़े बड़े चूल्हे जगाए गए
जिन पर हण्डे कड़ाह चढ़े थे
कहीं भात कहीं दाल और कहीं
तरकारी पकती थी
लकड़ियों की कोई कमी नहीं थी
जंगलों के बीच थी चिरानीपट्टी की बस्ती
दोने पत्तल पहले से बना कर
ठिकाने से रखे थे
ढखुलाही कोई छोटी नहीं थी
ढाक के पेड़ ही पेड़ थे
बड़े और अच्छे पत्ते जिन पर छाए थे
पत्ता और लकड़ी की
जंगल में क्या कमी
जंगल जिसका हो
उससे कह कर ले लेना था
रोक टोक कोई खास नहीं थी
कई बार आ जा कर

रंग वहाँ का देखा
जो भी मिला काम से लगा मिला
ऐसे लोग भी मिले
जो करते कम और बोलते बहुत रहते हैं
आवाज़ ऊँची से ऊँची हो आती है
ध्यान उधर जाता है आसपास वालों का
कुछ लोग फिरकी से फिरते हुए
इनके पास उनके पास जाते थे
काम को देख कर बताते थे
ऐसे करो वैसे करो
मैंने सुना, एक कह रहा था, कैसे भला
लेकिन सचेत पाँव कान से कुछ दूर थे
मुँह किसी और हाथ से कुछ कह रहा था

कोई दस बार पाँत बैठी थी
हर बार पत्तलें पचास ऊपर लगती थीं
नगई ने तीन बीस का हिसाब रखा था
भोजन करने वाले तुष्ट थे
गाँजा, तमाखू, सुर्ती, बीड़ी और पान का
प्रबन्ध था
जब जो जिसे चाहिए
जा कर ले लेता था
कुछ बूढ़े और आदर मान पाने वाले ही
अपनी जगह जमे थे
उनकी सेवा नौजवान करते थे
बार बार यह या वह पूछ कर
सराहना हो रही थी
नगई की यहाँ वहाँ
बड़े लोग भी प्रबन्ध ऐसा
नहीं कर पाते

नगई पर कृपा है भगवान की
इस तरह मान दिया
भार हल्का कर दिया

पंचायत बैठी थी जाजिम पर
पीपल के नीचे
दिन दो घड़ी शेष था
कोतवाल, सिपाही और गोड़इत
जाति के ही लोग थे
बरौंछीदार चँवरदार, मक्खियाँ उड़ाते थे
बैठे हुए लोगों को बचाते हुए
हवा पट पड़ी थी इसी कारण
पंखे का प्रबन्ध था पसीना चल रहा था
और बड़े-बड़े पंखे तीन चार हाथों से
हवा को लहराते थे
मैं उभरी पीपल की सोर पर ज़रा हट कर
बैठा था, मेरी आँखों के लिए
पहली पंचायत थी

चौकीदार ने पुकारा
नगई और लखमनी
दोनों हाथ जोड़े सिर झुकाए हाज़िर हुए
फिर उसका दोस बतला कर पूछा गया
अपने दोस मानते हो
मानते हैं—दोनों ने साथ कहा
पूछा गया, डाँड़-बाँध तुमको मंजूर है
सिर माथे हमको मंजूर है—दोनों बोले
पंचों ने कहा, दस रुपए का डाँड़ है, भात देना होगा
यह भी मंजूर है
फिर महरिन जल लाई, सब को दिया पीने को

नगई ने हुक्का पिया और बारी-बारी सब को दिया
पंचों ने हुक्म दिया अब तुम दोनों साथ रहो
पंचायत को मानो पंचपरमेसर है
नगई हाथ जोड़े अब खड़ा हुआ
बोला, जाति गंगा ने मुझे पावन कर दिया
धन्य हुआ
और फिर भोज हुआ
नाच और नाटक हुए।

(ताप के ताए हुए दिन 1980 में संकलित)

सारनाथ

चैती अब पक कर तैयार है। खेतों के रंग बदल गए हैं। मटर उखड़ रही है। गेहूँ जौ खड़े हैं, हवा में झूम रहे हैं। हवा की लहरों पर धूप का पानी चढ़ जाता है।

फूले हैं पलाश, वैजयन्ती, कचनार, आम। चिलबिल अब खंखड़ हैं, पीपल, शिरीष, नीम का भी यही हाल है। बाँसों की पत्तियाँ हरियाली तज रही हैं। जल्दी ही उन्हें अलग होना है।

कमलों के कुण्ड में पुरइनों की बाढ़ है, अब वे फूल कहाँ हैं जो ध्यान खींच लेते हैं। कुण्ड के कँटीले तार की बाड़ों के बाहर ताल है जो ऐसे ही तारों से घिरा है। जहाँ जल नहीं है वहाँ घास है, और जहाँ जल है वहाँ जलकुंभी ललछौंही छाई है, जहाँ पानी गहरा है वहाँ बस पानी है। हरी हरी काई और पौधे सिंघाड़ों के दखल जमाए तलाव भर में पड़े हैं।

दाईं ओर, कँटीले तारों से घिरा, नन्हा मृगदाव है। जिस में कई जाति के हिरन रखे गए हैं। नगर से ऊबे हुए नागरिक आते हैं और थोड़ी देर मन बहला कर जाते हैं। मैंने चुपचाप यहाँ बैठे दिन बिताया है। सामने से सूरज अब पीछे आ पहुँचा है। कितनी ही आवाज़ें सुनी हैं, पतली मद्धिम ऊँची, चिड़ियों की, पशुओं की और आदमियों की।

तीन सैलानी आए और बेंचों पर लेटे। उन में से एक ने ट्रांज़िस्टर लगा दिया, और एक चैता की बहार रचने लगा, तीसरा जो बचा था कभी इधर कभी उधर कान करने लगा। फिर आए तीन और, जिन में से एक ने बच्चन की मधुशाला के दो या तीन छन्द लहरा लहरा के पढ़े। और और और और लोग आते जाते रहे। मैं या तो बैठा रहा या माइकेल मधुसूदन दत्त अथवा गिन्सबर्ग का कादिश पढ़ता रहा। देखता रहा अपने भीतर भी बाहर भी। आकाश निर्मल रहा। हवा कभी मन्द और कभी तेज़ होती रही। पेड़ों की टहनियाँ इस लहरीली धूप में सारे दिन अपने सुख नाच करती रहीं।

सारनाथ का अब जो रूप है वह पहले कहाँ था। पहले यह कुछ विरक्त कर्मठ भिक्खुओं का केन्द्र था। जैसे निवासी थे वैसा ही निवास था। अब भी यहाँ भिक्खु हैं जिनके पास वेश और अलंकार है, वैसा ही सारनाथ अलंकार-युक्त है। अब तो यह सारनाथ नागरिकों, नागरिकाओं का विहार-स्थल है, सुन्दर विहार है। तथागत, अब तो तुम प्रसन्न हो? देखो ज़रा, इतने इतने लोग यहाँ आते हैं तुम्हारे लिए।

*(रचनाकाल : 12/3/1963, **चैती** में संकलित)*

गीत

धूप सुन्दर धूप में जग-रूप सुन्दर

धूप सुन्दर
धू प में
जग-रूप सुन्दर
सहज सुन्दर

व्योम निर्मल
दृश्य जितना
स्पृश्य जितना
भूमि का वैभव
तरंगित रूप सुन्दर
सहज सुन्दर

तरुण हरियाली
निराली शान शोभा
लाल पीले
और नीले
वर्ण वर्ण प्रसून सुन्दर
धूप सुन्दर
धूप में जग-रूप सुन्दर

ओस कण के
हार पहने
इ न्द्र ध नु षी
छबि बनाए
शस्य तृण

सर्वत्र सुन्दर
धूप सुन्दर
धूप में जग-रूप सुन्दर

सघन पीली
ऊर्मियों में
बोर
हरियाली
सलोनी
झू म ती सरसों
प्रकम्पित वात से
अपरूप सुन्दर
धूप सुन्दर

मौन एकाकी
तरंगें देखता हूँ
देखता हूँ
यह अनिर्वचनीयता
बस देखता हूँ
सोचता हूँ
क्या कभी
मैं पा सकूँगा
इस तरह
इतना तरंगी
और निर्मल
आदमी का
रूप सुन्दर
धूप सुन्दर
धूप में जग-रूप सुन्दर
सहज सुन्दर

चाँदनी चमकती है गंगा बहती जाती है

1

चल रही हवा
धीरे धीरे
सीरी सीरी;
उड़ रहे गगन में
झीने झीने
कजरारे
चंचल
बादल!
छिपते दिपते
जब तब
तारे
उज्ज्वल, झलमल।
चाँदनी चमकती है गंगा बहती जाती है

2

ऋतु शरद और
नवमी तिथि है
है कितनी कितनी मधुर रात
मन में बस जाती शीतलता
है अभी नहीं जाड़ा कोई
बस ज़रा ज़रा रोएँ काँपे
तन-मन में भर आया उछाह

हाँ, दिन भी आज अजीब रहा–
रिमझिम रिमझिम पानी बरसा
फिर खुला गगन
हो गई धूप
दिन भर ऐसा ही रहा तार
कपसीले, ऊदे, लाल और
पीले, मटमैले-दल के दल
आए बादल
अब रात
न उतना रंग रहा
काला–हल्का या गहरा
या धूएँ-सा
कुछ उजला उजला
किसके अतृप्त दृग देखेंगे
चाँदनी चमकती है गंगा बहती जाती है

3

कुछ सुनती हो,
कुछ गुनती हो–
यह पवन, आज यों बार बार
खींचता तुम्हारा आँचल है
जैसे जब तब छोटा देवर
तुम से हठ करता है जैसे
तुम चलो जिधर वे हरे खेत।
वे हरे खेत–
है याद तुम्हें?–
मैंने जोता तुमने बोया
धीरे धीरे अंकुर आए
फिर और बढ़े

हमने तुमने मिल कर सींचा
फैली मनमोहन हरियाली
धरती माता का रूप सजा
उन परम सलोने पौदों को
हम दोनों ने मिल बड़ा किया
जिनको नहलाते हैं बादल
जिनको बहलाती है बयार
वे हरे खेत कैसे होंगे
कैसा होगा इस समय ढंग
होंगे सचेत या सोए से
वे हरे खेत
चाँदनी चमकती है गंगा बहती जाती है

4

है सन्नाटा बढ़ रहा
रात भी बीत रही है
सारा आलम सोया है
पशु-पंछी सोए हैं
तो अर्थहीन
कुछ अर्थपूर्ण
स्वर जग में व्यापे
फिर कौन कहे
दुनिया कब,
क्या क्या, जीत रही है
तब कौन किसे समझाए
सब खोए खोए हैं
फिर कौन कहाँ तक जन जन की
करुणा को नापे
चाँदनी चमकती है गंगा बहती जाती है

गंगा बहती है लहराती लहरों वाली

1

उठती तरंग पर नव तरंग
जैसे उमंग पर नव उमंग
मन बह चलता है संग संग
दृग में छा जाती है नूतन
तट-हरियाली
गंगा बहती है लहराती
लहरों वाली

2

उड़ते हैं नभ में खग, बादल
गतिशील पवन शीतल अविरल
सन्ध्या बेला कंचन के पल
भूतल-नभतल सब स्वर्णप्राय
शोभाशाली
गंगा बहती है लहराती
लहरों वाली

3

नावें चलती हैं तने पाल
तट-भूमि हरित, निर्मल, विशाल
कुछ जुते खेत कृषि-अंक-माल
श्रमलीन विपुल मानव-समूह
कर-बलशाली
गंगा बहती है लहराती
लहरों वाली

4

सुन्दर गंगा की धार धवल
है युग युग से बह रही नवल
मानव है नत सश्रद्ध अचल
इसके प्रवाह की अविरलता
गौरवशाली
गंगा बहती है लहराती
लहरों वाली

बरस रहे रस बरस रहे रस गरज गरज घन ये

1

धारामयी धरा हो आई
रंग-रंग की ले सुघराई
आई, सुन्दरता अब आई
नवल बने सब
नवल बने सब
व न - उ प व न
जन
ये

2

चमक रही बिजली पल पल पर
नव जीवन विकसित जल-थल पर
देख रहे बादल पल पल पर
हरित-भरित जग
हरित-भरित जग
विहसित कन
कन
ये

3

गतिमय जग, गतिमय जग-जीवन
गतिमय है जीवन का छन छन
गतिमय बादल, बिजली, गर्जन
अविरल धारा
अविरल धारा
धरती के
धन
ये

फूल फूल पर तितली उड़ती

फूल फूल पर तितली उड़ती
फूल फूल रस लेती

दल दल पर चल
मधुर मनोहर
नृत्य नवल कर
वरती परिमल
परिचय-पथ विराम पल पल के
पल पल को गति देती

सूर्य-किरण में
पवन-सुमन बन
करती नर्तन
मधु विचरण में
लहर लहर से मिली लहर सी
लहरों को स्वर देती

विचरण क्षण क्षण
पंखों पर तन
फूलों पर मन
रंजित कण कण
देश देश सन्देश सुमन का
सुमन सुमन को देती

रंग रंग जग
जीवन जग मग
सुरभि-ज्योति-मग
प्रेरित रग रग
दृग दृग का उल्लास वरण कर
लास-लहरियाँ लेती

बादलों में लग गई है आग दिन की

बढ़ रहीं क्षण क्षण शिखाएँ
दमकते अब पेड़-पल्लव
उठ पड़ा देखो विहग-रव
गए सोते जाग
बादलों में लग गई है आग दिन की

पूर्व की चादर गई जल
जो सितारों से छपाई
दिवा आई दिवा आई
कर्म का ले राग
बादलों में लग गई है आग दिन की

जो कमाया जो गँवाया
छोड़, उसका छोड़ सपना
और कर-बल, प्राण अपना
आज का दिन भाग
बादलों में लग गई है आग दिन की

वास तज कर विचरते पशु
विहग उड़ते पर पसारे
नील नभ में मेघ हारे
भूमि स्वर्ण पराग
बादलों में लग गई है आग दिन की

दिवस की ज्योति हुई सरसों के फूल-सी

दिवस की ज्योति हुई सरसों के फूल-सी
सरसों के फूल-सी

लहराया ज्वार में
धरती से आसमान
एक रंग
भिन्न रूप
धरती से आसमान
सुन्दरता छाई है सरसों के फूल-सी
सरसों के फूल-सी

संचित आनन्द उड़ा
गीतों के पर खोले
लहरों सा
खेल रहा
गीतों के पर खोले
यह श्री झर जाएगी सरसों के फूल-सी
सरसों के फूल-सी

हंस के समान दिन उड़ कर चला गया
अभी उड़ कर चला गया

हंस के समान दिन उड़ कर चला गया
अभी उड़ कर चला गया

पृथ्वी आकाश
डूबे स्वर्ण की तरंगों में
गूँजे स्वर
ध्यान-हरण मन की उमंगों में
बन्दी कर मन को वह खग चला गया
अभी उड़ कर चला गया

कोयल सी श्यामा सी
रात निविड़ मौन पास
आई जैसे बँध कर
बिखर रहा शिशिर-श्वास
प्रिय संगी मन का वह खग चला गया
अभी उड़ कर चला गया

पत्ते केवल पतझर आने पर ही नहीं झरा करते हैं

1

पत्ते केवल पतझर आने पर ही नहीं झरा करते हैं,
जीवन का रस जभी सूख जाता है तभी बिना कुछ झिझ
बिना मुहूर्त-प्रतीक्षा के ही झर जाते हैं।

2

इस जीवन का मोल बहुत है। मोल कूतना सहज नहीं है।
फिर भी इस जीवन का दुनिया में अपमान हुआ करता है
इतना जिसका पार नहीं है।

3

कुछ बरसों के क्षणभंगुर जीवन को सुखी बनाने के ही
लिए लोग औरों के सुख को बल से हरण किया करते हैं,
जीवन अमर अगर होता तो पता नहीं फिर क्या क्या होता,
क्या क्या गुल खिलते दुनिया में।

4

ऐसा नहीं दिखाई देता कहीं कि लोग प्रसन्न चित्त से
एक दूसरे के दुख को अपना ही जानें, अपना मानें
और दुःख को कम करने के लिए समाज समान बनाएँ
धरती पर ही स्वर्ग बसाएँ।

मैं जब कभी अकेला बिलकुल हो जाता हूँ

मैं जब कभी अकेला बिलकुल हो जाता हूँ
ध्यान तुम्हारा आता है लय हो जाता हूँ
आँखें मूँदे तुम्हें देखता हूँ :
तुम आती हो
पास खड़ी हो कर
मुसकाती कहती हो :
कहो कहाँ से आए हो परदेसी
कैसा है घर-बार तुम्हारा
तुम्हें ख़बर है?

दृश्य बदलता है
कि देखता हूँ फिर
मैं बीमार खाट पर लेटा हूँ मन-मारे
सिरहाने बैठी हो तुम माथे पर अपना हाथ पसारे
पूछ रही हो
(दृग में चिन्ता, वाणी में विश्वास अटल है)
अब कैसी तबियत है!

आज तुम्हारी याद मुझे आई है
बहुत दिनों के बाद तुम्हारी याद आज आई है
एक मित्र हैं
अभी अभी बस ब्याह हुआ है
अपनी परिणीता का फ़ोटो दिखा रहे थे
दिखा रहे थे, बता रहे थे
आज तुम्हारी याद मुझे आई है
देख गया इतिहास कि जब से एक सूत्र में हम दोनों हैं

आज का दिन बादलों में खो गया था

आज का दिन बादलों में खो गया था
दृष्टि में आ कर शशक जैसे
चपल से चपल हो कर
सघन पत्रश्याम वन में खो गया था

वायु भू पर और ऊपर
नवल लहराते हुए घन श्याम सुन्दर
कहीं धौरे कहीं कारे
लहर तिल तिल पर सँवारे
मधुर मधुर सजीव गर्जन से
ध्वनित जग हो गया था

पंक हो पथ-अंक में रज-कण मिले कल
आज सूखे मार्ग निर्मल
सतत आग्रहशील आ कर
पवन शीतल स्पर्श कर कर
अब अवज्ञा पात्र
अति परिचय-जनित वह हो गया था

दूर से, मेरे क्षितिज के पार, पश्चिम में कहीं से
सतत वर्षण-शील जलदों को चला कर
मधुर गर्जन-शील कर बिजली जगा कर
पथ-जनित निज शुष्कता
धन-सीकरों के स्पर्श हर

उच्छ्वसित पछुआ हवा तरु, शस्य और सरोवरों को
अनवरत गति की कहानी साँस सी ले कर सुना कर
मधुर संचित स्नेह सी करती समर्पण मौन अपना
आज मेरे पास आई
आ गया मन
जो स्मरण में त्रिय प्रवासी हो गया था

(धरती 1977 में संकलित)

आँधी

चली है आँधी जो गिरि पथ वनों में गरजती
गुँजाती वेगों से गगन अचला को, प्रलय के
सहस्रों शंखों की मिलित ध्वनि गूँजी, तड़ित की
कड़ाके की धारा पसर कर फैली भुवन में।

खगों के नीड़ों को अकरुण करों से पकड़ के
उछाला तारों में, करुण रव से आज उन के
धरा भी काँपी जो परवश पड़ी थी। अनय के
प्रहारों से हारी, भव-भय भरे प्राण-तल में

डरे चौपाए भी चकित नयनों से निरखते—
हुआ क्या, ऐसी क्या अघट घटना आज घट के
रहेगी, थानों से लग कर कँपे और उछले
छुटे जो थे वे भी, अगम ध्वनि से और भभरे

उखाड़ा पेड़ों को पटक कर आगे बढ़ चली
कुटीरों को थामे अलख कर से दूर पटका
खिले फूलों को भी गह कर चली और खिर के
पड़े बेचारे से अदिन अपना देख कर यों

जलों को भी छेड़ा मथ कर उन्हें और तट से
उछाला तीरों को इस तरह गीला कर दिया
गृही पर्णावासी स्तिमित दृग से मौन अपने
उसी को अर्घ्यों से शमित करते हैं विवश से

भला बच्चों को क्या, कुतुक यह पा के खिल उठे
उन्हें आवासों का तिल भर नहीं खेद करना
चिरौटे जो जैसे मर कर पड़े देख उन को
उठाते हैं हाथों द्रवित मन में मौन करुणा

गिरा पेड़ों से जो दल अनमने से अटल हैं
किसी की डालें ही छट कर पड़ी हैं अलग हो
अभी छिन्नांगों में अविदित कहानी लिखित सी
दिखानी है, देखें नयन, मन भी घाव समझें

(अरघान 1983 में संकलित)

मुझे जगत-जीवन का प्रेमी बना रहा है प्यार तुम्हारा

1

मेरी दुर्बलता को हर कर
नयी शक्ति नव साहस भर कर
तुमने फिर उत्साह दिलाया
कर्म-क्षेत्र में बढ़ूँ सम्भल कर
तब से मैं अविरत बढ़ता हूँ
बल देता है प्यार तुम्हारा

2

मुझमें जीवन की लय जागी
मैं धरती का हूँ अनुरागी
जड़ी भूत करती थी मुझको
वह सम्पूर्ण निराशा त्यागी
मैं निर्भय संघर्ष-निरत हो
बदल रहा संसार तुम्हारा

3

सुनता हूँ मैं जीवन का स्वर
गाता हूँ मैं जीवन का स्वर
विपुल कण्ठ हर्षाकुल गाते
अमर रहेगा जीवन का स्वर

मैं युग जीवन का अनुयायी
मुझको प्रेरक प्यार तुम्हारा

4

हैं असंख्य कर, पद सहकारी
अतुलनीय है यह तैयारी
सभी कार्य पल भर में होते
यह सामाजिक विजय हमारी
आज हमारी इच्छाओं से
रचा गया संसार तुम्हारा

5

शेष नहीं है तम दुखदायी
ज्ञान ज्योति नव भू पर छाई
आज संगठित बल ने मिल कर
सुन्दर नई सृष्टि उपजाई
सोच रहा हूँ बल देता है
कितना कितना प्यार तुम्हारा

6

नहीं विश्व से हैं हम बाहर
विश्व हमारे भीतर-बाहर
जग की भावी रूप-योजना
हम पर, तुम पर, सब पर निर्भर
विश्व बदलने का नूतन क्रम
कार्य, लगन, संस्कार हमारा

7

हम तुम इसी जगत् के प्राणी
इसी जगत् ने दी है वाणी
इसको नव निर्मित करने में
हों हम तुम सक्रिय कल्याणी
तन-मन में बँध कर रहने में
अब न रहा उपकार हमारा

8

सूर्य, चन्द्र, घन, पवन, गगन में
रहते हैं तल्लीन लगन में
इनसे शोभा, श्री, नव जीवन
विकसित भूतल पर क्षण क्षण में
कितने अर्थहीन हम होंगे यदि
न सजग संस्कार हमारा

9

वन, पर्वत पर, सागर-तल पर
व्योम विजन में महिमा-निर्भर
अपना चरण-चिह्न हम छोड़ें
अजर अमर गति-प्रेरक द्युतिधर
भावी मानव जिससे मानें
हो सशक्त आभार हमारा

10

लहरों का क्षणकालिक जीवन
किन्तु अमिट है उनका कम्पन
हम भी अपने क्रिया-कम्प से

दें प्रोत्साहन दें नव जीवन
जिससे आगामी जन सोचें
यों विकास-इतिहास हमारा

11

शक्ति प्रकृति की अति विस्तृत है
और अभी तक वह अविजित है
अधिकृत कर के सेवा लेना
सामाजिक उससे समुचित है
यही हमारी मानवता की
उन्नति-क्रम का एक सहारा

मिल कर वे दोनों प्रानी दे रहे खेत में पानी

1

आए न बहुत दिन बादल
होता नित घाम भयंकर
हरियाली रही न निर्मल
औ' लगी फसल मुरझाने
आख़िर अपने बल ले कर
मिल कर वे दोनों प्रानी
दे रहे खेत में पानी

2

है धूप कठिन सिर-ऊपर
थम गई हवा है जैसे
दोनों दूबों के ऊपर
रख पैर खींचते पानी
उस मलिन हरी धरती पर
मिल कर वे दोनों प्रानी
दे रहे खेत में पानी

3

है अचल पवन, साँसें चल
चल रहा पसीना अविरल
चलती है बेड़ी प्रतिपल
विश्राम नहीं है उनको
है आज नहीं उनको कल

मिल कर वे दोनों प्रानी
दे रहे खेत में पानी

4

बहती छोटी सी नाली
तेज़ी से, लहरों वाली
है उसकी चाल निराली
देती बढ़ती, नव जीवन
भरती नूतन हरियाली
मिल कर वे दोनों प्रानी
दे रहे खेत में पानी

5

उजले कपसीले बादल
फिरते नभ में दल के दल
बढ़ रही तपन है पल पल
वे जब तब करते छाया
देते श्रम को नूतन बल
मिल कर वे दोनों प्रानी
दे रहे खेत में पानी

6

हल्की पुरवैया आती
श्रम-जल उनका हर जाती
विकसित कर उनकी छाती
वे और अधिक श्रम करते
उनकी उमंग बढ़ जाती
मिल कर वे दोनों प्रानी
दे रहे खेत में पानी

7

कुछ पंछी उड़ कर आते
उड़ते उड़ते बढ़ जाते
उन कानों में भर जाते
सर्राटा या स्वर अपना
वे अथक सींचते जाते
मिल कर वे दोनों प्रानी
दे रहे खेत में पानी

8

जब सब वे बातें करते
साँसों को संयत रखते
अविराम काम ही करते
पल दो पल नयन मिलाते
बल की परिभाषा करते
मिल कर वे दोनों प्रानी
दे रहे खेत में पानी

9

वे सींच रहे जग-जीवन
जग-हित में उनका तन-मन
वे फिर भी निर्बल-निर्धन
विश्वास न उनको अपना
वे अपने-पन से उन्मन
मिल कर वे दोनों प्रानी
दे रहे खेत में पानी

10

बीता है एक पहर भर
श्रम करते रहे बराबर
वे श्रम-जीवन पर निर्भर
यह उनका प्यार अनोखा
है उत्पादक, है दृढ़-तर
मिल कर वे दोनों प्रानी
दे रहे खेत में पानी

11

विश्राम ज़रा करने को
आराम ज़रा करने को
नव कर्म-शक्ति भरने को
आए हैं तरु छाया में
अपनी थकान हरने को
मिल कर वे दोनों प्रानी
दे रहे खेत में पानी

तारकों से ज्योति चल कर भूमि तल पर
आ रही है आ रही है आ रही है

1

है अँधेरी रात
कल है
ब्याह का दिन
दीपकों से गाँव का एकान्त अमलिन
जागती हैं नारियाँ
आज अपने गीत से वे तारकों को हैं जगाती
साज शादी के सजातीं

आज सारा गाँव एक-प्राण, मिल कर
आज सबका हर्ष जागा है विमल तर
आज जीवन-रागिनी अविराम उठ कर और उठ कर
छा रही है छा रही है छा रही है

2

घर बसेगा
बहू
आएगी सुघरतर
घर बना देगी उतर कर देव-मन्दिर
सास मन में सोचती है
वह हमें सुख और सबको शान्ति देगी
वह हृदय में सोचता है

काँपती सुख से कहीं बैठी अकेली
साधती होगी बहू कुछ भाव के स्वर
आज मनसा इन सबों की गीत की पहली कड़ी ही
गा रही है गा रही है गा रही है

3

भोर होने में
पहर भर
की कसर है
जाएगी बारात अब यह सुअवसर है
बज रहे बाजे निरन्तर
राह भर ये जाएँगे अविराम बजते
औ' सभी का मन जगाते

जा रही माँ पुत्र को देने बिदाई
आज उसकी देह भर में स्फूर्ति छाई
लोग पैदल, पालकी में चले रहे, बारात देखो
जा रही है जा रही है जा रही है

4

मध्य युग का
साज
औ' सामान सारा
चाल ढाल सभी पुरानी वही धारा
मध्य युग के भाववाही
ये नये युग से अपरिचित औ' सशंकित
ये गए सब दिन सताए

चल रहे प्राचीनता से लौ लगाए
एक अपनी ही नई दुनिया बसाए
आज भी इनको पुरानी बात पहले रूप में ही
भा रही है भा रही है भा रही है

बरगद की छाया के भीतर नहीं अन्य तरु बढ़ पाया है

1

ताप, प्रहार सभी कुछ सहते
बढ़ते हैं जो बढ़ने वाले
अपने क्षेत्र बनाते चलते
हैं अपनी धुन के मतवाले
कौन दूसरे का बल ले कर
खड़ा भूमि पर रह पाया है
बरगद की छाया के भीतर
नहीं अन्य तरु बढ़ पाया है

2

सुख होता है श्रम बचता है
शेष नहीं चिन्ता रह जाती
बहुत, पुरातन क्रिया-शक्ति है
अब भी मन को सुखी बनाती
किन्तु पूर्वजों पर ही आश्रित
मानव निर्बल हो आया है
बरगद की छाया के भीतर
नहीं अन्य तरु बढ़ पाया है

3

जिसने जीवन को अपना कर
अखिल संकटों को ललकारा
जिसने जीवन के पल पल को

किया जागरित और सँवारा
वही समूह बना पुरुषार्थी
जीवन-शक्ति समझ पाया है
बरगद की छाया के भीतर
नहीं अन्य तरु बढ़ पाया है

4

बदल गया है काल-कलेवर
बदल गई जीवन की धारा
आज पुरानी रीति-नीतियाँ
दें न सकेंगी रंच सहारा
आँख खोल मानव, दृग मींचे,
देख, कहाँ तक तू आया है?
बरगद की छाया के भीतर
नहीं अन्य तरु बढ़ पाया है

5

कर नूतन निर्माण, दिखा कुछ
तू अपने पौरुष का करतब
पराधीनता विविधतोड़ कर दिखा
नयी गति का उपक्रम अब
बहुत पुरातन की छाया में
मानवता ने दुख पाया है
बरगद की छाया के भीतर
नहीं अन्य तरु बढ़ पाया है

(धरती 1977 में संकलित)

याचना

चिर सरल स्नेह, हो जाए चूक, तो नीरव मुझे क्षमा कर दो।

दुर्बल हूँ, यह तो छिपा नहीं,
दुर्भाग्य भरे इस जीवन पर
तुमने कब-कब की कृपा नहीं,
उर के स्पन्दन में एक-एक मुसकान तुम्हारी गूँज रही;
उन मुसकानों की एक लहर इन सूनी आँखों में भर दो!

प्राणों की पीड़ा में खोया,
चलता हूँ विषम धरातल पर,
जैसे बिलकुल सोया सोया;
स्वप्न के जलद पर इन्द्र-धनुष कल्पना-किरण है पूर रही;
जीवन के शतदल को अपनी आभा में खिलने का वर दो!

पथ की पृथ्वी पर कमी कहाँ,
कुछ इधर चले, कुछ उधर चले,
पथ ही पथ तो है यहाँ वहाँ,
पर्वत-अरण्य में, सागर में, वसुधा जिसके पद पूज रही;
पथ-निर्माता उस यात्री को ऋतु के पल-पल के नव स्वर दो!

*(कल्पना 1954 में प्रकाशित, **तुम्हें सौंपता हूँ** में संकलित)*

संग पवन के चाल पवन की
आऊँ मैं लहराता आऊँ

प्रिय, मैं जलधर सा धरती को
दुखी देख कर, तप्त देख कर
शीतल छाया बन छा जाऊँ
उसका रूखा-सूखा अंचल
हरा भरा कर देने के हित
गल गल जाऊँ,. मिट मिट जाऊँ

उमड़ घुमड़ कर औ' घिर घिर कर
कटु अकाल पर और ताप पर
आऊँ, गरज गरज कर आऊँ
मेरे आने से सुख आए
मेरे मिटने से सुख आए
आऊँ, मैं चिर सुख बन आऊँ

मैं दुखियों की विपत्ति-व्यथा को
दूर करूँ यह जीवन दे कर
जीवन के संगीत सुनाऊँ
अंजन हो कर, मोहन हो कर
अपना हो कर, सपना हो कर
लोचन लोचन में बस जाऊँ

मौत यदि रुकती नहीं तो जन्म भी रुकता कहाँ है

मौत यदि रुकती नहीं तो
जन्म भी रुकता कहाँ है

एक क्षण यदि और है तो
दूसरा क्षण और कुछ है
रूप पल पल पर बदल कर
और कुछ है और कुछ है
यह अखण्ड विधान जग में
रंच भी झुकता कहाँ है

यदि तुम्हारे वक्ष में है साँस
बाँहों में भरा बल
काल-सरिता की लहर पर
आँक दो गति-चित्र निर्मल
सिंन्धु समझो बिन्दु पर वह
बिन्दु में चुकता कहाँ है

दुःख केवल दुःख ही यदि
सत्य है तो और क्या है
अश्रु सिंचित हास पुलकित
जिन्दगी फिर और क्या है
जिन्दगी का मोल केवल
मौन से चुकता कहाँ है

बढ़ अकेला

बढ़ अकेला
यदि न कोई संग तेरे पन्थ-बेला
बढ़ अकेला

चरण ये तेरे रुके ही यदि रहेंगे
देखने वाले तुझे, कह, क्या कहेंगे,
हो न कुण्ठित, हो न स्तम्भित
यह मधुर अभियान-बेला
बढ़ अकेला

श्वास ये संगी तरंगी क्षण प्रति क्षण
और प्रति पदचिन्ह परिचित पन्थ के कण
शून्य का शृंगार तू
उपहार तू, किस काम मेला
बढ़ अकेला

विश्व-जीवन मूक दिन का प्राणमय स्वर
सान्द्र पर्वत-शृंग पर अभिराम निर्झर
सफल जीवन जो जगत् के
खेल भर उल्लास खेला
बढ़ अकेला

युग गए जो बीत

1

युग गए जो बीत, उनका मौन प्राणों में गया भर
वे किसी क्षण के मनोहर चित्र, सुन्दर भाव, वे स्वर
धूप-छाया में तरंगित बढ़ रहे थे जो निरन्तर
वे गए आखिर किधर, क्या था कहीं कुछ और सुन्दर

2

अब न जीवन-भूमि पर उनका कहीं है चिह्न कोई
अब न साक्षात्कार सम्भव है न उनका चिह्न कोई
उन युगों के सखा-सहचर चल दिए जग में न कोई
जलद-विद्युत् वे तरुण-तरुणी नहीं हैं आज कोई

3

वे पुराने लोग, भू, पर्वत, नगर, वे ग्राम, वे वन
वे समस्याएँ पुरानी, और जीवन और वे जन,
वे तरंगों से मुखर दिन-रात जन-पद और कानन
किंवदन्ती, स्मृति-कथा बन भोगते हैं शेष जीवन

(धरती 1977 में संकलित)

बादल घिर आए

बादल घिर आए

ताप गया पुरवा लहराई
दल के दल घन ले कर आई
जगीं वनस्पतियाँ मुरझाई
जलधर तिर आए

बरखा, मेघ-मृदंग थाप पर
लहरों से देती है जी भर
रिमझिम रिमझिम नृत्य-ताल पर
पवन अथिर आए

दादुर, मोर, पपीहे, बोले
धरती ने सोंधे स्वर खोले
मौन, समीर तरंगित हो ले
यह दिन फिर आए

*(रचनाकाल : 22/6/1948, **सबका अपना आकाश** में संकलित)*

राका आई

राका आई
शारदा उतर आई स्मिति की ज्योत्स्ना छाई

चन्द्रमा व्योम में मुसकाया
सागर में इधर ज्वार आया
तारे हैं उधर, इधर पर्वत
आँखों ने जैसे वर पाया
चंचल समीर ने चल चल कर
कुछ नई भावना बरसाई।

चाँदनी खेलती है भू पर
तृण, तरु, सरि, सर, गृह-कलशों पर
यह रात अनोखी नई रात
जैसे दिख जाए सुन्दर स्वर
प्राणों के भीतर नई लहर
लहरों में नई थिरक आई

उठता है दूर कहीं से स्वर
वह लहर पकड़ती है अन्तर
चेतना हो गई सावधान
चलते चलते मैं गया ठहर
सन्नाटे में भी मन्द लहर
कानों में बस कर लहराई

खिल रहे फूल, हँसते उपवन
जीवन ही जीवन भरा भुवन
इस समय भुवन की मधुर कान्ति
कर रही गन्धवह का चुम्बन
क्या हुआ कि सत्ता चुपके से
आई, सुषमा अनुपद आई

अनिवार्य निरन्तर आवाहन
सुनता रहता हूँ कुछ निःस्वन
द्यावापृथिवी के कण कण का
अग जग का प्रेरक संजीवन
ममता-बन्धन यह वशीकरण
बन्धन में मुक्ति सहज आई

शरद का यह नीला आकाश

शरद का यह नीला आकाश
हुआ सब का अपना आकाश

ढली दुपहर, हो गया अनूप
धूप का सोने का सा रूप
पेड़ की डालों पर कुछ देर
हवा करती है दोल विलास

भरी है पारिजात की डाल
नई कलियों से मालामाल
कर रही बेला को संकेत
जगत में जीवन हास हुलास

चोंच से चोंच ग्रीव से ग्रीव
मिला कर, हो कर सुखी अतीव
छोड़कर छाया युगल कपोत
उड़ चले लिए हुए विश्वास

दीप जलाओ

दीप जलाओ

इस जीवन में रह न जाए मल,
द्वेष, दम्भ, अन्याय, घृणा, छल,
चरण चरण चल गृह कर उज्ज्वल
गृह गृह की लक्ष्मी मुसकाओ

आज मुक्त कर मन के बन्धन
करो ज्योति का जय का वन्दन
स्नेह अतुल धन, धन्य यह भुवन
बन कर स्नेह गीत लहराओ

कर्मयोग कल तक के भूलो
जीवन-सुमन सुरभि पर फूलो
छवि छवि छू लो, सुख से झूलो
जीवन की नव छवि बरसाओ

ये अनन्त के लघु लघु तारे
दुर्बल अपनी ज्योति पसारे
अन्धकार से कभी न हारे
प्रतिमन वही लगन सरसाओ

*(रचनाकाल : 20/10/1948, **सबका अपना आकाश** में संकलित)*

अनोखी यह परिचित मुसकान

अनोखी यह परिचित मुसकान
जगा देती है मन में गान
नए लहरीले गान

जग चला नीड़ खगों का मौन
कहीं से चुपके चुपके कौन
पहुँच सोई कलियों के पास
सिखा जाता है हास विलास
मुझे केवल इस का है ध्यान

जगाता है समीर जब भोर
बदल जाता है चारों ओर
दृश्य जग का पहला शृंगार
नया संसार सुरभि संचार
कुतूहल कर जाता है दान

वनस्पति जीव प्रफुल्ल सजीव
सजग सक्रिय हो चले अतीव
जगत का ऐसा समरस भाव
जगाता है मुझ में अपनाव
नई मानवता का सम्मान

*(रचनाकाल : 29/10/1948, **सबका अपना आकाश** में संकलित)*

गान बनकर प्राण ये कवि के

गान बन कर प्राण ये कवि के तुम्हारे पास आए
सौ लहर में पास आए

तुम इन्हें चाहो न चाहो
बात मन की कौन, क्या हो
ये सुरभिमय वायु बन कर
चल रहे जग की कथा हो
किस घड़ी मन जाग जाए
यह लहर यह राग पाए
और नव परिचय नई अनुभूति का नव हास लाए

रुद्ध चिन्ता में कहीं हो
तन कहीं हो मन कहीं हो
आँख की पुतली पलक के
पंख में अनमन कहीं हो
कुछ कुहासा छा रहा हो
हृदय भरता जा रहा हो
व्योम पर मन के किसी क्षण मेघ का उल्लास छाए

सुरभि छा जाती रही है
वायु ले आती रही है
और तम के सिन्धु कज्जल
उषा रँग जाती रही है
सर्वदा सक्रिय दिवा है
वह किसी शिव की शिवा है
तुम न देखो, देख तुम को इस भुवन में भास आए

कब कटी है आँसुओं से राह जीवन की

कब कटी है आँसुओं से राह जीवन की

लोटता है धूल में मन
यदि कहीं हारा
तन झुके चाहे न कुछ भी
है यही धारा
दीप सा विश्वास ही है चाह जीवन की

चींटियों की पाँत रेखा सी
अँकी पथ पर
लक्ष्य की गति की लगन इस
जीव की तत्पर
साँस है संकल्प, सुधि है थाह जीवन की

दूब पैरों के तले से
सिर उठाती है
व्योम को दिखला समुद्भव
मौन गाती है
छवि हरी उस की, हुई परवाह जीवन की

बाढ़ वर्षा की, जगत है
और ये लहरें
चल रहीं उठ गिर अनवरत
कहीं जा ठहरें
एक उत्सव एक ही है आह जीवन की

एक मधु मुसकान से लिख दो

एक मधु मुसकान से लिख दो जगत की यह कहानी

यह नया पतझर, रहे झर
वे पुराने भाव वे स्वर
मिट रहे वे चित्र घन के
रवि गया जिन को बिरच कर
रात में जो स्वप्न देखा
पुष्ट जिस की भाव-रेखा
जा रही है रात तुम को मूर्ति है अपनी बनानी

रात में मन मन अलग थे
स्वप्न रचना में बिलग थे
ताल लय में नव उदय था
भिन्न भाषा भिन्न जग थे
अब उषा की स्निग्ध स्मृति में
एक सृति में एक स्थिति में
एक भू पर भिन्न कृति में एक सरिता है बहानी

देश के ये बन्ध तोड़ो
जाति के ये बन्ध तोड़ो
वर्ण वर्ण खिले सुमन दल
रुचिर रुचिर सुगन्ध जोड़ो
रूप में हो तेज संचय
तेज में नव प्राण परिचय
सब बिराजें एक रचना में वही है पास लानी

(रचनाकाल : 30/10/1948, सबका अपना आकाश में संकलित)

मुझे बुलाता है पहाड़

मुझे बुलाता है पहाड़ मैं तो जाऊँगा

निर्मल जल के वे झरने कल
बैठ जहाँ अविपालों के दल
देते काट दुपहरी के पल
वहीं उन्हीं के सुख दुख में घुलमिल जाऊँगा

नभ में नीरव चंचल बादल
रुई के गाले से उज्ज्वल
बिखर रहे होंगे दल के दल
लेता हुआ हवा छाँही से लख पाऊँगा

संकट से चल मेषों के दल
चरते होंगे चंचल चंचल
विस्तृत होगा हरा भरा स्थल
गीत गड़रियों के सुन सुन कर दुहराऊँगा

चोटी से चोटी पर जा कर
रुक कर, गीत स्वप्नमय गा कर
रूखी सूखी रोटी खा कर
वृक्ष लताओं के परिचय में फिर आऊँगा

वे मजूर से राजा रानी
सुख दुख वाली दुनिया जानी
अपनी ही तो साँस कहानी
अपनेपन की ही लहरों को दिखलाऊँगा

(रचनाकाल: 5/10/1948, सबका अपना आकाश में संकलित)

सो गया था दीप

सो गया था दीप मैंने फिर जगाया है

पथ कहाँ था सामने तम था
पद चलें किस ओर दिग्भ्रम था
भय प्रबल था
मन अचल था
चाह थी गति की उसे पथ पर लगाया है

ज्योति थी आकाश तारामय
जुगुनुओं की जुगजुगाती लय
जो तिमिर था
मूक स्थिर था
देख कर लौ भूमि पर वह डगमगाया है

ज्योति कम है ज्योति तो कुछ है
भूमि तम से मुक्त तो कुछ है
दीप पल पल
दे रहा बल
सूर्य छिपने पर तिमिर इस ने हटाया है

*(रचनाकाल : 6/11/1948, **सबका अपना आकाश** में संकलित)*

खो गई थी गूँज

खो गई थी गूँज तुम ने फिर जगा दी

भारती की बीन के स्वर
ले गया था काल जो हर
फिर वही लय फिर वही स्वर
फिर वही झंकार ला दी

सात स्वर लहरा दिए फिर
छा गए घन गीत के घिर
बन्ध टूटे काल के वे
फिर तरंग नई बहा दी

तारकों की, चाँदनी की,
फूल की, बेचैन जी की,
हास आँसू की, लहर की,
बात आँखों को सुझा दी

प्रलय प्लावन की चढ़ाई
नव उषा आ मुसकराई
जो जगा विश्वास भीगे
नयन में, वह छवि दिखा दी

*(रचनाकाल : 11/11/1948, **सबका अपना आकाश** में संकलित)*

स्निग्ध श्याम घन की छाया है

स्निग्ध श्याम घन की छाया है ग्रीष्म-पन्थ पर याद तुम्हारी

वृक्षहीन यह निर्जन यात्रा
भूमि मूक उत्ताप भरी है
मन के मौन मनन की मात्रा
तुल कर छन्दों में उतरी है
किन चरणों पर क्षितिज झुका है
किस के लिए सिद्धि ठहरी है
आज देखना है, चलना है, प्राण ताप के हैं आभारी

घोर घाम है, हवा रुकी है
सिर पर आ कर सूर्य खड़ा है
सिमट पैर पर छाँह झुकी है
भला दैव से कौन लड़ा है
लेकिन चरण रहेंगे बढ़ते
बढ़ने का उत्साह बड़ा है
प्राणों में रस घोल रही है दूरागता काकली प्यारी

पंचम स्वर यों ही लहराए
फिर क्या ताप और बढ़ जाए
प्रलयकाल के लिए बचाए
हुए तेज चंडांशु दिखाए
दो पैरों से ही अनन्त पथ
दो साँसों का स्वर बन जाए
एक यही अभिलाष हृदय में ओ इस जीवन की अधिकारी

*(रचनाकाल : 16/8/1949, **सबका अपना आकाश** में संकलित)*

मैं तुम्हें फिर फिर पुकारूँ

मैं तुम्हें फिर फिर पुकारूँ तुम न बोलो

धड़कनों में इस हृदय की
हो तुम्हारा नाम
शून्य नयनों में प्रतीक्षा
प्राणमय आयाम
मैं विजन पथ पर चलूँ
गति में ढलूँ
बन्द पाऊँ द्वार उठ कर तुम न खोलो

दुःख के एकान्त में जब
मैं कराहूँ मौन
ध्यान में देखूँ तुम्हीं को
और है ही कौन
यह कथा नीरव कहूँ
दृग में बहूँ
इन मलिन धूसर दिनों को तुम न तोलो

(रचनाकाल : 18/8/1949, सबका अपना आकाश में संकलित)

स्नेह मेरे पास है

स्नेह मेरे पास है, लो स्नेह मुझसे लो

चल अँधेरे में न जीवन दीप ठुकराओ
साँस के संचित फलों को यों न बिखराओ
पत्थरों से बन्धु अपना सिर न टकराओ
मेघमेला विश्व है लो राग मुझसे लो

यह मरुस्थल है, कहाँ जल है पथिक प्यासे
दृष्टि-भ्रम है, मौन मृगजल है, थके तासे
शक्ति खो मत दो भटक कर व्यर्थ आशा से
भूमि में जल है, उठो, लो शक्ति मुझसे लो

तुम तिमिर-रंजित नयन से देख क्या पाए
बन्धु भी यमदूत बन कर आँख में आए
कहो, कब तक रहोगे उद्भ्रान्त, अलगाए
प्राण का अवलम्ब लो विश्वास मुझसे लो

*(रचनाकाल : 1/8/1949, **सबका अपना आकाश** में संकलित)*

चाँदनी रात, नीरव तारे

चाँदनी रात, नीरव तारे, मैं एकाकी, पथ सोया है

सन्नाटा है या कुहरा है
बढ़ता जाता है गहरा है
इस कुहरे का ही पहरा है
दिन में जो जग था खुला खुला इस श्वेत लहर में खोया है

चलती है हवा ठहरती है
पत्तों को चंचल करती है
जड़ता पेड़ों की हरती है
स्वर जगता है सो जाता है जिस को धरणी ने बोया है

उठती है मन की मौन लहर
धीरे धीरे कुछ ठहर ठहर
भटकी सी पथ पर सिहर सिहर
कुछ चित्रों में कुछ गीतों में सारा इतिहास सँजोया है

साँसों की ध्वनि सुन पड़ती है
अपनी ही विधि क्या अड़ती है
प्राणों में जा कर गड़ती है
दो ही पैरों की ध्वनि सुनकर किस ने यह जीवन ढोया है

*(रचनाकाल : 30/11/1949, **सबका अपना आकाश** में संकलित)*

जीवन स्मृति के पथ पर

जीवन स्मृति के पथ पर असंग चलता है

उषा उस दिन मुसकाई थी
कुछ नई ज्योति खिल आई थी
चुपचाप नई लहरों की छवि
मानस में मौन समाई थी
संगीत नया गूँजा मन में
प्राणों के शतदल के वन में
स्वर-सौरभ में मधु सम्मोहन पलता है

कल्पना रूप धरकर आई
रूप में मोहनी भर लाई
भावस्थिर जननान्तर सौहृद
वाणी निर्जन में लहराई
रमणीय रूप मधुगीत लहर
पर्युत्सुक मन में गए ठहर
पीड़ा का मधु क्षण-कुन्तल में ढलता है

*(रचनाकाल : 14/12/1949, **सबका अपना आकाश** में संकलित)*

याद रहेगा

याद रहेगा
मुझको वह क्षण याद रहेगा
जीवन के दस बीस बरस क्या,
आते और चले जाते हैं
घड़ियों, दिनों, महीनों के क्रम
गत संवत् में खो जाते हैं
कल ही जो पहाड़ लगता था
कण में कैसे आज खो गया
कैसे प्रखर काल की धारा
छोटे से क्षण दिखलाते हैं
जिससे तन मन एक हो गया क्या वह पल आबाद रहेगा

कल्प कल्प का भी तो जीवन
लोक-कल्पना में आया है
भूतकाल ने अपना जीवन
खण्ड खण्ड करके पाया है
अश्रु हास दो ही तो संसृति
के पथ पर सच्चे साथी हैं
कभी सत्य इससे आया है
कभी सत्य उससे आया है
प्राप्ति प्राण की पूर्ण साधना है उसका संवाद रहेगा

*(रचनाकाल : 18/11/1950, **सबका अपना आकाश** में संकलित)*

उषा आ रही है

उषा आ रही है

जगत जग चला है
निशा धुल चली है
घिरी दृष्टि तम से
सहज खुल चली है
नई जिन्दगी पाश में बन्धनों के
नई चाल में आज अँगड़ा रही है
विहग गा रहे हैं
नखत खो चले हैं
क्षितिज छोर प्राची
अरुण हो चले हैं
नए स्वप्न जो आँख में आ बसे हैं
उन्हीं की प्रभा मौन लहरा रही है
सभी को जगाती,
हँसाती खिलाती,
बुलाती, नए भाव
से गुदगुदाती,
हृदय में उषा और धड़कन बढ़ाती
घने कुहरे पर मन्द मुसका रही है

(रचनाकाल : 10/1/1951, सबका अपना आकाश में संकलित)

न जाने हुई बात क्या

न जाने हुई बात क्या
मन इधर कुछ बदल-सा गया है
मुझे अब बहुत पूछने तुम लगी हो
उधर नींद थी इन दिनों तुम जगी हो
यही बात होगी
अगर कुछ न हो तो कहूँ और क्या
परिचय पुराना हुआ अब नया है

वही दिन, वही रात, सब कुछ वही है
वही वायु, गंगा सदा जो बही है
मगर कुछ फ़रक़ है
जिधर देखता हूँ नया ही नया
मुझे प्रिय कहाँ जो तुम्हारी दया है

सुनो आदमी हर समय आदमी है
न हो आदमी तो कहो क्या कमी है
यही मन न चाहे
कभी आ सकेगा कहीं स्नेह क्या
यही बात तो ज़िन्दगी की हया है

*(रचनाकाल : 11/1/1951, **सबका अपना आकाश** में संकलित)*

अभिनन्दन प्रिय वसन्त

अभिनन्दन
प्रिय वसन्त
अभिनन्दन

बौर भरी
डाल, हरी
अ म रा ई
अब निखरी
सुरभि - स्नात
पावन तन
पावन मन

पिक पंचम
में थम थम
कूजन रात
यथा नियम
रवि आतप
का प्रति दल
पर नर्तन

मैं तुम्हारा बन गया

मैं तुम्हारा
बन गया तो
फिर न हारा

आँख तक कर
फिरी थक कर
डाल का फल
गिरा पक कर
वर्ण दृग को
स्पर्श कर को
स्वाद मुख को
हुआ प्यारा

फूल फूला
मैं न भूला
गन्ध वर्णों
का बगूला
उठा करता
गिरा करता
फिरा करता
नित्य न्यारा

*(रचनाकाल : 9/2/1962, **सबका अपना आकाश** में संकलित)*

आँसू बाँधे मैंने गठरिया में

आँसू बाँधे मैंने गठरिया में

अपने भी हैं और पराए भी हैं ये
उपराए हैं तो तराए भी हैं ये
आप आ गए हैं बराए भी हैं ये
साधे हैं मैं ने कन कन डगरिया में

देखा ये पत्थर के ऊपर चुए हैं
चुपके से चू चू कर चुप हुए हैं
सूने में अटके अभी अनछुए हैं
काँधे हैं मैं ने बढ़ के नगरिया में

*(रचनाकाल : 20/2/1962, **सबका अपना आकाश** में संकलित)*

ग़ज़ल

दुख में भी परिचित मुखों को तुम ने पहचाना है क्या

दुख में भी परिचित मुखों को तुम ने पहचाना है क्या
अपना ही सा उन का मन है यह कभी माना है क्या

जिन की हम ने याद की जिन के लिए बैठे रहे,
वे हमें भूले तो भूले इस में पछताना है क्या

हाथ ही हिलता न हो जब पाँव ही उठता न हो,
इन की उन की बात से आना है क्या जाना है क्या

आजकल क्या कुछ इधर मेरे हृदय को हो गया,
चुप ही चुप है, अब उसे रोना है क्या गाना है क्या

जब तुम्हीं से दूर हूँ तब मैं निकट किस के रहूँ,
होश जाने पर यहाँ खोना है क्या पाना है क्या

हँस के तुम ने क्यों कहा बोलो तुम्हें क्या चाहिए,
तुम हो तो पाना है क्या और तुम को भी लाना है क्या

मुझ को दुख यदि है त्रिलोचन तो इसी का जान तू
यदि स्वयं समझे न वे तो उन को समझाना है क्या

कष्ट होगा तुम्हें रह रह के यों आया न करो

कष्ट होगा तुम्हें रह रह के यों आया न करो
और, आया जो करो रूठ के जाया न करो

शर्म खाएगी य' कोयल कभी न गाएगी,
बाग़ में चैत महीने में, यूँ गाया न करो,

घाम का घर डरे भी तो कहाँ तक कोई
तुम उजाड़ा न करो आप जो छाया न करो

ग़म की अकसीर दवा हाट में नहीं मिलती,
ग़म ग़लत करने को दूकान पै जाया न करो

लोग कच्चा तुम्हें बतलाएँगे खुश हो कर
ग़ैर के आगे गिला अपनों का गाया न करो

क्या हुआ, लोग जो हँसते हैं उन्हें हँसने दो,
प्रेम की पीर में आँसू तो बहाया न करो

लोग समझेंगे तुम्हें प्यार नहीं आता है,
जिस को नज़रों से उठाया है गिराया न करो

हम तो सर आँखों पे लेने को तुम्हें बैठे हैं,
क्या करें हम जो तुम्हीं सामने आया न करो

डीठ लग जाएगी, छुप के ही रहो अच्छा है,
रूप यह ग़ैब का दुनिया को दिखाया न करो

हम चलें भी तो कहाँ तक चलें, बताओ भी,
जिस पै टोके कोई वह चाल सिखाया न करो

कहते हैं वोह कि त्रिलोचन मुझे पसन्द नहीं,
आपसी चर्चा में नाम उस का तो लाया न करो

उन से भूला न गया मुझ से भुलाया न गया

उन से भूला न गया मुझ से भुलाया न गया
प्यार को आना था आया व' बुलाया न गया

य' कहूँगा, व' कहूँगा, व' जरा आएँ तो,
हर्फ़ आधा भी मगर होंट पै लाया न गया

हम कहें भी तो कहें क्या नसीब है अपना,
देखते हम भी क़हर, उन से ही ढाया न गया

जिन की याद आई तो गीत आप उमड़ चलते थे,
उन के स्वागत में य' क्या गुज़रा कि गाया न गया

दर्द जो आया तो दिल में उसे जगह दे दी,
आ के जो बैठ गया मुझ से उठाया न गया

यों तो रंग एक है जिस से रची है दुनिया यह,
रंग उन का सा मगर ढूँढ़ के पाया न गया

एक हैं वह भी कि जंगल को बसा देते हैं,
एक हैं आप कि पंछी भी बसाया न गया

ज़िन्दगी कितनों की कटती है आस्माँ के तले,
एक छप्पर भी किसी से यहाँ छाया न गया

हम ने देखा है प्रतीक्षा की बेकली क्या है,
तुम से क्यों अपने दिए वक़्त पै आया न गया

अपने संकोच को कहूँ भी तो कहूँ मैं क्या,
तुम ने पूछा भी हाल मुझ से बताया न गया

घट जो ख़ाली है भेद आप कहा करता है,
लाख कोशिश की मगर मुझे से छिपाया न गया

खूब होता जो मेरा दर्द देख पाते वे,
क्या करूँ मुझ से तमाशा य' दिखाया न गया

दिल पुकारा ही किया होंट खुल नहीं पाए,
उन से बोला न गया मुझ से बुलाया न गया

उस से कहते हैं जी की, जो सुने अकेले में,
हाल जी का कहीं महफ़िल में सुनाया न गया

बात क्या है जो त्रिलोचन कटा कटा सा है,
महफ़िलों में इधर उस को कहीं पाया न गया

कोई दिन था जब कि हम को भी बहुत कुछ याद था

कोई दिन था जब कि हम को भी बहुत कुछ याद था
आज वीराना हुआ है, पहले दिल आबाद था

अपनी चर्चा से शुरू करते हैं अब तो बात सब,
और पहले यह विषय आया तो सब के बाद था

गुल गया, गुलशन गया, बुलबुल गया, फिर क्या रहा,
पूछते हैं अब व' ठहरा किस जगह सैयाद था

मारे मारे फिरते हैं उस्ताद अब तो देख लो,
मर्म जो समझे कहे पहले वही उस्ताद था

मन मिला तो मिल गए और मन हटा तो हट गए
मन की इन मौजों प' कोई भी नहीं मतवाद था

रंग कुछ ऐसा रहा और मौज कुछ ऐसी रही,
आपबीती भी मेरी वह समझे कोई वाद था

अन्न जल की बात है, हम ने त्रिलोचन को सुना,
आजकल काशी में है, कुछ दिन इलाहाबाद था

बात मेरी नहीं मानी नहीं मानी तुम ने

बात मेरी नहीं मानी नहीं मानी तुम ने
जी में जो बात बसी थी वही ठानी तुम ने

मेरा क्या, बात कही और लगा अपनी राह,
अपने आगे किसी की बात न ज़ानी तुम ने

बात बिगड़ी तो बिगड़ती ही गई बन न सकी,
गो बनाने में किया ख़ून का पानी तुम ने

विश्व की छत का सुदृढ़ स्तम्भ जिन्हें समझा था,
देखा है अपनी ही आँखों उन्हें फ़ानी तुम ने

मान वह वस्तु नहीं है तो तुम्हारी ही हो,
और भी देखे हैं मन के कई मानी तुम ने

प्रेम जो जी में जगा तो विराग ले बैठे
ख़ाक दुनिया की इसी लाग में छानी तुम ने

साधना क्या है त्रिलोचन तुम्हें मालूम ही है,
देखते भी हो सुनी भी है कहानी तुम ने

किस का हम ने किया नुक़सान कोई कह तो दे

किस का हम ने किया नुक़सान कोई कह तो दे,
भूल के भी किया अपमान कोई कह तो दे

यों तो इनसान भूल चूक किया करता है,
भूल मेरी भी निगहबान कोई कह तो दे

सब की दिन रात की कह सकते हैं अन्तर्यामी,
मैं ने छोड़ा है कभी ध्यान कोई कह तो दे

दुर्दशा औरों की सुनते हैं सभी क्या सुख से,
मैं ने भी इस प' दिया कान कोई कह तो दे

दिल कहाँ देते हैं वह बात किया करते हैं,
झूट है मेरा य' अनुमान कोई कह तो दे

हम अभावों की उन्हें बात भी सुनाएँ क्या,
जा के माँगा है कहीं दान कोई कह तो दे

काल पड़ जाय मेह आए और निकल जाए,
फिर भी सूखेंगे नहीं धान कोई कह तो दे

लू, लपट और बवण्डर हो, जेठ तपता हो,
मीठी पंचम की नहीं तान कोई कह तो दे

आर्द्र हो के जो मेह घुमड़ आए आर्द्रा के,
उन का गर्जन नहीं है गान कोई कह तो दे

चाह से आज नहीं कल कभी तो आएँगे,
यों ही किस के हुए मेहमान कोई कह तो दे

बात कुछ होती है कुछ लोग उड़ा देते हैं,
कब त्रिलोचन से थी पहचान कोई कह तो दे

शब्द वे भाव कहाँ पाते हैं

शब्द वे भाव कहाँ पाते हैं
और का और ही सुनाते हैं

हम ने आज उन को बुला भेजा है,
बात पर भी, सुना है, आते हैं

दुःख हो, खेद हो, निराशा हो,
जो हैं गायक वे गान गाते हैं

आज बाज़ार वे गए कह कर,
देखिए क्या ख़रीद लाते हैं

अपनी इच्छा से आ गए थे हम,
अपनी इच्छा से चले जाते हैं

वह दिखाने का रूप है अपना,
हम जो आज आप को दिखाते हैं

रूप यह, रंग यह, चलावा यह,
हम भी इनसान को बनाते हैं

देखिए भी, स्वतन्त्र हैं ये लोग,
बोलना हम इन्हें सिखाते हैं

धोखा देते हैं आप को खुद को,
लाभ वे कितने दिन उठाते हैं

जी को सन्तोष ज़रा होता है,
हम जो हर बात पै ग़म खाते हैं

दिल में उन के कमी जगह की नहीं,
वे त्रिलोचन को भी बुलाते हैं

आप कहते हैं तो अपनी भी सुना देता हूँ मैं

आप कहते हैं तो अपनी भी सुना देता हूँ मैं,
दिल के अन्दर जो छिपा है वह दिखा देता हूँ मैं

हूक उठती है हृदय में और गा देता हूँ मैं
आप उत्सुक हैं कहाँ से भाव ला देता हूँ मैं

दुःख भी है वस्तु कोई चौंकते हैं सुन के वे,
अपने गीतों में उसी का क्यों पता देता हूँ मैं

एक था सिद्धार्थ सुख को छोड़ संन्यासी हुआ,
आज भी दुख है कहीं चलिए दिखा देता हूँ मैं

जी कड़ा कर लें, कभी संसार कोमल का नहीं
अपना अनुभव ऐसा ही है यह बता देता हूँ मैं

बच के चलते हैं इधर मालूम यह मुझ को हुआ,
उन को अपनी आपबीती से डरा देता हूँ मैं

आज वे आएँगे देखें क्या यहाँ उल्लास है,
चिन्ह जो अवसाद के हैं सब हटा देता हूँ मैं

आइए स्वागत है, बन्दनवार तोरणद्वार हैं,
बेलबूटे और फूलों से सजा देता हूँ मैं

आप का लावण्य इतना था कि मानस था भरा,
आँसुओं की राह से उस को बहा देता हूँ मैं

आप भी तो देखिए कुछ है भी अन्दर या नहीं,
लीजिए अब आज से परदा उठा देता हूँ मैं

किस लिए संकोच इतना किस लिए इतनी झिझक
आइए भी राह में पलकें बिछा देता हूँ मैं

हृदय सिंहासन तुम्हारा है मुझे मालूम है
क्या बुरा है यदि तुम्हें उस पर बिठा देता हूँ मैं

क्या करूँ झोली अगर ख़ाली की ख़ाली ही रही,
अपने बस की बात है फेरी लगा देता हूँ मैं

थी तुम्हारी वह उपेक्षा जो नगर उजड़े मिले,
तुम समझते हो कि यह यों ही उड़ा देता हूँ मैं

लोग ले ले कर शिकायत अब जो आ जाते हैं द्वार,
तुम को लगता है उन्हें यह सब सिखा देता हूँ मैं

पेड़ ये नंगे खड़े हैं डाल में पत्ता नहीं,
किस तरह ऋतुराज को पतझर दिखा देता हूँ मैं

मैं तुम्हारे द्वार जो आता नहीं यह बात है,
तुम कहोगे राह दुनिया को दिखा देता हूँ मैं

जो तुम्हारी याद आई तो उसी में खो गया,
रात की तो बात क्या दिन भी बिता देता हूँ मैं

खेल की भी हार से जी उन का रंजीदा न हो,
इस लिए खुद हार कर उन को जिता देता हूँ मैं

कोई देखे या न देखे काम अपना हो गया,
घोर तम के देश में दीपक जला देता हूँ मैं

यह नहीं हैं वह नहीं है यह कहा ही जाएगा,
जानता हूँ खूब क्या देना है क्या देता हूँ मैं

जो करूँ मैं वह करे संसार, यह मंशा नहीं,
काम हैं अपने सभी के प्रेरणा देता हूँ मैं

जितने बाजे हैं सभी में कुछ न कुछ स्वर आएगा,
अपनी सारंगी जो लेता हूँ बजा देता हूँ मैं

आप यह वह ढूँढ़ कर हैरान जी भर हो लिए,
मेरी ही है वह जो जीवन की कला देता हूँ मैं

यों बड़ा चंचल है कहने में कभी आता नहीं,
आप के गीतों में उस मन को टिका देता हूँ मैं

रोकना जिस का कठिन है जो चला ही जाएगा,
मुसकरा के उस बटोही को बिदा देता हूँ मैं

जानता है तू त्रिलोचन क्या फ़क़ीरी रंग है,
क्यों नगर में घूमता हूँ क्यों सदा देता हूँ मैं

आशा जो कहीं देखी तो धाया यहाँ वहाँ

आशा जो कहीं देखी तो धाया यहाँ वहाँ
अन्तर की थाह लेने को गाया यहाँ वहाँ

अपनी कहूँ तो क्या कहूँ अच्छा हो छोड़ दो,
धक्का ही था खाने को जो खाया यहाँ वहाँ

अच्छा कोई ख़राब कोई दो ही ढंग हैं,
दोनों तरह का रूप तो पाया यहाँ वहाँ

देखा कहीं जो बोझ से दबते किसी को भी
नज़दीक जा के काँध लगाया यहाँ वहाँ

निश्चिंत पड़ के सोए किसी को कहीं देखा,
जाते समय को देख जगाया यहाँ वहाँ

मालूम है क्या किस जगह कर सकता हूँ अच्छा,
सिर पर उसी का बोझ उठाया यहाँ वहाँ

जगिए हुआ है भोर सूर्य की ध्वजा चढ़ी,
घर घर य' समाचार सुनाया यहाँ वहाँ

ताक़त शरीर में थी और मन में थी तरंग,
किस का न काम लग के कराया यहाँ वहाँ

यह प्रेम था कि प्राण मुर्दे में पहन गया,
जिस जिस से मिला भेद बताया यहाँ वहाँ

किस बात पर बिगाड़ किसी से कहीं करूँ,
बस अपने घर का रंग बनाया यहाँ वहाँ

अपने हो तुम से परदा करे कौन त्रिलोचन,
फल अपने कर्म का ही दिखाया यहाँ वहाँ

सोच कर कर के खाम होता है

सोच कर कर के खाम होता है,
धैर्य रखने से काम होता है

काम उस का नहीं अटकता है,
जिस की अंटी में दाम होता है

चित्त चूके नहीं करे कर बल,
दाहिने उस के राम होता है

बारी बारी से इस धरातल पर,
अंधकार और घाम होता है

अब बसाते नहीं उजाड़ते हैं,
कहते हैं इस से नाम होता है

दुःख क्या है जो पास पैसा है
ऐसे हाथों में जाम होता है

खोट है दीन में त्रिलोचन क्या,
दैव क्यों उस से वाम होता है

हाथ और पाँव जिस का चलता है

हाथ और पाँव जिस का चलता है,
आया संकट भी आप टलता है

क्यों अँधेरे की शिकायत हो तुम्हें,
सूर्य जब सर्वदा निकलता है

बात कह कर स्वयं मुकर जाना,
ढंग यह किस को नहीं खलता है

एक तो काम नहीं पाता है,
दूसरा हाथ यों ही मलता है

ताप का काम और है ही क्या
स्पर्श हो और हिम पिघलता है

अच्छा जाने दो कल का दिन देखो,
मन भी क्या चाल मुझ से चलता है

खूब संसार का चलावा है,
हँस के मिलता है जी में जलता है

दिन चढ़ा भी बढ़ा भी अब देखो,
दूसरी ओर आप ढलता है

क्यों त्रिलोचन अधीर हो कोई,
काल पर अपने वृक्ष फलता है

खर धार है बच बच के भी बहते हैं बार बार

खर धार है बच बच के भी बहते हैं बार बार,
आप अपने हैं इसी लिए कहते हैं बार बार

मालूम है उस की भी बहुत देख चुके हैं,
तिनके को डूबते हुए गहते हैं बार बार

फिर पाँव उसी राह पर चले खिंचाव से,
क्या बात है जो दर्द को सहते हैं बार बार

दुनिया में ताप भी है मगर छाँह कम नहीं,
क्यों ताप से अपने को हम दहते हैं बार बार

ढहने दो, उठा लेना, बना लेना फिर नया,
घर भी कहीं देखा है क्या ढहते हैं बार बार

ममता कहीं देखी तो स्वयं मन नहीं माना,
सब मन के ताल पर ही उछहते हैं बार बार

देखा है त्रिलोचन को भी आनन्द आ गया,
नश्वर जगत में घूम के रहते हैं बार बार

इन आँसुओं को बार बार कोई क्या करे

इन आँसुओं को बार बार कोई क्या करे,
बिगड़े दिनों में कुछ सुधार कोई क्या करे

तख़्ता न हो पुश्ता न हो, आधार कुछ न हो,
सम्मुख समुद्र हो अपार कोई क्या करे

बाढ़ आई है विपद् की, सभी डूब रहे हैं,
चिन्ता में अपनी फिर उबार कोई क्या करे

जब नून तेल लकड़ी समस्या हो तब हुआ,
लेकर कला को कुछ निखार कोई क्या करे

सब अपनी अपनी धुन में हैं दुनिया की राह में,
करुणा की यहाँ फिर पुकार कोई क्या करे

उत्साह बढ़ाए किसे इस का ख़्याल है,
अपने ही दम से सिन्धु पार कोई क्या करे

कोई सहानुभूति दे क्यों कवि को त्रिलोचन,
जब प्राप्ति ही न हो उधार कोई क्या करे

नदी सागर की लहरों में न डूबे वह जहाज़ आया

नदी सागर की लहरों में न डूबे वह जहाज़ आया
अगर इनसान ख़ुद उस को डुबा देने से बाज़ आया

कभी जो तेज़तर आँखों को भी रौशन नहीं था वह
अनोखा सत्य सब का है पकड़ में सब की राज़ आया

नए सुर ताल जीवन के चलेंगे चलते जाएँगे
नए कण्ठों से पूरा मेल खाने वाला साज़ आया

ज़माने की लहर में बह के गायक गान गाते हैं
ज़माने को जो देखा तो हमें भी कुछ अन्दाज़ आया

त्रिलोचन तुम से क्या परदा न समझे हम यही अब तक
य' भोलापन य' खुलते दिन कहाँ से उन को नाज़ आया

कितने समीप थे वही कितने परे हुए

कितने समीप थे वही कितने परे हुए
बैठे हैं आज याद में आँखें भरे हुए

खण्डहर में खोजते हो क्या अब क्या धरा वहाँ
बीते हजार साल युगों को मरे हुए

छाया भी बड़ी चीज़ है हम मानते हैं यह
वर्षा है जिस के आने से तृण भी हरे हुए

झापस है, झड़ है, सात दिनों से लगा है तार
अब काँपते हैं पेड़ भी जैसे डरे हुए

विश्वास कोई क्यों न करे इस पै त्रिलोचन
आँखों के सामने ही हैं खोटे खरे हुए

वैसे सुनने में एक भाषा है

वैसे सुनने में एक भाषा है
अर्थ का भेद अच्छा ख़ासा है

प्यार कह के जो कल दिया तुम ने
आज देखा तो वह तमाशा है

तृप्ति दे दे के प्राण को देखा
फिर भी भूखा है फिर भी प्यासा है

दुनिया बदली है जानता हूँ मैं
आप बदलेंगे नहीं आशा है

आप का मौन मुसकरा देना
नित्य मेरे लिए दिलासा है

आप औरों से पूछते क्या हैं
भेद अपना खुला खुला सा है

तुम को पाए बिना कहाँ है शान्ति
कल्पना मात्र है दुराशा है

चाहता है मरण से भी जीवन
ऐसी इनसान की पिपासा है

सूर्य उग आया है त्रिलोचन देख
कुछ ही क्षण और यह कुहासा है

यह दिल क्या है देखा दिखाया हुआ है

यह दिल क्या है देखा दिखाया हुआ है
मगर दर्द कितना समाया हुआ है

मेरा दुख सुना चुप रहे फिर व' बोले
कि यह राग पहले का गाया हुआ है

झलक भर दिखा जाएँ बस उन से कह दो
कोई एक दर्शन को आया हुआ है

न पूछो यहाँ ताप की क्या कमी है
सभी का हृदय उस में ताया हुआ है

यही दर्द था जिस ने तुम से मिलाया
य' यों ही नहीं जी को भाया हुआ है

गढ़ा मौत का है नहीं भरने वाला
यहाँ अनगिनत का सफ़ाया हुआ है

त्रिलोचन सुनाओ हमें गान अपने
जहाँ दर्द जी का समाया हुआ है

तुम्हारी ओर से मन अपना मैं लौटा नहीं पाता

तुम्हारी ओर से मन अपना मैं लौटा नहीं पाता
यह क्या है जो तुम्हारे पास फिर भी आ नहीं पाता

अजब लाचारियाँ हैं अपनी इन को कौन समझेगा
कि सब कुछ खो के भी जी भर के मैं पछता नहीं पाता

न करना है तुम्हें कुछ और न तुम कुछ करने वाले हो
तुम्हारी बात में क्या है कि मैं उकता नहीं पाता

बहुत सोचा बिचारा पर नहीं परिणाम तक आया
यह क्यों है मैं समझता हूँ तुम्हें समझा नहीं पाता

त्रिलोचन बात औरों की सभी तो बूझा करते हैं
मैं अपने मन का मेल उन से कभी बैठा नहीं पाता

आज मधु मास आ रहा है फिर

आज मधु मास आ रहा है फिर
और पिक गान गा रहा है फिर

तुम ने भव को अभी कहाँ देखा,
भाव क्या क्या दिखा रहा है फिर

और देखो उमंग आने दो,
रंग यौवन दिखा रहा है फिर

आपबीती को छोड़ कर क्या है,
दुख वही तो सुना रहा है फिर

आर्त हो हो के टीस से घायल,
घाव अपने दिखा रहा है फिर

छेड़ कर आज मन के तारों को,
राग कोई उठा रहा है फिर

कल नहीं सुन के लौट आया था,
मन वहीं आज जा रहा है फिर

क्या पता बात कुछ बिगड़ ही जाय,
डर यही मुझ को खा रहा है फिर

व्यथा कब मुझ को साँस देती है,
बात किस की चला रहा है फिर

तुझ को वृष ने बहुत सताया है,
मेह आषाढ़ ला रहा है फिर

ले के उपहार चैत घर घर में
बात बिगड़ी बना रहा है फिर

फूल ऋतुराज को मिले, मन भी
नए विश्वास पा रहा है फिर

बात क्या कह दी त्रिलोचन तुम ने
रंग जीवन में आ रहा है फिर

कोकिल ने गान गा के कहा आ गया बसन्त

कोकिल ने गान गा के कहा आ गया बसन्त
आमों ने मौर ला के कहा आ गया बसन्त

क्यों मुझ को छेड़ती है हवा बोल बार बार,
उस ने ज़रा बल खा के कहा आ गया बसन्त

हर टहनी में जीवन के नए पत्र आ गए,
पीपल ने दल दिखा के कहा आ गया बसन्त

वे पत्र गए, जाएँ, फूल तो नए पाए,
सिर नीम ने उठा के कहा आ गया बसन्त

बस्ती से दूर मुझ से बताया बबूल ने,
हम ने भी फूल पा के कहा आ गया बसन्त

खेती हुई तयार रंग भी निखर चला,
कुछ वायु ने समझा के कहा आ गया बसन्त

मैं ने प्रभात से कहा बदले हुए हो आज,
तो उस ने मुसकरा के कहा आ गया बसन्त

चौताल की लहर में बोल ढोल के उठे,
गाँवों ने फाग गा के कहा आ गया बसन्त

पहले की तरह आज भी फिर रेंड़ गड़ गए,
हर कण्ठ ने गा गा के कहा आ गया बसन्त

तुम हो सुखी सुखी रहो मत छेड़ो दुखी को,
कोयल ने यह सुना के कहा आ गया बसन्त

दुनिया के राग-रंग में गाते हैं त्रिलोचन,
हम ने पता लगा के कहा आ गया बसन्त

बहुत दिन बाद कोयल पास आ कर आज बोली है

बहुत दिन बाद कोयल पास आ कर आज बोली है,
पवन ने आ के धीरे से कली की गाँठ खोली है

लगी हैं कैरियाँ आमों में, महुओं ने लिए कूचे,
गुलाबों ने कहा हँस के हवा से अब तो होली है

बधाई दे के, फागुन से कहा ऋतुराज ने देखो,
नए फूलों के जीवन से भरी यह अपनी झोली है,

इधर सूखे हुए वातावरण में सरसता ला दी,
अकेले एक कोकिल ने अमृत की धार घोली है

खिली है आज चम्पा क्या सुगन्ध उस ने उठाई है,
व' कब तक छिप सकेगी पत्तियों में कैसी भोली है

कहा लहरों ने तट से तुम बड़े गम्भीर हो माना,
ये छींटे जो उछलते हैं, क्षमा करना ठिठोली है

बसन्त इस का बुरा मत मानना धरती की आदत है,
तुम्हें पहचान लेने के लिए नाड़ी टटोली है

झुकी आँखों को देखा तो समझ में आ गया मेरी,
ये आँखें हैं जिन्होंने पल में दुनिया सारी तोली है

त्रिलोचन हँस के औरों को हँसाओ तब तो हम मानें,
यह दुनिया घर के घेरे में बहुत बँध बँध के रो ली है

धरती खुशी मना तू बरसात आ गई है

धरती खुशी मना तू बरसात आ गई है
जो बात कल नहीं थी वह बात आ गई है

अपनी भी फ़िक्र कुछ कर हारा थका हुआ है
तुझ को विराम देने यह रात आ गई है

तू चाहता था जिस को जिस के लिए विकल था
वह सिद्धि देख उठ कर अब हाथ आ गई है

तप ताप और कितना भू का अटल रहेगा
आषाढ़ की मनोहर बारात आ गई है

बैठा हुआ है क्यों तू असहाय सा त्रिलोचन
तू जिस को ताकता था वह घात आ गई है

कहूँ क्या अब आया इधर कैसे कैसे

कहूँ क्या अब आया इधर कैसे कैसे,
भटक कर शहर से शहर कैसे कैसे

तेरी राह में मैं अकेला नहीं था,
सुने राह में मैं ने स्वर कैसे कैसे

जो तेरे लिए एक हो के खड़े थे,
गए वे कहाँ और किधर कैसे कैसे

चिता पर चढ़े, क़ब्र में जा के सोए,
जगत को मिले हैं अमर कैसे कैसे

इधर शान्ति की प्यास जी में जगी है,
अभी देखने हैं समर कैसे कैसे

त्रिलोचन तुम्हें देख कर आज समझा,
कि कविता में आया असर कैसे कैसे

और जैसा कर रहे हैं तू न कर

और जैसा कर रहे हैं तू न कर,
स्वार्थ के सीसे से भारी भू न कर

दुख नहीं है भूत कोई जान ले,
और अब से मन्त्र पढ़ के छू न कर

उस के घर में जब वसन्तोल्लास है,
तब कहें कोयल से क्यों कू कू न कर

होली जलती है तो अपनी शान से,
कोई कहने जाए क्यों धू धू न कर

आदमी वह आदमीयत जिस में हो,
आदमी को देख कर पू पू न कर

बन जा सम्बल, फूल फल, मलयज, प्रकाश,
पथिक से तूफ़ान सा हू हू न कर

हम त्रिलोचन तुझ से कहने वाले थे,
और कुछ कर बात का जादू न कर

(सभी गुलाब और बुलबुल 1985 में संकलित)

चतुष्पदियाँ और कुण्डलियाँ

कुछ चतुष्पदियाँ

1

स्वर के सागर की बस लहर ली है
और अनुभूति को वाणी दी है
मुझ से तू गीत माँगता है क्यों
मैं ने दूकान क्या कोई की है

2

स्वर सभी तान पर नहीं मिलते
हृदय अभिमान पर नहीं मिलते
पास पैसा है और धुन भी है
गीत दूकान पर नहीं मिलते

3

मन्त्र मैं ने लिया है तो अपना
हृदय भी यदि दिया है तो अपना
दूसरे किस लिए करें चिन्ता
बुरा मैं ने किया है तो अपना

4

अच्छे हो, खूब हो, जंगल के गुलाब
अपनी खुशबू से हो मंगल के गुलाब
बात बन जाए जो उपवन में आओ
और भी हैं वहाँ दंगल के गुलाब

5

दुःख अपना जो कहा कम न हुआ
चित्त देखा कदापि सम न हुआ
साँस में मैं ही मैं समाया था
लाख कोशिश की मगर हम न हुआ

6

नींद उचटी तो कुछ सुना मैं ने
मन ही मन क्या नहीं गुना मैं ने
पाँव कुछ कह के बढ़ गए आगे
पन्थ अपना नहीं चुना मैं ने

7

ठीक आई है गान गा कोयल
बात इतनी सी मान जा कोयल
जेठ की लू बहुत अखरती है
तान पंचम की तान जा कोयल

8

कौन वह सामने से जाती है
पास आती नहीं लजाती है
फूल में, चाँदनी में, तारों में
रास जीवन के जो रचाती है

9

सोच में रात भर जगा हूँ मैं
खोज में शान्ति की लगा हूँ मैं
जो थके हैं, गिरे हैं, हारे हैं
उन का आत्मीय हूँ सगा हूँ मैं

10

तुम से कहना ही क्या मजबूर हूँ मैं
मालिक अपना नहीं मज़दूर हूँ मैं
ज्ञान इच्छा प्रयत्न के बल को
जान कर भी अलग हूँ दूर हूँ मैं

11

दर्द साथी मेरा पुराना है
मैं ने उस को निकट से जाना है
उस के नाते ही सारी दुनिया को
मैं ने अपना अभिन्न माना है

12

तुम कहानी की चाह में आए
यहाँ अनजानी राह में आए
काव्य का लोक ही निराला है
यह न समझो कि ब्याह में आए

13

हम ने देखा था फूल हँसते थे
डाल पर झूल झूल हँसते थे
पूछा, कल की भी कुछ ख़बर है क्या
बात सब भूल भूल हँसते थे

14

नींद आई तो कहा जा तू जा
आज सोने से रहा जा तू जा
काम ही काम देख फैला है
बोल मन मुझ को सहा जा तू जा

15

नौजवानी है अकड़ने के लिए
हवा मुट्ठी में पकड़ने के लिए
हम उसे मुक्त देख कर खुश हैं
तुम हो बेताब जकड़ने के लिए

16

फूल आया कि आ गए भौंरे
ख़बर कैसे य' पा गए भौंरे
उठ के आषाढ़ के मेघों की तरह
घेर के घिर के छा गए भौंरे

17

चार दिन के लिए ही आया था
कण्ठ खुलते ही गान गाया था
कीट्स का नाम लोग लेते हैं
कैसे बन कर सुगन्ध छाया था

18

प्रीति की राह पर चले आओ
नीति की राह पर चले आओ
वह तुम्हारी ही नहीं सब की है
गीति की राह पर चले आओ

19

पात्र छूँछे हैं भरे भी तो क्या
शून्य भरने को धरे भी तो क्या
ज़रा सी जान सौ बलाएँ हैं
आख़िर इनसान करे भी तो क्या

20

झूरी बोला कि बाढ़ क्या आई
लीलने अन्न को सुरसा आई
अब की श्रीनाथ तिवारी का घर
पक्का बन जाने की सुविधा आई

21

तुम ने इस देश को समझा क्या है
प्राण के क्लेश को समझा क्या है
दुख में दुखियों ने सिर उठाया है
दुख के सन्देश को समझा क्या है

22

तुम ने विश्वास दिया है मुझ को
मन का उच्छ्वास दिया है मुझ को
मैं इसे भूमि पर सँभालूँगा
तुम ने आकाश दिया है मुझ को

23

प्यास मरुस्थल में लगे क्यों आख़िर
चाह दुर्लभ की जगे क्यों आख़िर
कष्ट ही कष्ट अगर मिलता हो
प्रेम अन्तर में पगे क्यों आख़िर

24

तिमिर है, हुआ करे, डर क्या है,
काम बाहर है तो फिर घर क्या है
पहले भी ज्योति के उपासक थे
विघ्न जहाँ हो ही नहीं वर क्या है

25

बात अवसर की है बुरा क्या है
वस्तु यह घर की है बुरा क्या है
सर्दी में और गर्मी में कुछ और
धूप अम्बर की है बुरा क्या है

26

आदमी और भले आएँगे
हार फूलों के गले आएँगे
जिन से मिलने की तुम्हें इच्छा है
आप ही आप चले आएँगे

27

आओ कुछ दूर साथ साथ चलें
हाथों में लिए दिए हाथ चलें
जितना निभ जाए उतना ही अच्छा
थपुए अपने अपने पाथ चलें

28

मार से काट से बचे रहिए
प्रेम के रंग से रचे रहिए
आदमीयत का प्यार पाना हो
आँख की आँख में जचे रहिए

29

बल नहीं होता सताने के लिए
वह है पीड़ित को बचाने के लिए
बल मिला है तो बल बनो सब के
उठ पड़ो न्याय दिलाने के लिए

30

विश्व ने ही हमें दिया है क्या
काम अपना कभी किया है क्या
उस के कल्याण में उलझें क्यों हमीं
हम ने ठेका कोई लिया है क्या

31

मुझ को सब दिन प्रभात भाता है
हृदय का तार तार गाता है
जन्म उस का महान है, देखो,
सारा संसार जाग जाता है

32

वह जो इन्दौर में चली गोली
जाँच उस की अदालती हो ली
बदली कर दी वहाँ जो अफ़सर थे
न्याय की क्या नई प्रथा खोली

33

आप देखेंगे सिर धुनेंगे अब
सोच कर कोई पथ चुनेंगे अब
वे समाजवाद के नशे में हैं
आप की बात क्या सुनेंगे अब

34

सब की कुछ और है कथा जी की
भिन्न मिलती है हर व्यथा जी की
दुख की पर्तों में कहीं होगी जान
कोई आख़िर कहे भी क्या जी की

35

जिस को मंज़िल का पता रहता है
पथ के संकट को वही सहता है
एक दिन सिद्धि के शिखर पर बैठ
अपना इतिहास वही कहता है

36

दूसरों को भी जब दुखी पाया
तब सहज ही मुझे विचार आया
अपनी चिन्ता में क्यों रहो कट कर
सब के सिर जब वही गगन छाया

37

सत्य यह बात दृष्टि आती है
प्रलय के बाद सृष्टि आती है
हम ने देखा है बराबर जग में
ग्रीष्म के बाद वृष्टि आती है

38

मेह का चुपके चुपके आ जाना
और आकाश भर में छा जाना
चमकना, गरजना, बरसना फिर
बात की बात में बिला जाना

39

जब लहर आई तो मैं ने गाया
जी का व्यवसाय बस यही पाया
शब्द और अर्थ थे जगत् के ही
भाव अपने उन्हीं में भर लाया

(सभी गुलाब और बुलबुल 1985 में संकलित)

तीनं कुण्डलियाँ

1

छोड़ा है सरकार ने गेहूँ का व्यापार
हुआ मण्डियों में शुरू व्यापारी त्यौहार
व्यापारी त्यौहार लगा है तुलने गल्ला
दर्शक डाँडी देख चकित है अल्ला-अल्ला
फखरुद्दीन अली अहमद को यह थोड़ा है
बातों के घोड़े को संसद में छोड़ा है

2

कब क्या से क्या कर गया छोटा सा गुजरात
आसन दिल्ली के हिले कटी बात से बात
कटी बात से बात रात चढ़ती ही आई
संघर्षों की धारा ने सरकार बहाई
चिन्तक गहरा सोच सँभाले डूबे हैं अब
कहाँ उभरना है क्या जाने क्या होगा कब

3

हुआ उपद्रव हो गया बिलकुल और बिहार
अब दिल्ली किस कण्ठ में पहनाएगी हार
पहनाएगी हार गर्व से इतराएगी
अथवा कुण्ठा ही कुण्ठा में पितराएगी
संघर्षों के चलते देखो क्या है सम्भव
अभी क्या कहा जाए इस तरह हुआ उपद्रव

*(**सम्प्रेषण** (19-20) 1976 में प्रकाशित, **तुम्हें सौंपता हूँ** में संकलित)*

अवधी में बरवै

अमोला

अमोला आम के उस छोटे पौधे को कहते हैं जिसे कहीं और ले जा कर रोपते हैं और इस की रक्षा के लिए चारों ओर ईंटों का जालीदार घेरा बना देते हैं। पेड़ के विकास के लिए पानी, खाद आदि दिया जाता है। यह काम गाँवों में अच्छा माना जाता है।

अमोला की भाषा अवधी है; जो पूर्वी अवधी की एक बोली है। 'अमोला' का छन्द बरवै 19 मात्राओं का है, 12 और 7 मात्राओं के मध्य यति होती है। यति को कुछ लोग अनिवार्य मानते हैं। पहले के भी कवि ऐसे बहुत से हैं जिन में यति के इस नियम का पालन नहीं मिलता। मेरे यहाँ भी यह यति न मिलने पर कुछ लोगों को बुरा लग सकता है। मैं ने कविता के बनाव का ही ध्यान रखा है। छन्द आदि कविता के परिधान हैं।

कविता पर कुछ कहना फालतू होगा। मैं भाषा, उच्चारण और वर्तनी के विषय में ही कुछ संक्षेप में कहूँगा। मैं ने अमोला में 'ऐ' और 'औ' की मात्राओं का प्रयोग नहीं किया है। आधुनिक हिन्दी में 'ऐ' और 'औ' की मात्राओं का प्रयोग है। वहाँ इसका उच्चारण कुछ अपवादों को छोड़कर एक जैसा है। अमोला में 'अइ' और 'अउ' लिखा गया है। इस से उच्चारण जैसा बोला जाता है वैसा हो सकता है। अवधी में 'ए' और 'ओ' की ध्वनियों का उच्चारण किंचित् भिन्न मिलता है। इस को मैं ने 'ए' और 'ओ' से व्यक्त करना चाहा है। जैसे समए, अओसर। यहाँ पर 'ए' और 'ओ' का ह्रस्व उच्चारण ही वांछित है। 'ए' और 'ओ' का हिन्दी में ह्रस्व उच्चारण व्यक्त करने के लिए कोई संकेत नहीं है। भाषा रूप में ये दोनों स्वर भी संकेतहीन हैं। मैं ने ह्रस्व 'ए' अथवा ह्रस्व 'ओ' का व्यवहार किया है। जो छन्द को पहचानते हैं और उस की लय से परिचित हैं, आशा है, वे सही उच्चारण कर लेंगे।

पूरब की अवधी में 'रङ', 'सङ' प्रयोग है। मैं ने इन को इसी रूप में लिखा है। इसी प्रकार और रूप बोली के स्वभाव के अनुसार ही मिलेंगे। 'करत' और 'कर्त', इसी प्रकार 'चलत' और 'चल्त'—ये दोनों रूप मिल जाएँगे। इन का बारीक अन्तर व्यावहारिक भाषा जानने वाले समझ पाएँगे। छन्द की रक्षा के लिए ये शब्द प्रयुक्त नहीं हुए हैं।

'बएर' में 'ए' ह्रस्व है। 'ए' का उच्चारण 'ब' में मिला हुआ आवश्यक है। इसी प्रकार इतर प्रयोगों को भी समझना चाहिए।

—त्रिलोचन

बरवै

तोहइँ सङ्हती दिने दिने छतियात
लखि लखि मोर करेजवा काँपत जात।

तोहँसे बिछुरे जिउ होइ जाइ उदास
अउँतिआइ मन बिसरइ भूखि पिआस।

पएँड़ा पएँड़ा सबकइ आ अलगान
तबउ हमइँ तोहरेइ पएँड़ा कर ध्यान।

जेसस जेसस भुंइँ तरवा तजइ तोहार
तेसस तेसस जिउ लोटत चलइ हमार।

उठे चले बइठे ओलरे हर दाँइँ
तोहरिन सुधि हमरे आपन कुछु नाँइँ।

तोहँइँ देखि सब देखे देखेसि आँखि
अब का देखे चित्त अधिक अभिलाखि।

केकर पूजा करी परा मन सोच
तोहँका जइसे लखे छूटि गा दोच।

अओगतान मारग अउ भरम हेरान
तोहँका चीन्हें आपन लाग परान।

कओनेउ छन तउ बोला नाँइँ अकास
सुनेसि लखेसि अपनाएसि इहइ सुपास।

ललकि परा मन तोहँका ताकि लोभान
जओ जओ सओ सओ तोहरइ धरइ धिआन।

जहाँ अनचिन्हारी चीन्हें अधिकाइ
चीन्हापरची लोप लोप होइ जाइ।

धूरिधार कइ धरती एक्कउ छाप
जोगवति नाँइँ भोगावति भोगति ताप।

एसस हाए हत्या, एस हाहाकार
काउ किहा चाहत बाट्यऽ करतार।

जेस जेस बूझइ मिली तोहार सोचानि
तेस तेस बनए हमहूँ आपनि बानि।

दुलराए मन देए नाँइ ओनान
समुझि परे कुछु पाछिल भए गिआन।

निक निक लागइ बहुतइ पहिल पिआर
किरसइ तन-मन जब कुछु होइ उतार।

बिना कहे आपनि सउँपनि कइ दीन
तोहरउ मन्त्र न लीन उतइली कीन।

छानि 'छानि पकरे हम चरन तोहार
लखि पाए जब बइसा तोहँइँ मोहार।

अकचकाइ हम गए ताकि अपनाइ
चिन्ता सज्जइ ओढ़यऽ गयऽ जिआइ।

अपनाइति हेरत हम गए हेराइ
रस निकसइ जब कोल्हू ऊखि पेराइ।

दुख पइ आँसु बहावइ जिउ कइ छोट
मन काँ पोढ़ न करइ त केकर खोट।

तार तार जीअनि सबकइ अरुझानि
जे अलगानेन ते पइहइँ हित-हानि।

अगवारे पछवारे आँखि करेरि
राखइ ओकर बनत न लागे बेरि।

काउ करी मन हम्मइँ दिह्यऽ अकेल
मिला न एकर मेल खोइ गऽ खेल।

केकरे बरे राजायाऽ हइ दुनिया इ
जिनगी तन धइ देखे आवइ जाइ।

गंगा मइया कइ चित धरे भरोस
डगरत अही इहइ एतना बा होस।

मृतकजियावनि मुसकी देखि तोहारि
बिसरी सम्मइँ चोटि भूलि गइ हारि।

सिरजइ सँचइ सजइ सब सब के भाउ
सिरजनहार हेराइ सउँपि के आउ।

रचना देखत बिसरइ रचनाकार
तब रचना कइ रूप होइ उजिआर।

नित्तिमान भिनसारे उअइ अँजोर
देखि देखि देखवारे होइँ बिभोर।

जेहि छन अपने ओप उषा सेन्हुराइ
तेहि छन मंगल-गीत जागि उपराइ।

काने आइ परा हमरे जब गान
ई जनान आकास इहउ आ आन।

माटिहि कइ तन तबउ नाइँ मटिआन
जउधे आपन किहेस बसेर परान।

मन मन मिलवइ अलगावइ दुइ बोल
जउ सवाचि वेओहरइ होइ अनमोल।

आपन आपा समुझत टोहन थाह
सबइ अहें पएँड़ान सवाचत चाह।

चुप्पे चुप्पे कउधे आइ बिहान
टारेसि आँखिन से अन्हिआर पिहान।

हम तउ आपन मन अङऊ धइ दीन
एसे कवनउ काज न कब्बउँ लीन।

देओता जाने जे हम सन नगिचान
बिसरे अपन-पराउ धरे एस ध्यान।

दुनिया धन्धा कइ ई बाढ़ि बिआसि
हमइँ न सन्ताएसि ना दिहेसि पिआसि।

अपनइ तन पोखत सब अहें मोटात
दुसरे कइ सुधि कइ केउ नाइँ छोटात।

घेरइँ हेरइँ गरजइँ बरसइँ जाइँ
बादर भुइँ कर ताप ताकि अफनाइँ।

गम्हिरानेन बादर भुइँ ले नियराइ
उपर घटा हरिअरी तरे लहराइ।

बहइ बतास, मेघ झूमइ, बँसवारि
जइसे परछन करइ उआरि उआरि।

स्वारथ परमारथ जउँ एकवटि जाइँ
देओते दुनिया देखइँ अवर सिहाइँ।

जे अनचिन्ह होइ चले रहे अलगान
ऊ अपनइ आपन मँऽ मिले भुलान।

बहुरूपा रचि रचि रूपन कर जाल
हमकाँ पकरिउ जइसे मछरी ताल।

जउ धधाइके चित ई फेरवटि जाइ
तउ एकाँ फेरइ एस नाइँ उपाइ।

हरिअरि धरती फरहर होइ अकास
केतने छन ले मन मँऽ रहे तरास।

परतिआइ मन फेरवटि फेरवटि जाइ
केस भइ परइ कि अपुना सहइ सजाइ।

कबहुँ हुड्डूआ खेलेसि कब्बहुँ सुर्र
एही बिधाँ मन कइ चिन्ता भइ फुर्र।

सन्त्ते कहि गए कतहुँ न सत्त न सार
कइसे बान्हि लिहेसि सबकाँ संसार।

जिउ जिउ जिउ-गति समुझि समुझि समुहाइ
जेस जेस समुझइ तेस तेस अवर हिताइ।

चलत लपेटुआ छपटि छपटि जउँ जाइ
जानि चीन्हि के विधि से चलइ न आइ।

हाथ दिहे से पावा जाए हाथ
एही बिधाँ होए साथे से साथ।

दिन फुलाइ कइ आएँ फूल फुलाइ
गते गते कोंछा कोंछा सएराइ।

बनवइ मँऽ दिन मास बरिस लगि जाइँ
ताकि ताकि तकवार अफनि अगिआइँ।

तिसरइता अनबंति न लखइ सुगाइ
कबहुँ भेंटाने अगरि चला मुसकाइ।

हमरे बरे सनेस तोहार परान
आए आवइ एस कुछु अदिन खरान।

तोहरे परचे अब देखान एस आइ
आपन सुधि चोला उतारि केस जाइ।

मिलइ कँकरही पइँड़ीं जइसे ठेस
ओइसे चीन्हा जानी करइ कलेस।

ई दुनिया धन्धा ई ठेलमठेल
अवर कहाँ एस हर अनमेले मेल।

(अमोला में संकलित प्रारम्भिक अंश)

कथा

देशकाल

"जोहार बाबा!"

बूढ़े परसादूसिंह ने इधर-उधर देखकर जोहार करने वाले को आशीर्वाद दिया : भैया, भैया, जीया और साथ ही पूछ भी दिया—"कहाँ रहे रहे? अबकी त बड़ी बुड़िया लगाए।"

"कत्तहुँ एक जगह नाँइ रहे। कइउ सहर देखे।"

"ई कवले सहर देखवे तँइ। एकइ कबहुँ ओरउ होये कि नाँइ।"

उदेराजसिंह चले आ रहे थे। बात कान में पड़ी। अर्थ पर हँसे। फैसला दिया—"ए काका, न दुनिया क अन्त है न सहर देखइ क अन्त होये।"

परसादूसिंह जी भरकर हँसे। फिर हँसी की लहरों में लड़खड़ाते शब्दों में उन्होंने पूछा—"करे बसदेउवा, जिनगी भर इहइ सहरै देखा करबे?"

बासदेउ इस पर कुछ बोला नहीं। क्या कहता? व्यंग और आनन्द का उत्तर होता भी नहीं। उदेराजसिंह से भी जोहार किया।

उदेराजसिंह कुछ कहने जा रहे थे कि लालतासिंह पहुँचे। बासदेउ ने उन्हें 'जोहार काका' कहते हुए नमस्कार किया। आशीर्वाद देते हुए उन्होंने पूछा—"कब आये?"

"काल्हि संझा कँ आये।"

"कबले रहव्या।"

"बाटी त कुछु दिन रहइ क मन किहे।"

"अरे त रहव्या एकाध महीना?"

"हई त इहइ सोचे।"

लालता ने इधर-उधर देखते हुए कहा—"बासदेउ, अब तूँ कौनउ बच्चा त हया नाँइ कि केउ तोहँइ अँगुरी धइ के चलइ सिखदह। जानाथ्य,

समझाथ्य। तोहारि माइउ अब बुढ़ानी, ओन्हें धावइ-धूपइ से छुट्टी द्य। खेती-बारी मेहरारुन के मान क न होइ। मनसेधुन कै जब मनइ अवगनि लेथे त मेहरारू क कै चलावै।"

परसादू बाबा ने कहा—"का पकपकाथ्य? उ सझबई नाँइ करत का?"

उदेराजसिंह ने बासदेउ को देखा, आँखों में लहराती हुई व्यंग की हँसी ओंठों में ही खो गयी।

लालता ने पूछा—"कहो बासदेउ, तोहँइ खराब लाग ता हमारि बात?"

बासदेउ बोला—"नाहीं काका। एहमाँ खराबी क कवन बाति बाटइ?"

लालतासिंह ने आत्मविश्वास से इधर-उधर देखा। कुछ और कहने को थे कि बूढ़ा नगई कहार आ पहुँचा। उसने बासदेउ से 'जैराम भैया' कहा। बासदेउ ने भी जैराम कहते हुए साँस पाकर पूछा—"कैसे वाट्या महरा?"

"इहइ जिउ जीअता।"

"जिअरइ त कुलि आ। सुख दुख त जिनगानी क अभूखन आ।"

नगई, सत्संगी आदमी है। समझ उसकी तेज हो गई है। सान न धरो तो फल मुढ़ जाता है और ज्ञान न बढ़ाओ तो समझ की धार मुढ़ जाती है। नगई गद्गद हो गया। बोला—"कइसनि बाति कह्या। पढ़े-लिखे क इहइ त फल आ। जिउ परसन्न होइ ग।"

सब उसकी बात पर हँस रहे थे। वह दुनियादारी में चतुर नहीं समझा जाता। उदेराज ने पूछा—"क महरा बोलइ जानि लेइ त कुलि होइ ग?"

नगई गम्भीर हो गया—"इ त हम कहे नाँइ बाबू। बकी, कहइ जानेसि त धरइ जानेसि अउ धरइ जानेसि त करइ जानेसि। बिना कहे, धरे अउ किहे का मनई मनई होत। अरे, जइसे अवर जिउ दुनिया में आवत जात रहथें ओइसइ उहउ होत।"

परसादू बाबा बोलने को हुए—"अगे, त...त...त...त...त..."

परसादू बाबा की बात सुनने को सब तैयार थे। लेकिन बात मुँह

से निकल पायी नहीं। वे हकलाते हैं। सम्भलकर बोलते हैं तो भी राग बनकर सुनाई देता है। बूढ़ों का आदर करना चाहिए। इसलिए लोग आई हुई हँसी को रोकते हैं।

नगई अब तक खड़ा था। बिड़वा लेकर बैठ गया।

बात और आगे बढ़ती कि झिंगुरी केवट कुदाल काँधे पर रखे आया। बासदेउ को ज़यराम किया और एक जगह ज़मीन पर उकड़ूँ बैठ गया।

उदेराज ने पूछा—"कहाँ से झिंगुरी?"

"ग रहे छटनी मारइ।"

लालता ने पूछा—"कहो एतना ओद बा कि छटनी मराइ जाए?"

"ओइ काहें न बा। बकी अबहिं नरम नाँइ धरत। एंहन बिचन घाम बा, दुबिए झुराइ जइहीं, इही से खनि आए।"

पुरसादू बाबा ने पूछा—"करे बसदेउवा, तहुँ छटनी-ओढ़नी मरावइ बदे कुछु कर्त-धर्त हये कि नाँइ?"

"करब काहे न बाबा, करब।"

झिंगुरी बोला—"एनकइ त एकउ खेत न होए जवन दूबा से जलिआइ न ग होइ।"

ताली आ रहे थे। बासदेउ के जोहार को स्वीकार करते हुए उन्होंने कहा—"घोड़े की तंग और खेती, अपने हाथ न कसो न करो तो नहीं बनती।"

ताली का नाम लिखा जाता है रामकरन सिंह, यह तो पुकारने का नाम है। मिडल तक पढ़े हैं। कभी कभी हिन्दी भी बोल लेते हैं, तभी जब कोई अमीन हल्केदार या पढ़ा-लिखा आ जाता है। नहीं तो अवधी से ही काम चलाते हैं। गाँव में कोई विद्यार्थी जब हिन्दी बोलने लगता है तो लोग पसन्द नहीं करते। कहते हैं, इसको देखो तो, देसी कुत्ती मरहठी बोल। चार अच्छर क्या चीन्ह लिया, अपनी भाखा-मेस पर शर्म आने लगी।

झिंगुरी और नगई महरताली की बात पर बोले—"पदे कहाथया बाबू।"

दुल्लीलाल गान्धी टोपी, कुर्त्ता, धोती और देसी जूते में आते दिखाई

देते हैं। गाँव के पटवारी हैं। कहीं बिना मतलब आते-जाते नहीं। अपने मतलब से लोग इन्हीं का दरवाज़ा घेरे रहा करते हैं। नयी उमर है। अंगरेज़ी मिडल तक पढ़ाई है। पुराने पटवारी हिन्दी-उर्दू जानने वाले थे, ये थोड़ा-घना तीनों जानते हैं, इसलिए इनका और भी आदर है। कहते हैं, जैसे इनकी विद्या-बुद्धि बढ़ी-चढ़ी है वैसे आमदनी भी। लोगों की आवाज़ धीमी पड़ गई। दुल्ली ने ठाकुरों को जैराम किया। बासदेउ को अलगा कर नमस्ते किया। पूछा—"कब आए?"

"कल।"

"कहाँ थे?"

"किसी एक जगह नहीं। कभी कहीं, कभी कहीं।"

''क्या करते हैं?''

''कहना चाहिए, कुछ नहीं करता।''

"तब तो आपको घर देखना चाहिए। क्यों दौड़ धूप करते हैं?"

लालतासिंह को कहने का उत्साह मिला—"इहइ हमहूँ कहत रहे, अब अपन गिरस्ती सम्हारा। माई बा, बूढ़ि भइ, अब सोहताइ द्य, खेतिउ बिगरतिन जाति बा। बिना रहे ठीक न होए। घर रहे त कुलि रहे। चारि जने पुछिहीं। घर बिगरे त केउ बाति न करे। मनई मजूर बदे धावथीं एनकइ महतारी, देखि हमरे सब से नाँइ जात। कहो लाला, हमरे-तोहरे घरे क मेहरारू घरे बदे बनी हई कि चमइनियन-केउटिनियन की नाँइ खेते-खेते मेड़े-मेड़े डहकइ बदे बनी हईं।"

चुप होकर लालतासिंह ने अपना प्रभाव बासदेउ के झुके हुए मुँह पर देखा, दुल्लीलाल के संजीदगी से नीचे-ऊपर हिलते हुए चेहरे पर देखा और लोगों की आँखों और ओंठों में खोयी हुई हँसी में देखा और फिर अपनी बात पूरी करने के लहजे में बोले—"हम तो इहइ कहब कि ए भइया, अब तुँ ढेर दुनिया देख्या, ढेर पढ़या-लिख्या अब आपन घर-दुआर देखा; चारि लभमनई के साथे उठा-बैठा, बोला-बतला। अब ढेर मन जिनि दौरावा।"

दुल्लीलाल ने कहा—"यह तो बहुत अच्छी बात है। बेकार, इधर-उधर दौड़ने से फ़ायदा क्या?"

उदेराजसिंह ने कहा—"का ओनके पीछे परा हया। ओ करहीं अपने

मनँइ क। तोहरउ सब भूँकि ला।"

परसादू बाबा ने कहा—"भाई, ओकाँ पढ़इ मँ मजा मिलि ग बा। उ पढ़े। का अन्नास घेरथ्य। कोऊ काहू में मगन कोऊ काहू में मगन।"

लालतासिंह को अनकुस लगा—"हमरे सब का पढेन्नाइ हई?"

झिंगुरी और नगई बोले—"जिनगी भई त केउ न पढ़त देखि परा। भैया, अब एहर-ओहर से मन बटोरि के रमायन बाँचा। उही मँ तोहइँ कुलि मिले।"

दुल्लीलाल को इन लोगों का उपदेश अच्छा नहीं लगा। बोले—"रामायण में क्या धरा है?"

नगई ने आश्चर्य से उन्हें देखा और पूछा—"क भइया, रमायन में कुछु बटबइ नाइ कीन?"

परसादू बाबा बोले—"नई-नई बिटिया, नई-नई गीति। कुछु कहइ सुनइ क दिन अब नाइँ न। आपन धरम-करम सम्हारा।"

बात रुक गई। सिउपाल आ गया। सिउपाल चमार है। कुछ दिन हुए उसने कंठी ले ली। लोग भगत कहने लगे हैं। बूढ़ा है, साफ रहता है, रंग गोरा है, इसलिए उसका लिहाज़ होता है। आकर उसने सबको हाथ जोड़कर 'सकल पंच के राम राम' कहा और एक जगह उकडूँ बैठ गया।

नगई महरा बोले—"हम तो इ न मानब कि रमायन मँ कुछु नाँइ न।"

बासदेउ की ओर देखकर नगई ने पूछा—"क भइया तूँ काउ कहथ्या? रमायन फजूल भाटइ?"

बासदेउ कुछ कहने जा रहा था कि बीच में सिउपाल बोल पड़ा—"काउ बा रमायन मँ? ओ से अच्छा त कबीर साहेब कहि ग बाटेंन। रमायन पढ़ि के हिन्नू आपन हिनुअई चेतथइ। मुसुरमानन कँ मलिच्छ समझइ लागथइ। ई कवनिउ बात आ। जबने से मनई-मनई मँ फरक पौ उहउ कवनउ धरम आ।"

परसादू बाबा बोले—"काउ कहथ्ये भगतवा? बह्मने, ठकुरे अउ अहिरे चमारे मँ कौनउ भेदइ नाइ बा? सब बरोबरि होए जाए।"

सिउपाल बोला—"साहेब त सबका मनई बनइ दिहे रहेन। इ

मेड़-डाँढ़ त हम तूँ डारि लिहे रहे। अब मेड़-डाँढ़ न रहे। कुलि एक होये। साहब कहे हयेन; आपन आपन मेड़ सम्हारा बहा जात बा पानी। ओइ चेताइ दिहे हयेन। अब हमरे सब कइ काम आ।"

नगई महरा बोले—"भगत त कबीर क उलटबाँसिनि हरि जगहाँ लगावथे।"

इस पर खाट पर बैठे हुए सभी लाग हँस पड़े। सिउपाल कुछ उदास हो गया। उसने फिर भी कहा—"सहज कँ उल्टा इ तोहरे सब का कहथ्य?"

ताली बोले—"भाई, कबीर की क्या कहें और क्या मानें! उन्होंने तो कहा है : नारि नारि सब एक हैं जस मेहरि तस माय।"

दुल्लीलाल ने कहा—"अब क्या कहते हो, भगत? कहोगे अपनी औरत को माँ?"

सिउपाल बोला—"लाला, जानइ क एक बात आ सानइ क एक।"

परसादू बाबा बोले—"भगत, अब तूँ पैड़ा प आय। हमरेउ सब लोक-वेद दूनउ मानिथइ। दुनिया भरे क धान एक में मिलथे खझर होइ जाथइ। जे जहाँ वा ते तहाँ रहइ तबइ दुनिया रहे।"

सिउपाल ने कहा—"बाबू, ई त नियाउ क बात नाइ भइ। जे धूरी में लोटत आ ओकाँ उहीं रहइ देव त कौनउ अच्छी बात न होइ। अपुनउ उठइ आनउ के उठावइ त बाति चलइ।"

ताली बोले—"भइया पहिले अपने घरे अँजोर कइ जाइथ पीछे मन्दिर में।"

सिउपाल बोला—"एकइ ई मतलब न होइ कि जहाँ देखइ तहाँ अपनइ भल ताकइ।"

दुल्लीलाल ने पूछा—"बासदेउसिंह, आप क्या कहते हैं इस पर?"

बासदेउ बोला—"मेरी बात तो सिउपाल भगत कह चुके।"

❑

अपनी इज़्ज़त आप करो

एक किताब में देखा—अपनी इज़्ज़त आप करो : दुनिया इज़्ज़त करेगी।

इतना ही देखकर रह गया। किताब आगे न देख सका। तो यह बात मेरे मन में धँस गई—'अपनी इज़्ज़त आप करो : दुनिया इज़्ज़त करेगी।'

मैंने सोचा—दूसरे की इज़्ज़त करो तब दुनिया क्या करेगी?

ऐसा सोचना मुझे साफ़ बेवकूफ़ी लगी। क्योंकि मुझे तो केवल इतना मालूम था कि 'अपनी इज़्ज़त आप करो : दुनिया इज़्ज़त करेगी।'

और उस समय मैं अपने आप था। दुनिया में मैं ही मैं था। कोई न था। सो मैंने सोचा कि अच्छी बात है, अपनी इज़्ज़त कर चलो। लेकिन दूसरे ही पल सोचा कि दुनिया है। दुनिया में बहुत-बहुत हैं कि रहते हैं। वे भी ऐसा ही करें तो कैसा? सोचें, 'अपनी इज़्ज़त आप करो : दुनिया इज़्ज़त करेगी।'

मेरी उलझन बढ़ी ही। मन रोक में आता ही न था। क्या करूँ? मैंने अपने बिगड़ैल मन से कहा—जहाँ तू पहुँच गया है, वहाँ बुद्धि नहीं है और निर्बुद्धि होकर मैं अपने को मूर्ख बनाऊँ, यह मुझे पसन्द नहीं। और उपाय न देखकर मैंने अपने चंचल मन को इस वाक्य के पत्थर से दबा दिया—'अपनी इज़्ज़त आप करो : दुनिया इज़्ज़त करेगी।'

अपने मन को मैंने फुसलाया भी—कुछ हो, आज जो बात मिली सो लाख टके की।

मेरे मन में यह बात जमी कि अब तक जो पाप, अत्याचार, बैर, हिंसा, अपमान, अनाचार और दुराचार वगैरह-वगैरह दुर्गुण इस संसार में जीते और जागते रहे सो इसका अकेला कारण यह हुआ कि दुनिया वालों ने अब तक यह नहीं जाना कि—'अपनी इज़्ज़त आप करो : दुनिया इज़्ज़त करेगी।'

मेरे मन ने यह बात बताई कि दुःख जो है, पाप जो है, उसे दुनिया से दूर करना है तो एक-एक कान में यह बात डालनी होगी कि–'अपनी इज़्ज़त आप करो : दुनिया इज़्ज़त करेगी।'

जिसका आदर–इज़्ज़त–करो, वह प्रसन्न होता है। प्रसन्नता सुख का चिह्न है। सो इसके बाद और, और भी कितनी ही अच्छाइयाँ मिलती हैं, जो गिनती से बाहर हैं। मैंने अपने मन को पूरी-पूरी तरह समझा दिया कि दुनिया में जितने दुःख हैं इसलिए हैं कि दुनियावालों को अब तक इस अमृत-सिद्धान्त का पता न था।

सो मन में यह विचार हुआ कि अब दुनिया में दुःख और पाप नहीं रहना चाहिए क्योंकि मैं जान गया हूँ कि इसका कारण क्या है और अब मेरा कर्तव्य यह है कि मैं बता चलूँ कि दुनिया में जितने अनर्थ हैं इसलिए हैं और यह कि उनसे छूटना चाहते हो तो यह करो, इसे मानो।

मन थक गया कि यह मुझसे कुछ नहीं होगा। दुनिया बहुत बड़ी है। बहुत बड़ी है कि वहाँ तक हमारी पहुँच ही नहीं है; तुम्हारी इस देह की तो बात ही अलग।

मैंने कहा–भाई मन, तुम साथ दो तब तो कुछ कर पाऊँगा। नहीं, जवाब देते हो तो मैं भी सारी इच्छाओं को जवाब दे दूँ और न तुम्हें कोई काम रहे न मुझे।

मन बोला–सो भी मुझसे नहीं हो सकता। कुछ-न-कुछ करता रहूँ : मेरा स्वभाव है।

मैंने मन को समझाया कि मैं इस देह के घेरे में ही रहूँगा। इसके साथ तुम भी सचाई के साथ रह सको तब तो ठीक; नहीं तो कुछ भी नहीं हो सकता। जहाँ और जिस काम में शरीर रहे उसी में तुम भी लगो तो अच्छा।

मन को मेरी बात मंजूर हुई।

मैंने कहा कि जो मेरे पास उठेंगे, बैठेंगे उन्हीं को अपना ज्ञान–अपना प्रकाश–दूँगा। कहीं काले कोस नहीं जाना है। हिम्मत रखो। जो पास रहेंगे उन्हीं को अपना ईश्वर-दत्त ज्ञान दूँगा कि वे सारे संसार का मंगल करें। वे लोग मेरी बात सुनेंगे। मानेंगे। उनको बल मिलेगा। मेरा विश्वास करेंगे और अपनी बुद्धि, मन, शक्ति, सब कुछ मेरे चरणों पर समर्पित कर

देंगे। मैं कह रखूँगा कि यह ज्ञान दुनिया को दो। फिर तो वे इसके लिए सब कुछ करने के लिए उतारू हो जायेंगे। दुनिया के अज्ञान को जैसे भी होगा; मिटाएँगे : वाणी से, तलवार से; सब से। मेरा भी दर्जा बढ़ेगा। सौदा बुरा नहीं है। एक बार चल निकले, फिर कोई रोक नहीं है। चलता रहेगा।

पहले किसी सत्पात्र को अपना ज्ञान-दान करना अच्छा है। जो जैसे सुने वैसे ही मुझे आत्म-समर्पण करके इसे अनन्य भाव से अपना ले। तभी अपनी उमंग बनी रहेगी, तभी मैं कुछ करते रहने की नित्य नयी प्रेरणा पा सकूँगा। ऐसा आदमी नहीं चाहिए जो अपनी बुद्धि को मेरी बुद्धि से लड़ा दे। मुझे शान्ति का मार्ग इष्ट है। ऐसा हो कि मैं जिसे छू लूँ वह मेरा ही स्वर दुहराने लगे; तभी कल्याण है।

मैं कहूँगा कि तर्क मत करो। विश्वास करो। विश्वास से सत्य मिलता है। तर्क तुम्हें तंग करेगा। तुम परेशान होगे। कुछ हाथ भी न आयेगा। मुझे देखो। पहले एकदम तर्क के पीछे रहा। कुछ नहीं मिला। ऊँचे स्वर से कहता हूँ, कुछ नहीं मिला। मेरे अनुभव से काम लो। मैं अनुभवी हूँ। जो कहूँ मानो। रहना है, जीना है, तो विश्वास का पल्ला पकड़ो। जीने से रुचि न हो, दुनिया भारी मालूम हो रही हो तो मैं सौ बार कहूँगा कि उधर जाओ; वह तर्क बुला रहा है। मैं अच्छी तरह जान गया हूँ कि सुख चाहे तो अपनी इज़्ज़त करे। अपनी इज़्ज़त का मतलब है, अपने को निष्क्रिय, निष्कम्प और सन्तुष्ट रखना। तर्क से असन्तोष, बैर, वगैरह दुःख होते हैं। सो, हे सुख चाहने वालो, जीवित रहना है तो तर्क का आश्रय मत लो!

कुछ दिन मैं ग़ौर में रहा कि मेरी शिक्षा का आदिम पात्र कौन है? कौन है कि बिना शंका उठाए मेरी बात को अक्षर-अक्षर अमर सत्य मान ले?

ऐसा एक ही आदमी मेरे मन पर चढ़ा; झूरी। झूरी चमार था। पढ़ा-लिखा कुछ न था। चतुर था। जाति-बिरादरीवाले उसकी बात मानते थे। उसकी बात कभी टाल दी गई हो, ऐसा मेरी जान में कभी नहीं हुआ।

वह मेरे पास आया करता। इधर-उधर की कितनी ही बातें पूछता। मैं जो-जो कहता उसे अचरज से मुँह खोले और कान लगाए सुना करता।

फिर मेरी बात उसकी जाति-बिरादरी में बहुत जल्द फैल जाती। इससे मुझे हर्ष होता। आज मैंने देखा कि वह मेरे बड़े काम का है। उसके सहारे मेरा ईश्वरीय ज्ञान बहुत जल्द प्रसार पाएगा। लोगों का अज्ञान मिटेगा। अच्छी बात है कि परमात्मा ने अपने इस काम के लिए मुझे अपना साधन बनाया; बात मेरे हक़ में हर ओर से अच्छी है। धीरे-धीरे दुनिया मेरे पद-चिन्ह को देखती हुई चलेगी। ऐसा हो गया तो दुनिया का पूरा-पूरा कल्याण हो जाएगा और दुनिया को सुखी देख कर मेरी छाती गज-भर हो जाएगी। बड़ा अच्छा है।

झूरी आया। दोनों हाथ जोड़कर सलाम किया और ज़मीन पर बैठ गया।

साँझ हो रही थी। बड़ी उदासी लग रही थी। झूरी भी मुरझाया हुआ था। आज उसके मन में दुःख का वास था। आया चुपचाप। हाथ जोड़े फिर यत्नपूर्वक इतना बोला—'सलाम।' और बैठ गया। फटी आँखों से देखता हुआ भी नहीं देखता हुआ।

उस समय मुझे प्रसन्नता थी। झूरी की बाट जोह रहा था। आ गया। और प्रसन्नता हुई। लेकिन और दिन जैसे झूरी आज उद्यतमन नहीं था। आज तो जैसे वह अनुद्यत चला आयाऔर अपने मन में उपस्थित होकर जैसे सोच रहा था कि आया सो अच्छा किया कि बुरा।

मैंने सहानुभूति के स्वर में कुछ जानने के लिए पुकारा—"झूरी!"

"क्या बाबू?"

उसके मन से अपना मन मिलाकर मैंने कहा—"आज बहुत उदास हो—क्या बात है?"

उसने हँसने की चेष्टा की। बोला—"उदास हूँ? नहीं तो। मैं उदास नहीं हूँ।"

मैंने देखा कि यह बात आगे बढ़ाने में उसकी रुचि नहीं है। मैं चुप हो गया। सोचता रहा कि अपनी बात उसे किस तरह सुनाऊँ कि वह मन से उस पर विचार करे। सोचते-सोचते यही सूझा कि झूरी मेरी बातों पर ध्यान दे, इसके लिए मुझे उसके निजी मामलों से बात-चीत शुरू करनी

होगी।

मैंने कहा—"झूरी, तुम्हें कोई-न-कोई दुःख जरूर है; बताते क्यों नहीं कि मैं जो हो सके सहायता करूँ।"

झूरी ने जैसे एक ही शब्द कों अपने कान में जाने दिया—'सहायता।' उसने चौंककर जैसे प्रश्न किया—"सहायता?"

मैंने कहा कि "हाँ।"

उसने निश्चित स्वर में कहा—"मेरी सहायता कोई नहीं कर सकता।"

मुझे उसकी नास्तिकता पर दया आई। जरा-सा मुसकराकर मैंने कहा—"मैं करूँगा। विश्वास करो। भय छोड़ो।"

झूरी पर इस बात का शायद कोई असर नहीं पड़ा। क्योंकि वह न तो कुछ बोला और न उसने कोई ऐसा भाव दिखाया कि मैं समझता कि वह मेरे प्रभाव में आ गया है।

मैंने सोचा, इसका दुःख गहरा है सो मुझे भी सहानुभूति की गहराई में उतरना चाहिए। बिना इसके काम बनता नहीं दीखता।

कहा मैंने—"झूरी, मैंने एक नया ज्ञान पाया है। मैं तुम्हारी सहायता उसके सहारे बहुत-बहुत कर सकूँगा। तुम मुझसे खुलते क्यों नहीं?"

झूरी ने कहा—"नया ज्ञान? कोई ज्ञान हमारी रक्षा नहीं कर सकता। सब बड़े आदमियों के लिए बनते हैं। जिनके पास धन है, बल है, उन्हीं को सारे सुख, सारे ज्ञान घेरते हैं; दरिद्र को नहीं।"

मैंने उत्साहित होकर कहा—"झूरी, मेरा जो नया ज्ञान है, वह खास कर दीन-दुखियों और अज्ञानियों के लिए है। अपनाने पर मालूम होगा कि उनका कितना हित हुआ?"

झूरी मुसकराया। मुझे लगा कि उसका सारा दुःख चला गया। फिर उसने सचिन्त कहा—"बाबू, आपका नया ज्ञान होगा, यह तो मैंने कबूल किया। अब पूछता हूँ कि वह आपके लिए नया है कि दुनिया के लिए?"

मैंने देखा कि वह आज रोज के विपरीत तर्क पर उतारू है। झुँझलाहट तो हुई; लेकिन मेरा नया ज्ञान क्योंकि ईश्वरीय ज्ञान था, इसलिए उसे अपने ही पास रख छोड़ने का मुझे कोई अधिक्रार न था। मुझे दुनिया के कल्याण की चिन्ता बुला रही थी। मैंने कहा—"झूरी, मेरा ज्ञान

बिलकुल नया ज्ञान है। मेरे लिए भी। दुनिया के लिए भी। यह बात नहीं कि दुनिया उससे अनजान हो। जानती है दुनिया; ध्यान नहीं देती। अब वह ज्ञान, परमात्मा की दया से मेरे भीतर पूरे प्राणों से बोल उठा है; इसलिए मैं एक-एक कान में वह बात डाल जाना चाहता हूँ क्योंकि मेरी आत्मा की यही पुकार है। ईश्वर की देन है। सब के लिए है। मैं अकेला उस पर अधिकार रखूँ; ठीक नहीं। मेरी प्रवृत्ति है कि मनुष्य-मात्र उससे लाभ उठावें। जो दरिद्र हैं, जो मूर्ख हैं; वे इसको सबसे पहले अपनावें : उनका कल्याण होगा। वे सुखी होंगे।"

मैं चुप हो गया। देखा, झूरी पर मेरी बात का असर भरपूर पड़ रहा था। मुझे चुप देखकर उसने कहा—"हाँ, तो आपका नया ज्ञान क्या है? अधिकारी हूँ, तो बताइए?"

मैंने कहा—"मेरे ज्ञान के अधिकारी जड़-चेतन सभी हैं। मेरी दृष्टि में सब समान हैं। मेरे ज्ञान का निषेध किसी के लिए नहीं; जो अपना भला चाहे; ग्रहण करे। मेरा ज्ञान, मेरा नहीं है; परमात्मा का है। परमात्मा सार्वजनिक है। सो उसकी चीज पर रोक लगाना मेरे अधिकार से बाहर है।"

झूरी उत्सुक हुआ। तैयार होकर बोला—"मैं सुनना चाहता हूँ। आप समझाकर कहिए तो अच्छा।"

मैंने कहा—"उसमें समझाने की कोई बात नहीं है। सब प्रकाश की तरह प्रकट है। बिलकुल दर्पण की भाँति उसमें अपनापन झलकता है।"

झूरी ने कहा—"तो कहिए न!"

मैंने कहा—"मुझे ज्यादा नहीं कहना है। जो थोड़ा-सा कहना है उसकी नियति में मानव-जीवन की सारी समस्याएँ समा जाती हैं। बार-बार ध्यान देने से, विचार करने से उसकी महिमा मालूम होगी। उसे छोटी जानकर मामूली न मान लेना।"

झूरी ने कहा—"अरे, कहिए तो।"

मैंने कहा—"बहुत गम्भीर तत्त्व है। अपने मन का सारा हलकापन छोड़ दो। तब उसका गौरव बूझ सकोगे।"

झूरी ने कहा—"मैं पहले से ही गम्भीर हूँ। आप कहिए न!"

मैंने कहा—"सुनो, मेरा ज्ञान यही है—अपनी इज़्ज़त आप करो :

दुनिया इज़्ज़त करेगी।"

इसके बाद मैं चुप हो गया। झूरी एकटक मेरी ओर देखता रहा : फिर बोला—"रुक क्यों गए आप? कहिए न आगे।"

मैंने सर्द गम्भीरता से कहा—"जो कहना था : कह चुका। इतनी छोटी बात है। लेकिन इसकी पकड़ में दुनिया के सारे सवाल आ जाते हैं।"

मैं चुप हो गया। झूरी को तो ऐसा हुआ जैसे वह आसमान से सीधे पाताल में गिरा। वह तो बिलकुल जड़ित-अधर हो गया। अतिशय गम्भीर।

बड़ी देर तक मौन अखण्ड बना रहा। यह अभेद मौन मुझे अखर गया। मैंने बाधा दी। पूछा—"झूरी, तुम चुप क्यों हो गए? बोलो न क्या सोच रहे हो?"

उसकी आँखों की रोशनी, जो अन्तर्मुखी हो गई थी, बाहर आई। वह बिना पलक भाँजे मुझे देखता रहा। जैसे उसकी आँखें मुझसे कह रही हों—"बाबू, क्या आपने कुछ कहा है?"

मैंने कहा—"क्या सोच रहे हो?"

उसने कहा—"सोच रहा हूँ, वही बात—अपनी इज़्ज़त आप करो : दुनिया इज़्ज़त करेगी। सो मेरी बुद्धि थक गई। कुछ समझ में नहीं आया। लगता है कि आगे-पीछे, अगल-बगल, ऊपर-नीचे : जहाँ मैं अपनी दृष्टि करता हूँ, वहाँ-वहाँ और कुछ नहीं मिलता, मिलता है एक गाढ़ा अँधेरा। आपका ज्ञान आपका प्रकाश, मेरे लिए अज्ञान और अन्धकार से भी कठिन है। मेरी सारी अक्की-बक्की भूल गई। बड़ी ऊँची बात है। हम छोटे प्राणी उसके लिए नहीं बने। सो बाबू, अपना ज्ञान—प्रकाश—बड़े लोगों को देखकर कीर्ति कमाइए। हम लोगों में उसे फैलाकर अपने ईश्वरीय ज्ञान की असत्ता मत कराइए। हमारी समझ में यह बात न आई, न आएगी।"

मुझे उसकी अशक्ति पर दया आई। कहा—"मैं समझाऊँगा। पूछो, जहाँ समझ में न आता हो।"

झूरी ने कहा—"धीरज से पहले मेरी बात सुन जाइए। तब जो उपाय

हो, जिससे जी का संकट कटे; बताइए। मैं जरूर मानूँगा; क्योंकि दुःख से मुझे मुहब्बत नहीं है। मेरा मन बेइज्ज़ती का भूखा नहीं है।"

"कहो,"—मैंने कहा।

झूरी कहने लगा।

"तीस-चालीस साल बीते। मेरे घर पाहुने आए। चार-पाँच रहे होंगे। साँझ हो गई थी। हम दोनों प्राणी बिना अन्न का एक दाना मुँह में डाले दिन-भर मेहनत करते रहे और साँझ को गए मजूरी लेने। वहाँ से जवाब मिला कि जल्दी क्या है? अनाज कोठार से निकाला नहीं गया है; अब कल ले जाना। कौन बात सुनता है; लाख कहा कि घर में एक दाना नहीं खुद क्या खायेंगे, पाहुनों को क्या खिलाएँगे और फिर दूसरे दिन काम कैसे करेंगे?

घर पहुँचे। वहाँ चार-पाँच पराए घर के आदमी हमारी बाट जोह रहे थे। हमने सोचा कि खुद न खायँ तो कोई बात नहीं। लेकिन नातेदार रात-भर भूखे रहें; यह इज्ज़त की बात नहीं।

उलटे पैर फिर वहीं लौटा। बड़ी मिन्नत की। पैरों पर सिर रख दिया। गिड़गिड़ाया। कहा कि हमारी इज्ज़त आपके हाथ है। आप चाहें तो हमारी लाज बचा सकते हैं। लेकिन रात में किसी ने मेरे लिए तकलीफ़ नहीं की। किसी को मुझ पर रहम नहीं आया। मैं छूँछे हाथ लौट आया। और भी पैर जहाँ-जहाँ जा सकते थे, गया। मिला कहीं कुछ नहीं। बड़ी हेठी हुई।

पत्नी और मैं; दोनों उस रात सो न सके। चार-पाँच आदमियों की भूख की ज्वाला, हम दोनों के मन में बस गई थी।

क्या करते?...

पौ फटने के पहिले, ठाकुर दूर ही से मेरा नाम लेकर पुकारते हुए मेरे घर के पास आए। बड़े जोर से चिल्ला रहे थे—"झुरिया! साला बोलता नहीं! झुरिया! ओ झुरिया!"

मैंने कहा—"कहिए बाबू साहब!"

बाबू साहब ने मेरे स्वभाव, जाति, सम्बन्ध का इज्ज़तदार शब्दों में बखान किया। फिर दूसरे प्रसंग पर उतरे। बोले—"पहर-भर चिल्लाते हो गया, तू बोला क्यों नहीं?"

मैंने कहा—"पछुआ बह रही है। इधर कैसे सुनाई पड़ता?"

गरजे—"तू बहुत बिगड़ता जा रहा है। तुझे एक दिन ठीक करना होगा।"

मैं चुप रहा।

बोले—"हमारे बहनोई आए हैं। उन्हें शाहगंज जाना है। पालकी ले जायेंगे। आदमी बुलाकर चल जल्दी?"

मैं डर गया। हिम्मत कर के बोला—"आदमी कहाँ मिलेंगे? मेरे बसाये तो हैं नहीं। और मैं—मैं रात से भूखा हूँ। दस कोस तक मुझसे बोझा नहीं ढोया जाएगा। मैं नहीं जा सकता।"

ठाकुर गरजे—"इज्ज़त का सवाल है साले! आज वे न जा सके तो समझेंगे इनको आदमियों का अकाल रहता है। जाना होगा। नहीं तो हड्डी-हड्डी तोड़कर रख दूँगा। आदमी..."

उनकी निगाहें मेरे पाहुनों पर पड़ीं।

"ये कौन साले हैं? काठ-जैसे पड़े हुए हैं। उठा इन्हें पालकी ढोवें, नहीं तो एक-एक की खाल उतरवा लूँगा।"

मैंने कहा—"ये मेरे पाहुने हैं। रात के भूखे हैं। नहीं जा सकते।"

"नहीं जा सकते?"—ठाकुर गरजे।

मैंने कहा—"हाँ।"

गरजे—"इज्ज़त न रहे?"

मैंने कहा—"मेरी इज्ज़त न रहे?"

ठाकुर तड़प उठे—"तेरी इज्ज़त? तू कब से इज्ज़तदार हुआ साले?"

उस दिन मैं पीटा गया जैसे सन। मेरे पाहुने तक मेरे कारण पीटे गए। फिर मैं वहाँ से निकाल दिया गया। मेरे रहने से शंका उठी की सारी प्रजा मग़रूर हो जाएगी। बाप दादों का घर छूटा। अस्तु!

तब मैं बे-घर-बार होकर, परदेशी होकर बराबर सोचता रहा कि इज्ज़त क्या चीज़ है और समझ नहीं पाया!

एक दूसरी जगह—दूर देश जाकर बसा। वहीं एक लड़की पैदा हुई। धीरे-धीरे बड़ी हुई। देखने में साफ थी। सुन्दर थी। उसे देखने में आँखें ठहर जाती थीं। मैं उसे बहुत दुलार करता। उसे देखकर मैं अपने मन का सारा दुःख भूल जाता था।

मैं जिस जमींदार की भूमि में बसा था, वे ब्राह्मण थे। अपने कुल-धर्म के अभिमानी। उनके एक लड़का था। सो बड़ा ही मशहूर। औरतों में उसकी ज्यादा चर्चा चलती। उसकी करतूतें सुन-सुनकर मेरा मन जल जाता था।

धीरे-धीरे देखा कि वह मेरे घर के चारों ओर मेरी आँख बचाकर चक्कर लगाया करता। जब कभी अचानक भेंट हो जाती, मैं पूछता—"कहिए, इधर कहाँ भूल पड़े?"

हँस देता। कहता—"यों ही। सोचा, घूम आऊँ।"

उसे देखकर मेरे रोम-रोम जल उठते। परन्तु सोचता—उँह जाने दो। मुझे क्या मतलब?

गाँव के पास ही घना जंगल था। लड़की उसमें लकड़ियाँ बीनने जाया करती। उस दिन भी वहीं गई थी। साँझ बीत चुकी। रात उतरने लगी। जी अकुलाया कि कहाँ रह गई?

जंगल की ओर चला। राह से चिल्लाने की आवाज़ कान में आई। मेरी छाती धड़क उठी। सिर पर पैर रखकर दौड़ा।

वहाँ पहुँचकर देखा कि वह पिशाच मेरी बिटिया को पीट रहा था।

मैंने कहा—"बेटी, मैं आ गया। चुप रहो।"

लपककर हाथ की लाठी मैंने उस पर पूरे जोर से चलाई। उसकी कमर में चोट लगी। गिर गया।

उठाकर घर लाया। जी जला हुआ था। सोचा, इसे पण्डित जी के सामने ले चलूँ। देखें अपने सपूत की करनी।

ले गया। पण्डित जी के चरण पर अपना सिर रख दिया। सब माजरा कह सुनाया—जैसा हुआ था। मैंने कहा, "पण्डित जी, छोटे हैं तो क्या? हम लोगों की भी इज्ज़त होती है। इज्ज़त की भूख सबको बराबर होती है, जैसी आपकी इज्ज़त वैसी ही मेरी। सो इन्हें समझा दीजिए। बड़े हुए समझ-बूझ सकते हैं। किसी की इज्ज़त से खिलवाड़ न करें। यह भलमंसी का काम नहीं है।"

पण्डित तड़पे—"आज तूने मेरी गर्दन नीची कर दी। मेरी इज्ज़त का तूने तिल-भर ख्याल नहीं किया। दुनिया भर में मेरी बदनामी फैल चुकी। मैं मुँह दिखाने लायक़ नहीं रहा। अरे, कोई है?—इस साले को अधमरा

करके यहाँ से हटावे।"

मैं स्तब्ध हो गया। पण्डित जी मुझे पीटने के लिए आदमियों को ललकार रहे थे। मैं भरपूर पीटा गया।

वहाँ से भी निकाला गया!

तब मैं वे-घर-बार होकर, परदेशी होकर, बराबर सोचता रहा कि इज्ज़त क्या चीज़ है और समझ नहीं पाया!

अभी पारसाल की बात है कि हमारे पड़ोस का एक आदमी मर गया था। घर का अकेला था। जब तक जिया जी-तोड़ मेहनत-मजूरी करता रहा। उसकी मेहनत से दूसरों का घर भर गया। और वह मरा तो उसके लिए कफ़न के पैसे नहीं थे!

मरा भी कब? जबकि उसे मरना नहीं चाहिए था। लेकिन अभागा उसी समय अदबदाकर मरा जब सारे पड़ोसी तेली के बैल की तरह काम में नधे थे और वह था बिलकुल अकेला। सो, मर गया। मेरी स्त्री ने उसे मरा देखा। मुझसे कहा। मैंने कहा कि मुझे तो काम पर जाना है। उसने कहा, तुम्हें कोई ज़रूरी काम नहीं है। बारात है। सो, बारात जाने के लिए बुलायेंगे। कुछ ज़रूरी नहीं है। मत जाना। मैं जा रही हूँ। खेत कटेगा। कुछ मिल जाएगा। तुमसे हो सके तो उसका संस्कार करा दो, बेचारा, बिलकुल चुपचाप पड़ा है। न हिलता है, न डोलता।

पत्नी चली गई काम पर।

मैं लाश की चिन्ता में पड़ा। कफ़न के लिए पैसे उधार माँगता फिरा। कहीं मिलता नहीं दीखा। उस मुर्दे पर बड़ा क्रोध आया—क्यों मर गया अभागा? मरना ही था तो पैसे छोड़कर क्यों न मरा...?

कि इतने में पहुँचे ज़मींदार साहब। गरजते हुए—"बड़ा लाट का नाती बना है। तेरे बिना मैं अपना जाना रोक दूँ साले? चल जल्दी। पालकी के और सब आदमी आ गए हैं। चलता है कि नहीं रे? बुलाऊँ किसी मज़बूत आदमी को कि करे मरम्मत।"

मैंने उनसे सब हाल कह सुनाया। उनको जल्दी थी। बोले—"पैसे मिलेंगे। पालकी ले चल।"

मैंने कहा—"लाश छोड़ जाऊँगा तो मेरी इज़्ज़त न रह जाएगी बिरादरी में। आप मुझे पैसों का लोभ न दें।"

वे गरजे—"वह साला मर क्यों गया? चल तुझे ज़रूर चलना होगा। मेरी बात मान; नहीं तो एक भी हड्डी सही साबुत न बचेगी।"

मैंने कहा—"एक मैं न जाऊँगा तो भी आप चले जाएँगे। आपको रुकना नहीं होगा।"

बोले—"मुझे सिखाता है! चल जल्दी। तू क्या जाने कि एक आदमी कम हो जाने पर मेरी इज़्ज़त में फरक पड़ेगा।"

मुझे जाना पड़ा।

लौटने पर सुना कि वह अभागा कुत्तों का भोजन बन गया।

मैं सर से पैर तक काँप गया। मन में हुआ कि किसी को पुकारकर कहूँ—'अरे ओ, देखते हो यह सब क्या है? मैं समझ नहीं पाता समझते हो तो मुझे भी समझा दो।'

लेकिन किससे यह सब कहता? मन की अंधेरी गली में कोई भी नहीं दीखा।

बिरादरी की पंचायत जुटी। वहाँ इस सब घटना की ज़िम्मेदारी मुझ पर थोपी गई। तय रहा कि आहार-व्यवहार मुझसे बन्द कर दिया जाए। सो ही हुआ।

मेरा मन वहाँ से ऊब उठा था। जान पड़ता कि वह मुर्दा आगे आकर कहता है कि मेरी अगति कराने वाले तुम रहे। तुमने मेरी दुर्दशा करा दी।

मन का सन्ताप बढ़ गया। सो उस जगह के छोड़ने में मैंने कुशल पाई।

तब मैं बे-घर-बार होकर, परदेशी होकर, बराबर सोचता रहा कि इज़्ज़त क्या चीज़ है और समझ नहीं पाया!

बहुत दिन हुए कि ये बातें मेरे मन में गड़ी हैं। ऐसी गड़ी हैं कि निकलती नहीं। मन को भीतर-ही-भीतर मथा करती हैं। जी उचाट हो जाता है। कहीं कुछ अच्छा नहीं लगता। मन करता है कि ज़िन्दगी के साथ दुःख

बढ़ गया है। बढ़ गया है : सो क्या किसी उपाय से घटाया नहीं जा सकता? मेरे मन में बड़ा दुःख है। किसी से कहता नहीं इसलिए कि सुनने वाले झूठ समझेंगे! कहेंगे कि क्या तेरे भी दुख हैं, क्योंकि उनका मन मुझे पत्थर कबूल किए बैठा है और पत्थर में अनुभूति-ज्ञान नहीं होता। इसलिए मेरा मन किसी के निकट प्रार्थी नहीं है। आज आपकी दया हुई है। आप कहते हैं, समझ में न आवे, सो समझ लो। समझाने को तैयार हैं। अच्छा अवसर है। ऐसे सुदिन रोज-रोज नहीं आते। समझने की बातें बहुत हैं। उनका अन्त नहीं है। जीवन का अन्त है। जीवन की उलझनों का अन्त नहीं है। सो आपसे क्या-क्या पूछूँ?

आपने ईश्वरीय ज्ञान पाया है। जरूर परमात्मा आपके पीछे होगा। तभी आप ऐसा कहते हैं। अब वह आप के सहारे दुनिया में अपने को प्रकट करना चाहता है। अच्छा है।

हम तो समझने लायक हुए, तभी से हमें पेट समझाया गया, काम समझाया गया और घर-बार का इन्तज़ाम समझाया गया। सो यह समझकर हम उस दशा को पहुँच गए कि हमसे ईश्वर भी दूर हो गया, उसका ज्ञान दूर हो गया।

अब आपने मुझ पर दया की है। आप पर ईश्वर ने दया की है। बड़ा अच्छा है। दुहरी दया का बल है। अब मैं बिना समझे न रहूँगा। ज़रूर मेरा अज्ञान आपको अखर रहा है। आपका जतन काम करे तो अपने अज्ञान को आपके सहारे मरघट तक पहुँचा दूँगा।

हाँ, तो, बताइए कि इज्ज़त क्या है? इज्ज़त को मैं अभी तक नहीं समझ सका कि क्या है? आपके दिव्यज्ञान में भी यही बात है कि अपनी इज्ज़त आप करो : दुनिया इज्ज़त करेगी। सो पहले अच्छी तरह समझा दीजिए कि इज्ज़त क्या है?

इसके बाद वह चुप हो गया। मैंने देखा कि झूरी को मैंने जितना सरल और विश्वासी समझा था उतना ही वह वक्र और अविश्वासी है। लेकिन उसकी बात से अविनय नहीं झलकता था; इसलिए कुछ न बताने से बात बनेगी नहीं। इधर उसका सवाल बड़ा ऊट-पटाँग लग रहा था। यह भी

कोई सवाल है—इज्ज़त क्या है? इज्ज़त इज्ज़त है। मैंने कहा—"झूरी, तुम्हारा सवाल गलत है। प्रश्न ऐसा नहीं किया जाता कि बहस उठे। ऐसा किया जाता है कि उत्तर उस प्रश्न में ही झाँकने लगे। यह हो तो ठीक। नहीं तो प्रश्न का ढंग गलत।"

झूरी ने कहा—"बाबू, कोई बात मैं तभी समझ पाता हूँ, जब पता लग जाए कि वह क्या है? किसी परदेशी से आप कहें कि आप झूरी के पास जाएँ; उससे आपका बहुत काम होगा : तो वह आपसे ज़रूर पूछेगा कि झूरी क्या है? कहाँ मिलेगा? उसका गुण क्या है? कम-से-कम उसे इतना तो मालूम कर ही लेना चाहिए। सो मैं पूछता हूँ कि इज्ज़त क्या है?"

मैंने सोचा—क्या उत्तर दूँ, कुछ ज़रूर उत्तर देना चाहिए। सो मैंने कहा—"इज्ज़त इज्ज़त है।"

"मैं समझा नहीं"—झूरी बोला।

"धीरे-धीरे समझ जाओगे! सोचते रहो"—मैंने कहा।

झूरी ने कहा—"धीरे-धीरे का धीरज अब नहीं है। उमर गत हो गई। बड़ी जल्दी है। कोई उपाय आपकी सूझ में हो तो बताइए।"

मैंने कहा—"विचार करते रहो। मुझे और कोई उपाय नहीं मालूम।"

"लेकिन मैं अब तक कामकाजी रहा हूँ। सिर्फ विचार मुझसे नहीं होगा"—झूरी ने कहा।

मैंने कहा—"तुम्हारा मन जिससे मेल खाए उसे अपनाओ। उसी में तन्मय रहो।"

झूरी ने कहा—"ऐसा हो, तब तो मैं आपके ईश्वरीय ज्ञान से वंचित रहूँगा। क्या ऐसा कोई ढंग नहीं है कि जिससे मैं आपका ज्ञान अपना कर अपना जीवन धन्य बना सकूँ।"

मैंने पाया कि उसकी बुद्धि और दिन तो नहीं, आज ज़रूर जाग गई है। मुझे प्रसन्नता नहीं हुई; क्योंकि मेरी बात को वह रोक रहा था। उसके मन में मेरे पहिलौठी उत्साह की कदर न थी। मैंने उसके प्रश्न के उत्तर में कहा—"मुझे नहीं मालूम।"

झूरी ने कहा—"आदमी का मन है कि अनजानी जगह में भी कुछ देर टिक जाता है और वहाँ के विषयों पर जो कुछ अपने आप सोच-समझ

पाता है उसे पकड़ लेता है और फिर उसे उतावली में नहीं छोड़ देता। मैंने अपनी साठ बसकाले की जिन्दगी में इस पर कुछ सोचा, कुछ समझा : फिर एक धारणा बना ली। वह धारणा सहज में न डिगेगी। उसको दूर करने के लिए तो सचाई का ही बल काम देगा। वह धारणा क्योंकि मेरे जीवन की सचाई से जनमी, और बढ़ी है।"

मुझे झूरी की आज कोई बात पसन्द न थी। उसका आज का चलावा बहुत बुरा लग रहा था। फिर भी उस की यह बात सुनकर मैंने विचार किया कि जानना चाहिए कि इस मूर्ख का इज्ज़त पर क्या मत है? पूछा—"तुमने क्या समझा है?"

झूरी ने कहा—"मैंने अब तक जो बूझा है सो, कहता हूँ। इज्ज़त धन है। इज्ज़त वस्त्र है। इज्ज़त सजावट है। इज्ज़त आतंक है। इज्ज़त वह सब कुछ है जिससे दूसरा आदमी दब जाए। किसी आदमी का दब जाना ही, झुक जाना ही, इज्ज़त करना है। सो यह इज्ज़त धनियों को बिना यत्न मिलती है। वे बेइज्ज़त होते हैं तब, जब अपनी तड़क-भड़क हटा देते हैं। अपना वैभव छिपाए रखते हैं। और साधारण आदमियों का बाना ग्रहण करते हैं। ऐसे धनी अपने को सीधा-सादा जीवन बिताने वाला गौरवी समझते हैं। उन्हें एक और ढंग के आदर की भूख होती है। धनी होकर भी ऐसे हैं! ऐसे रहते हैं जैसे मामूली आदमी! कितनी उच्चता है! जहाँ वे जाते हैं, उनके धन, वैभव, आतंक के गीत उनसे पहले पहुँचते हैं, तब उन्हें आदर मिलता है : उससे उन्हें तृप्ति मिलती है। इस तरह से वे अपने से धनी लोगों से अपने को ऊँचा समझते ही हैं, निर्धन तो बिना बुलाए चरण चूमते हैं; अगर कहीं ऐसा न हुआ तो वे अपमान पायेंगे क्योंकि जो लोग उनका नाम तक नहीं जानते, वे उन्हें साधारण समझकर इज्ज़त तो बिलकुल ही न करेंगे, यदि और कुछ न करें। वे भी साधारण वेश के नाते किसी से इज्ज़त नहीं माँग सकते और माँगेंगे तो मिलेगी भी नहीं। इन्हें समझाने की ज़रूरत है कि—'अपनी इज्ज़त आप करो : दुनिया इज्जत करेगी।'

"अपनी इज्ज़त का मतलब टीम-टाम का बढ़ा व धन से यश का विस्तार।

"इज्ज़त तो उसे कहते हैं जो बराबरी से मिलती है। एक धनी दूसरे

धनी को अपना समधर्मी समझकर इज्ज़त देगा। इसी को असल में इज्ज़त या आदर कहते हैं। साधारण आदमी जो धनियों को घेरते हैं, उस कुत्ते के समान हैं जो अपने मालिक का पैर चाटता है। उनका व्यवहार इज्ज़त करने की सीमा में नहीं दाखिल।

"जो धन से ढके हैं वे सभी आघातों से बचे रहते हैं। उनकी इज्ज़त है, उनकी पूछ है। उनको चिन्ता नहीं करनी कि अपनी इज्ज़त आप करो : दुनिया इज्ज़त करेगी।

"जो गरीब हैं, उनसे कहना कि अपनी इज्ज़त आप करो : दुनिया इज्ज़त करेगी—उनकी हँसी उड़ाना है। उनके घावों में तीर चुभाना है। वे किसी से इज्ज़त माँगने का अधिकार नहीं रखते। वे इज्ज़त की माँग पेश करें तो उनसे प्रश्न किया जाएगा—इज्ज़त? कैसी इज्ज़त? तेरे भी इज्ज़त है?

"इसके बाद एक विद्रूपात्मक हँसी गूँज उठेगी। और वह आदमी स्तब्ध रह जाएगा; क्योंकि वह देखेगा कि मेरी देह पर यह चीज़ कम है, वह चीज़ नहीं है, वह चीज़ बिलकुल पुरानी अतः त्याज्य; अभी तक शरीर से सम्बन्धित है; सो मेरे पास इज्ज़त है ही कहाँ और मैंने इज्ज़त माँगकर अच्छा नहीं किया।

"ऐसे आदमी के पास तो धन नहीं है अतः इज्ज़त नहीं है। सो उससे, अपनी इज्ज़त आप करो : दुनिया इज्ज़त करेगी—कहना कभी नहीं ठीक।

"हाँ, जो धनी अपना बल हनुमान की तरह भूले हों उनको याद दिलाने के लिए कहना सार्थक है कि अपनी इज्ज़त आप करो : दुनिया इज्ज़त करेगी।

"वे अपना बल चेतेंगे। जो करना होगा कर गुज़रेंगे। सबसे, अधिक-से-अधिक इज्ज़त वसूल करेंगे। उन्हीं को यह ईश्वरीय ज्ञान दीजिए। वे आपकी पूजा करेंगे। आपकी बात समझेंगे। आपको अवतार, धर्मगुरु, महामानव सब कुछ कहेंगे। सिद्धान्त का प्रचार तन-मन-धन से करेंगे। दुनिया भर में प्रकाश फैलेगा। आप जो चाहेंगे; वही होगा।

"हम सब मूर्ख हैं। आपकी बात नहीं समझेंगे। दरिद्रों को इज्ज़त नहीं पहिचानती। उनको इज्ज़त मिली ही नहीं। उनके अभाव की आग को

शान्त रहने दीजिए। उस आग को सुलगाइए मत।"

झूरी चुप हो गया। उसकी बातें सुनकर मैं तो सन्न रह गया : यह अपढ़, अनजान और मूर्ख, सीधा-सादा मामूली आदमी समझ की आग से भरा हुआ है।

मैंने कुछ खीझ के साथ कहा—"झूरी, तुम मेरी बात समझे नहीं!"

बोला—"मेरी समझ का दोष है, बाबू! आपका नहीं। न समझा। न समझ पाऊँगा।"

इसके बाद बड़ी देर तक चुप्पी रही।

फिर झूरी बोला—"रात हो आई। कुबेला हो रही है। अब चलूँ।"

और वह चला गया।

मेरा सारा उत्साह टूट गया। अब मैं दुनिया के कल्याण की बात नहीं सोचता। दुनिया मूर्ख है। वह मेरी बात का मूल्य कभी नहीं परख सकती इसलिए अब मैं बेकार की चिन्ता नहीं मोल लेता। दुनिया चूल्हे में जाए। मुझे क्या? यद्यपि मैं जानता हूँ कि दुनिया मेरी बात माने, मुझको पूजे तो उसको मंगल ज़रूर होगा।

(कथा संग्रह : देशकाल 1986 में संकलित)

चिन्तन : कविता और समाज

काव्य और अर्थ-बोध

अपने विषय पर कुछ कहने के पूर्व, इसी विषय से सम्बन्ध रखनेवाले दो-एक प्रसंगों का अवतरण करने के लिए मैं पाठकों से क्षमा चाहता हूँ।

एक प्रतिष्ठित पत्र के सम्पादक ने, जिनके साथ मैं काम किया करता था, एक दिन अपने हाथ के लेख को मेज पर डालकर, चश्मे की कमानी को ठीक करते हुए, प्रश्न किया—'त्रिलोचन जी, सुन रहे हैं न?' मैंने ध्यानपूर्वक उनकी ओर देखा। उन्होंने कहा—'इस लेख में एक कविता उद्धृत है जो मुझे ठीक नहीं जान पड़ती। लिखा है, 'एक मुर्दा गा रहा था बैठकर जलती चिता पर'। भला, जलती चिता पर बैठकर मुर्दा गाएगा कैसे? ऊटपटाँग बात है।' मैंने कुछ कहा नहीं। केवल, सम्पादक जी की ओर सतर्क होकर देखा। वे कह रहे थे कि ऐसा तो न मैंने कहीं देखा, न सुना। सचमुच वे अनुभवी तो थे ही, विद्वान् भी थे। मौनं स्वीकृतिलक्षणं के अनुमान से उन्होंने कहा—'मैं गा रहा था' की जगह 'जा रहा था' कर देता हूँ, यद्यपि फिर भी कुछ खामी तो रह ही जाती है। मुझे विनोद सूझा, अतएव मैंने कहा—'बैठकर से अब बाधा खड़ी होती है, यदि यहाँ लेटकर होता तो शायद कुछ ठीक होता।' अब सम्पादक जी कलम लेकर कुछ कर गुज़रने के लिए तैयार थे कि मैंने उनकी सुफ़ेदी की इज्जत मन में लिए हुए निवेदन किया इसका संशोधन यदि न करें तभी अच्छा। यह कविता तो एक पुस्तक में प्रकाशित हो चुकी है। यहाँ पहले छपती तब संशोधन उचित होता। इस समय के संशोधन को लोग प्रूफ की ग़लती मान लेंगे। पुस्तक में प्रकाशित होने के कारण कवि भी अब संशोधन से कोई लाभ न उठा सकेगा। सम्पादक जी को यह बात जँच गई और उन्होंने संशोधन से हाथ खींच लिया।

बच्चन दूसरे कवियों से अधिक लोकप्रिय हैं। कहा जाता है, उनकी कविताएँ सरल हैं! इतने पर भी क्या आप इससे सहमत हैं?

उन सम्पादक जी के लिए सम्भवतः कुछ उदारमना विचारक यह सिफ़ारिश करें कि उन्होंने कविता न पढ़ी होगी, जाने भी दीजिए। अच्छी बात।

अब एक और प्रकरण। एक कवि हैं। बड़ा नाम है, बड़ा काम किया है। ग्राम-गीत, कहानी, उपन्यास और बाल-साहित्य कौन ऐसा विषय है जिस पर उन्होंने कृपा न की हो। हाँ, आलोचना का विषय न जाने कैसे छूट चला था कि जो 'खेतों से आया था और फिर खेतों में चला जाऊँगा' यह निश्चय कर चुके थे; क्या मालूम क्या हुआ कि जाने से पहले इस विषय को भी कृतार्थ करते गए। जिन दिनों उन्हें आलोचना का आवेश रहा करता था वे खास तौर से छायावादी कवियों के दोषों पर दृष्टि रखते थे और निश्चय ही उनके हाव-भाव से प्रकट होता था कि हिन्दी साहित्य के अकल्याण-भय से उनकी चिन्ताओं का कोई अन्त नहीं। एक बार 'ग्राम्या' के पन्ने पलटते हुए बोले—'पन्त जी को प्रकृति का परिज्ञान तक नहीं। उनकी नायिका वर्ष भर के फूलों से; कभी इस से कभी उससे, श्रृंगार करती है। बस उन्होंने फूलों के नाम नोट किए और एक कविता में सबको भर दिया। न देश का विचार किया, न काल का।' उस कविता को एक नज़र देख जाने पर मैंने निहायत अदब से अर्ज़ किया कि ऐसी बात तो नहीं है। यहाँ तो कवि ने नायिका पर ध्यान रखा है। वह प्रकृति से इतनी हिलमिल गई है कि प्रकृति जब जिन फूलों से श्रृंगार करती है, उन्हीं को वह भी अंगीकार करती है। देखिए, लिखा है, 'सज ऋतु सिंगार'। इसके बाद कवि जी अन्यान्य दोषों पर ज़बान दौड़ाने लगे।

अभी कल की बात है कि चारों ओर अश्लीलता सूँघनेवालों ने निराला जी की एक कविता पर अथक कृपा दिखलाई थी। उसका निम्नांकित पद प्रायः सबूत के लिए पेश किया जाता था...

दूर ग्राम की कोई वामा
आए मन्द चरण अभिरामा
उतरे जल-तल अवसन श्यामा
अंकित उर-छवि सुन्दरतर हो

उन स्वयम्भू समालोचकों ने कभी यह सोचने की तकलीफ़ गवारा न की कि इस कविता का शीर्षक 'विनय' क्यों है? क्या उन महाभागों ने

कभी किसी को अपने मन में धँसे हुए कुत्सित अर्थ की प्रार्थना विनय या सन्ध्या में करते देखा अथवा सुना था?

एक बार ऐसे ही काव्य-पारखी लोगों से तंग आकर आनन्दघन ने कहा था—

जग की कविताई के धोखे रहैं
ह्याँ प्रबीनन की मति जाति जकी
समुझैं कविता घनआनन्द की
हिय-आँखिन नेह की पीर तकी

मर्मी कवि ठाकुर ने ऐसे ही लोगों का खाका खींचा है—

डेल सो बनाय आय मेलत सभा के बीच
लोगन कवित्त कीबो खेल करि जानो है

सन्त कवि सुन्दरदास ने इन्हीं लोगों के पूर्वजों से प्रार्थना की थी—

बोलिए तो तब जब बोलिबे की जानि परै
न तौ मुख मौन गहि चुप होइ रहिए

लेकिन इस सब से क्या होता है? पारखी न तब कम हुए, न अब कम हैं। उनकी संख्या दिन दूनी रात चौगुनी बढ़ रही है। इस पर आप को हर्ष होगा या शोक?

भर्तृहरि ने साहित्य, संगीत और कला से हीन व्यक्ति को पुच्छ-विषाणहीन साक्षात् पशु कहा है। यह बात स्वयंसिद्ध के समान मानी जाती है। ऐसी हालत में अन्य दिशाओं की ओर गतिमूढ़ता देखकर अधिकतर लोग साहित्य को अपने कृपा-कटाक्ष से अवश्य धन्य करते हैं। आजकल सुसंस्कृत मनुष्य की एक यह भी पहचान है कि वह साहित्य से अच्छा परिचय रखता हो। हमारे यहाँ की चौंसठ कलाएँ पुरातन सभ्यता का लक्षण हैं। उनमें से अधिकांश दैनिक जीवन से सम्बद्ध हैं। कुछ का बौद्धिक महत्त्व है, कुछ का व्यावहारिक, कुछ का आनन्दमूलक। चौंसठ कलाओं में साहित्य या काव्य की गणना नहीं है। उसमें समस्यापूर्ति का नाम है। कुछ लोग इसी समस्यापूर्तियों को काव्य कहना चाहते हैं।

समस्यापूर्ति में कभी-कभी कवित्व की झलक मिल जाती है। लेकिन यह अपवाद है और अपवाद को नियम का पद नहीं दिया जाता। नटों के प्रदर्शनों में अच्छी-खासी मेहनत पड़ जाती है मगर उनके कौतुक को शायद ही कोई व्यायाम कहना चाहे।

मालूम नहीं, जग की कविताई से आनन्दघन का क्या अभिप्राय है? सामान्य सत्यों की व्यंजना करने वाली रचना को अब हिन्दी में सूक्ति कहने का रिवाज चल पड़ा है। इन सूक्तियों को कुछ काव्य-समीक्षक कविता के क्षेत्र से खारिज कर देना चाहते हैं। उन लोगों का भगीरथ प्रयत्न बराबर चालू है। न जाने किन अलक्ष्य कारणों से अभी सिद्धि के लक्षण नहीं दिखाई देते।

एक बार एक सम्पादक जी ने प्रसंगवश कहा कि वृन्द के समान महान् कवि हिन्दी में कोई नहीं हुआ। सुननेवाले हँस पड़े। एक दुर्मुख कवि ने कह ही तो दिया और आपके समान महान् सम्पादक भी हिन्दी में कोई नहीं हुआ। सम्पादक जी ने भोलेपन से पूछा—'क्या मैंने कुछ ग़लत कहा?' भला वे कुछ ग़लत कह सकते थे!

एक आत्मविश्वासी पत्रकार ने निराला पर एक लेख में लिखा है कि मैं निराला जी की कविताओं को समझने का दावा नहीं करता। वरन् मेरा तो ऐसा विश्वास है कि उनकी कविताएँ समझी ही नहीं जा सकतीं। फिर भी सम्मेलनों में जब निराला जी काव्य-पाठ करते हैं, सभा की अखण्ड शान्ति को देखकर मैं सोचा करता हूँ कि इस साहित्यकार में कोई शक्ति अवश्य है। ऐसे ही महापुरुषों ने इधर-उधर से 'प्रकाश' लेकर हिन्दी साहित्य पर डाला। इसी कैड़े के एक सज्जन ने पन्त जी पर औरों की अपेक्षा अच्छा 'प्रकाश' डाला है। क्या इन्हीं लोगों को ध्यान में रखकर गोस्वामी तुलसीदास ने लिखा है—

> मनि मानिक मुक्ता, छवि जैसी,
> अहि गिरि गज सिर सोह न तैसी।
> नृप किरीट तरुनी तन पाई
> लहहिं सकल सोभा अधिकाई।
> तैसइ सुकवि कवित बुध कहहीं,
> उपजहिं अनत अनत छबि लहहीं।

सचमुच ऐसे पुरुषार्थियों को यदि बधाई देने में संकोच हो तो दया के लिए मितव्ययिता न करनी चाहिए। श्रीहर्ष को उदाराशय कहने में हमें इसलिए आगा-पीछा हो रहा है कि उसने इन परोपकारियों के साथ कोई अच्छा सलूक नहीं किया। जगह-जगह अपने काव्य में ग्रन्थियों का नियोग करके उसने इन लागों को व्यर्थ ही निरुत्साहित किया है।

जब, 'कविः करोति काव्यानि स्वादं जानन्ति पण्डिताः' उक्ति प्रचलित हुई होगी तब शायद इस प्रकार के पण्डित न रहे हों। कविता का भाव तो कुछ और है परन्तु आलोचक महाशय की व्याख्या कुछ और ही ग़ज़ब ढा रही है; ऐसा प्रायः देखा जाता है। कुछ लोग कवियों को व्याकरण पढ़ाना चाहते हैं, कुछ यह चाहते हैं, कुछ वह चाहते हैं; सब अपनी हाँकते हैं।

कहा जाता है, एक बार किसी चित्रकार ने एक सुन्दर चित्र बनाकर विशेषज्ञों की सम्मति के लिए, उसे किसी विशेष स्थान पर टाँग दिया और लिख दिया कि इस चित्र में जिसे जहाँ जो त्रुटि दिखाई दे वहाँ पर निशान बना दे। परिणाम यह देखने में आया कि उस चित्र में निशान-ही-निशान रह गए; चित्र न जाने कहाँ चला गया। यदि काव्य पर भी विशेषज्ञों की यही कृपा बनी रही तो काव्य की जगह विशेषज्ञता ही रह जाएगी।

निराला जी कवि के साथ काव्य-मर्मज्ञ भी अच्छे हैं; पर उनकी एक आलोचना देखिए। पन्त जी की पंक्तियाँ हैं—

झर झर बिछते मृदु सुमन शयन
जिन पर छन कम्पित पत्रों से
लिखती ज्योत्स्ना कुछ जहाँ तहाँ

निराला जी को शंका होती है। पूछते हैं, फूलों की सेज पर ज्योत्स्ना क्यों लिखती है? सेज भी क्या लिखने की चीज़ है और यह ज्योत्स्ना कैसे लिखती है। फिर मज़ाक करते हैं : अच्छा माना, पत्ते ब्रोड निब जैसे होते हैं; लेकिन काँपते पत्तों से, निब से लिखना, कैसे सम्भव है? यहाँ निराला जी की प्रवृत्ति केवल छिद्रान्वेषिणी है, यह मेरा नम्र निवेदन है। देखिए चाँदनी रात है। शायद पूनो। हवा चल रही है। फूल एक-एक गिर कर बिछ रहे हैं। पेड़ के पत्ते हिल-डुल रहे हैं। इन्हीं हिलते-डुलते पत्तों के बीच से ज्योत्स्ना छनकर कभी यहाँ, कभी वहाँ मानो कुछ लिख जाती है।

शायद इस अर्थ पर निराला जी को आपत्ति न हो। निराला जी केवल एक जगह चूके हैं, उन्होंने 'छन' पर ध्यान ही नहीं दिया और 'से' का अर्थ तृतीया विभक्ति के रूप में लिया।

इससे प्रकट होता है कि काव्य का विषय बहुत नाजुक है। पूर्व धारणाओं से काव्यार्थ-बोध में प्रायः बाधा उपस्थित होती है। काव्यार्थ के लिए नियमित रूप से काव्य का पाठ और मनन करना चाहिए। किसी भी काव्य का अध्ययन करने से पहले आत्म-परीक्षा कर लेनी चाहिए। किसी भी प्रकार की संकीर्णता काव्य-सौन्दर्य को अपहित कर लेती है। किसी कवि के प्रति विशेष श्रद्धा दूसरे कवि का स्वरूप-बोध नहीं होने देती। कभी-कभी विचार-विशेष से आग्रह से भी काव्य समझने में बाधा खड़ी होती है। अतएव काव्य-पाठ करने के पहले मन को प्रत्येक बाहरी प्रभाव से मुक्त कर लेना चाहिए।

इसके अतिरिक्त यदि मन में शिथिलता, श्रान्ति या शून्यता हो तो भी काव्यानुशीलन न करना चाहिए। चिन्ता और उद्विग्नता भी काव्य-सौन्दर्य को परिच्छिन्न करती है। यदि मन पर किसी विशेष प्रकार के भावों अथवा विचारों की छाप पड़ चुकी हो तो भी काव्य का पाठ अनुपयुक्त है।

शब्दों की शक्तियों का जितना ही अधिक बोध होगा अर्थबोध उतना ही सुगम्य होगा। इसके लिए पुरातन साहित्य का अनुशीलन तो करना ही चाहिए, समाज का व्यापक अनुभव भी प्राप्त करना चाहिए।

कवि में जिस प्रकार विधायक कल्पना की आवश्यकता है उसी प्रकार पाठक में ग्राहक कल्पना की आवश्यकता होती है। पाठक की ग्राहक कल्पना का विकास प्रत्यभिज्ञा के आश्रय से होता है। जिसकी निरीक्षण शक्ति जितनी विकसित होगी उसकी भावना का भी परिपाक तदनुकूल ही होगा।

अन्त में हम आचार्य शंकर की इस उक्ति को तात्पर्य बोध के लिए लिए उद्धृत कर विराम ग्रहण करते हैं–

अर्थमनर्थं भावय नित्यं
नास्ति ततः सुखलेशः सत्यं

(हंस, अगस्त 1945)

रचना-आलोचना

रचना और आलोचना में तत्त्वतः अन्तर नहीं है। दोनों की समृद्धि जीवन के व्यापक अनुभव से होती है। यह अनुभव समकालिक भूमि पर विशिष्ट होता है। विशिष्टता का निद्धरण दूसरे समवर्ती अनुभवों की राशि पर स्थापित होता है। समवर्ती अनुभव अपनी अनन्तता और व्यापकता में बाह्यतः लक्षणीय नहीं प्रतीत होते। लक्षक मन ही लक्षणीयता को परखकर उभारता है। परख भी समकालिकता और समबोध से अनुशासित होती है। समबोध ज्ञान या अनुभव की उस अवस्था में पुष्ट होता है जो प्रत्येक मन में कल्पना, सूझ या निश्चय के रूप में उदित होता है। कल्पना, सूझ या निश्चय अपने नाम और गुण का विरोधी रूप भी दिखा सकता है अर्थात् कल्पना की जगह अकल्पना, सूझ की जगह असूझ और निश्चय की जगह अनिश्चय भी हो सकता है। यह अनुभवसिद्ध बात है। यह स्थिति जैसे रचना में वैसे ही आलोचना में मिलती है।

ज्ञान, इच्छा और क्रिया जैसे और लोगों में है वैसे ही रचनाकार और आलोचक में भी। यह जीवन की समभूमि है जो सबके लिए समकाल में आधार का काम करती है। ज्ञान, इच्छा और क्रिया जिस प्रकार अपने नाम और रूप में पृथक् दिखते हैं उस प्रकार इनकी पृथक् स्थिति नहीं है। किसी एक के अन्दर शेष दो का अन्तर्भाव सदा रहता है। पार्थक्य तो विश्लेषण बुद्धि से किया जाता है। विश्लेषण बुद्धि इनके संघठन को समझाने का प्रयास करती है। इसी प्रयास का फल है यह नामरूपात्मक भेद।

जब कोई अपनी समझ दूसरे को जताने की इच्छा करता है तब आकार-इंगित-चेष्टा के बाद जो माध्यम उसका समर्थ सहायक बनता है, वह है भाषा। भाषा समाज में समकालिकता की सीमाओं के भीतर समबोध द्वारा प्राप्त होती है। यह समबोध जगत् से सम्बन्ध जोड़ता है।

बोध सम तभी होता है जब उसका सह-अनुभव अधिक-से-अधिक लोगों में पाया जाए।

रचनाकार और आलोचक समबोध को क्रिया के आश्रय से ग्रहण करते हैं। समवर्ती क्रिया अपनी अनेकता और अनन्तता में रचना और विचार की अनेक स्थितियाँ देती चलती है और अभिव्यक्ति के प्रयासी अपने-अपने ध्यान से उसका आकलन और प्रतिपादन करते हैं। जिसका ध्यान जैसा होगा उसकी कृति वैसा ही रूप लेगी। ध्यान के मूल में यदि विषम भाव है तो वैषम्य की अभिव्यक्ति होगी। वैषम्य यदि व्यक्तिगत अधिक हुआ तो समष्टि द्वारा विस्मरणीय हो जाएगा। कोई भी व्यंजना बहुजनग्राह्य तभी होती है जब उसमें बहुजन के अनुभव को उचित स्थान दिया जाए। उचित स्थान का भी विवेक, समवर्ती समबोध से ही उत्पन्न होता है।

प्रश्न उठता है कि समबोध क्या इतना महत्त्वपूर्ण है कि उसके लिए अभिव्यक्तिनिष्ठ को बाध्य किया जाए? बाध्य करने की तो बात ही नहीं आती। समबोध तो वह आधार है जो स्थिति और स्थान देता है। स्थिति और स्थान गतिशील जीवन के लिए अपेक्षित है। यह अपेक्षा इतनी अविच्छिन्न है कि इसको न निवार्य कह सकते हैं न अनिवार्य। इसकी स्थिति अभिव्यक्ति के लिए वैसी ही है जैसी जीवन के लिए भूमि की। जीवन को आधार सब कहीं चाहिए। जैसे साँस लेने के लिए किसी को बाध्य नहीं किया जाता वैसे ही जीवन और अभिव्यक्ति के क्रम में समबोध की स्थिति है। समबोध संयोजक तत्त्व है लेखक और पाठक के बीच। समबोध के विरोध में रचना और आलोचना का उद्‌देश्य ही लुप्त हो जाएगा।

व्यक्तिबोध इसी समबोध के सहारे खड़ा होता है। आकाश का दिग्वलय पार करनेवाला पक्षी जैसे आकाश का स्थानापन्न नहीं हो सकता वैसे ही समबोध के क्षेत्र में विचरनेवाला, समबोध का एक मात्र प्रतिनिधि नहीं हो सकता। परिणामतः व्यक्ति के राग-द्वेष, हर्ष-शोक और भय-विस्मय आदि भाव तभी ग्राह्य होते हैं जब वह अन्य व्यक्तियों के उन्हीं भावों का पोषण या विक्षोभन करते हैं। व्यक्ति का अहम् भी इसी प्रकार के अन्य व्यक्तियों द्वारा ग्राह्य या अग्राह्य हो जाया करता है क्योंकि

अन्य भावों के समान ही, अहम् भी सर्वजनग्राही भाव है। भाव और उसकी व्यंजनापद्धति, दोनों में फैलने की शक्ति है। घोर व्यक्तिवादी भी अपनी काट के व्यक्तियों को अपनी ओर आकृष्ट करता है। धीरे-धीरे ऐसे व्यक्तिवादियों का भी एक समूह खड़ा हो जाता है। परिणति में यह अर्थतः व्यक्तिवाद का अन्त है। फिर भी व्यक्तिवाद के पोषकों का उत्साह बना रहता है। उनकी व्यंजना नहीं रुकती। व्यक्तिवाद की यह व्यंजना प्रचेष्टा समबोध के ही सहारे समाज के अनेक व्यक्तियों को पकड़ लेती है।

× × ×

जो कहते हैं कि कविता को कविता होना चाहिए, वे इस विषय के नवीन बिन्दु से या तो अपरिचित हैं या उसे फाँद जाना चाहते हैं। इस प्रकार की उक्ति कहनेवाले, अपने हृदय में निहित रूप को निहारकर आश्वस्त हो जाते हैं कि कभी न कभी यही रूप घर-घर में मढ़ा कर रखा जाएगा। स्पष्ट है कि वचन और अर्थ में लगाव होते हुए भी अलगाव है।

कवि जब पाठक की स्थिति में होता है तब उसकी स्थिति रचना काल से भिन्न होती है। पाठक जहाँ अपनी सामग्री में तारतम्य की खोज करता है वहाँ कवि अपनी प्रतिक्रिया को पूरी तरह झलकाता है। अपनी रचना का पाठक बनकर कवि स्वयं तारतम्य की खोज करने लगता है। पाठक अतीतदर्शी होता है और अतीत आदर्शों की निरन्तर गति उसको प्रेरित करती है। कवि पर भी यह पाठक कभी-कभी छा जाता है। ऐसी दशा में रचना का प्रस्थानबिन्दु बदल जाने से, वर्तमान की व्यापक प्रतिक्रिया उपेक्षित हो जाती है जिसके बिना रचना उत्तम कोटि की नहीं होती।

(ओर, अंक 7-8, जुलाई-अक्टूबर 1972, में प्रकाशित)

जनभाषा और काव्यभाषा

कविता में हर पीढ़ी के कवियों ने भाषा पर विचार किया है और यह विचार आज भी होता रहता है। सवाल है कि ऐसी क्या स्थिति आ जाती है जिसके कारण भाषा के तौर तेवर देखने और पहचानने की कोशिश चलती रहती है। भाषा पर अलग से कुछ कहने की आवश्यकता नहीं, क्योंकि विस्तार इतना हो जाएगा कि सँभाल में न आए। फिर भी निवेदन है कि भाषा के अन्तर्गत उन तमाम रूपों को ले लिया जाए जो समाज के विभिन्न वर्गों के व्यक्तियों में परस्पर संचार के माध्यम हैं। यह बात भी ब्यौरा चाहती है, पर उसे संकेत करके छोड़ देना ही अच्छा होगा।

लेख हिन्दी में है। जाहिर है, हम हिन्दी की बात करेंगे। हिन्दी का एक रूप किताबों, पत्र, पत्रिकाओं, रेडियो और सिनेमा आदि में मिलता है जो बहुत कुछ सभ्य परिवेश के अनुबन्धों का निर्वाह करता है। इस हिन्दी का दूसरा रूप खड़ी बोली सहित उन अनेक उपभाषाओं का है जिनका कामकाज में अधिक और लेखन में नगण्यप्राय उपयोग होता है। आज के साहित्य-समीक्षक इस अनेकात्मक रूप को हिन्दी में गिनने को तैयार नहीं। परिणाम है, उपभाषाओं का क्षेत्रीय आन्दोलन। एक ओर पूरे देश की सांस्कृतिक एकता की बात, दूसरी ओर उच्चता के दम्भ से हिन्दी के अन्य अंगों को काटने की प्रवृत्ति।

उपभाषाओं को जनभाषा कहने में संकोच की गुंजाइश नहीं। अंचल अंचल में जनसमूह इनका व्यवहार करता है। यह भी सच है कि आधुनिक हिन्दी भी सार्वजनिक भाषाओं के अलावा उपभाषाओं के आसपास भीतर बाहर प्रयोग में मिल जाती है। आधुनिक हिन्दी वह परिमार्जित भाषा है जिसमें सभी उपभाषाओं के प्रयोगों का अपने अनुशासन में समाहार है। यह हिन्दी शिक्षित होने की पहचान है। जाहिर है कि इस पहचान में अलगाव है। यह अलगाव दूसरों के गलत प्रयोगों पर रोक टोक करने से

दैनिक जीवन में प्रकट होता रहता है। **यानी, आधुनिक हिन्दी वह सामान्य भाषा है जिसका समाज के अनेक स्तरों पर पार्थक्यविशिष्ट एक सर्व स्वीकृत व्यवस्था-विधान है।**

काव्य की दृष्टि से तो नहीं, पर भाषा के अर्थों की दृष्टि से द्विवेदी युग के कवियों ने हिन्दी के सहज रूप को रखा है। छायावाद काल में काव्य का स्तर ऊँचा हुआ है किन्तु भाषा घायल दिखाई देती है। संस्कृत गर्भित वाक्यों में हिन्दी का स्वरूप खुलता नहीं दिखाई देता। इस भाषा की प्रतिक्रिया गोपालसिंह नेपाली, नरेन्द्र शर्मा, बच्चन और अंचल जैसे कवियों द्वारा प्रकट हुई। पर कविता केवल आभोग के घेरे में संयोजन का समर्थ माध्यम नहीं बनती। केवल अपने आनन्द और विषाद के माध्यम से अधिक लोगों को अपना ही बनाया जा सकता। प्रगतिवाद ने भाषा की सरलता का आग्रह किया जो उथलेपन से कम बचा। विद्रोह भी बहुधा शब्दमय ही मिलता है। कवियों ने व्यापक समाज से सम्बन्ध बनाया होता तो यह खतरा टल जाता। प्रयोगवाद में वैयक्तिक आग्रह और शालीनता का विशेष मोह छायावादी प्रवृत्तियों से अधिक दूर नहीं है। '50 के बाद के कवियों ने कुछ सँभालकर डग भरने का प्रयास किया। इसी समय उर्दू कवियों के संकलन, वैयक्तिक और सामूहिक, हिन्दी में प्रकाशित होने लगे। इनका असर लेकर हिन्दी काव्यभाषा ने हिन्दी समाज से नाता जोड़ा। फिर भी कवियों की संस्कार-निर्मित सीमाएँ उन्हें घेर-घेरकर कहीं और कर देती थीं। लोकगीतों के अनेक संकलनों ने समाज को और गहराई से समझने का मौका दिया जिसका परिणाम कुछ अच्छा हुआ।

भारतीय भाषाओं और विदेश के कवियों के अनुवाद भी पत्र, पत्रिकाओं और पुस्तकों में आते रहे जिनका प्रभाव मौलिक रचनाओं पर छिपा नहीं है। हमारा विचार है कि यह काल ऐसे लोगों का है जो मार्ग की खोज में व्याकुल तो हैं पर भटक भी गए हैं। इधर भारतीय या हिन्दी कवियों के अंग्रेजी में भी कुछ संकलन देश और विदेश में प्रकाशित हुए हैं। रचनाओं को अनूदित देखकर कवियों और उनके मित्रों को आनन्द हो सकता है लेकिन जिस भाषा में ये कविताएँ लिखी गई हैं उस भाषा में इनका क्या स्थान है—इसका कोई उत्तर नहीं मिलता। हिन्दी में वह आत्मविश्वास आने में अभी विलम्ब है जब लोग कह सकें कि ये कविताएँ

हिन्दी में ऊँची हैं।

हिन्दी में कबीर अकेले ऐसे कवि हैं जो अपने ही कथ्य के कारण महत्त्वपूर्ण हैं। शास्त्र वे जानते नहीं थे और लोक के अनुबन्धों की उन्होंने चिन्ता नहीं की। भाषा उनके द्वारा ऐसे रूप में आई है जिसे अनियमित पाकर पण्डितों को खीझ होती है पर यह भाषा कथ्य के लिए इस प्रकार अनिवार्य है कि उसमें जरा भी संशोधन कथ्य को निस्तेज कर देगा। अनियमित हिन्दी के विभिन्न प्रदेशों के, विभिन्न नगरों में, भिन्न-भिन्न रूप सुनाई पड़ते हैं जिनका समर्थ उपयोग करने वाला कहीं एक भी कवि नहीं। यानी इतने सारे वादों विवादों के बाद भी हिन्दी के सिर चढ़ा मर्यादावाद ज्यों का त्यों है।

जनभाषा पर कुछ भी कहने के पहले यह भी ध्यान रखना चाहिए कि वह बहता नीर है। केवल सामाजिक सम्बन्धों से ही उसे जाना और पहचाना जा सकता है और विवेकपूर्ण सन्तुलन से ही उसे काव्य का समर्थ माध्यम बनाया जा सकता है। इसके लिए कोई खास नियम या विधान नहीं है। वैयक्तिक विवेक या शक्ति ही इसका निर्णायक तत्त्व है। ध्यान देने की बात है कि विद्यापति, सूर और तुलसी जैसे महाकवियों की सहायता के लिए मैथिली, ब्रजभाषा और अवधी के महाकोश या लघुकोश भी तब नहीं थे। उनकी रचनाओं की व्यापकता उनके प्रगाढ़ जन सम्बन्धों की मूल गाँठ है। आज जब इतने सारे कोश हैं, व्याकरण हैं, लोकसाहित्य विषयक इतने ग्रन्थ हैं तब रचनाकारों की असमर्थता प्राणवन्त सम्बन्धों के अभाव के कारण ही है। जनभाषा राष्ट्रभाषा आदि अनेक भाषाओं की बात सुनने और पढ़ने को जहाँ-तहाँ मिलती रहती है किन्तु चलती भाषा पर पण्डितों की निगाह नहीं जाती। हिन्दी का रचनाकार भी बहुत कुछ इसी भरम में है।

कविता द्वारा पेश किया गया चित्र या चरित्र जिस क्षेत्र या वर्ग का होगा यदि उसका निरूपण यथातथ्य न हुआ तो कविता निराधार हो जाएगी। शब्दों का व्याकरण से भी ऊपर सामाजिक सन्दर्भ होता है, जिसका अनुसन्धान हर रचनाकार को अलग अलग करना पड़ता है। मजदूरों पर लिखी गई कविता सभ्य समाज पर लिखी गई कविता से भिन्न होगी ही और स्पष्ट है कि पण्डितों को छोड़कर उसका आनन्द मजदूर

विशेष उठा सकेंगे। मजदूरों को बिना जाने उन पर प्रोत्साहन की ही कविताएँ लिखी जा सकती हैं। किसान जीवन की मार्मिक व्यंजना में रामनरेश त्रिपाठी जितने समर्थ मिलते हैं उतने मैथिलीशरण गुप्त नहीं। यह अन्तर अनुभव के कारण है। त्रिपाठी ने सहानुभूति के कारण किसानों पर कृपा नहीं की; बल्कि अभिन्न भाव से उनमें जीवन देखा। ध्यान देने की बात है कि 'अभिन्न भाव' ही कविता को कविता बनाता है।

इन दिनों भाषा के प्रचलित अनेक रूपों को जन जीवन सहित देखने की आवश्यकता है। यदि यह शर्त किसी के द्वारा पूरी हुई तो हिन्दी की कविता को वास्तविक भाषा पाने में विलम्ब नहीं। पुरानी भाषा, जिसे काव्य भाषा कहकर पढ़ा और पढ़ाया जा रहा है, वर्तमान रचनाधर्मी के प्रयोजन की वस्तु कम ही है।

(पूर्वग्रह, अंक 75, जुलाई-अगस्त 1986)

रीतिकाल : एक क्षयी युग

सत्रहवीं शती के मध्य से उन्नीसवीं शती के मध्य का काल (सन् 1650-1850) रीतिकाल माना जाता है। यों रीतिकाल का पहला कवि मैं केशव को मानता हूँ। यद्यपि उनके पश्चात् लगभग आधी शती तक रीतिकाल का समुचित रूप नहीं दिखाई पड़ता, परन्तु केशव में वे समस्त प्रवृत्तियाँ मौजूद थीं, जो रीतिकवियों में विकसित हुईं। अर्थात् दरबारी मनोवृत्ति, चमत्कार और अलंकरण का मोह तथा कवि के साथ आचार्यत्व का दिखावा और सबसे बढ़कर लोक-जीवन में अलग-थलग रहकर अपनी कविता रचने की प्रवृत्ति। इस माने में केशव रीतिकवियों के अगुआ और मार्गदर्शक थे।

रीतियुग उसी मध्ययुग का उत्तरार्ध है जिसका पूर्वार्ध सामाजिक चेतना से सम्पन्न और कर्तव्य की उदात्तीकृत भक्तिरचनाओं वाला युग था और उसके बाद वह भारतेन्दु युग आता है जो नए जागरण का पहला प्रभात था। इस प्रकार काव्य की दृष्टि से रीतिकाल दो उजालों के बीच एक अँधेरे का युग था।

ऐतिहासिक दृष्टि से यह युग शाहजहाँ के शासन के अन्तिम दौर से प्रारम्भ होकर बहादुरशाह जफर के शासन के अन्तिम दौर तक फैला हुआ था। इस युग का अधिकांश भाग औरंगजेब के शासनकाल से सम्बद्ध है। अकबर के भावात्मक एकता और धार्मिक सहिष्णुता के प्रयास औरंगजेब के काल में लगभग समाप्त हो चुके थे। जहाँगीर और शाहजहाँ के समय विलास के दौर में कला और साहित्य में भी शान-शौकत, नक्काशी और विलासिता की प्रवृत्ति पनप रही थी। अकबर के दरबार की विद्वत् और धार्मिक परिषदों का स्थान बादशाहों के विलास को बढ़ावा देने और चमत्कारों का प्रदर्शन करनेवाले कवि, कलाकारों की मण्डलियों ने ले लिया। अकबर के दरबार में रहनेवाले कवियों ने प्रायः नीति, धर्म आदि

से सम्बद्ध काव्यरचनाएँ की थीं जिन्होंने कई बार शासक को मार्ग दिखाया था। आचार्य शुक्ल का कथन है कि नरहर कवि के निम्नांकित छन्द को सुनकर अकबर ने गोहत्या बन्द कर दी थी–

अरिहु दन्त तिनु धरै ताहि नहिं मारि सकत कोइ
हम संतत तिनु चरहिं वचन उच्चरहिं दीन होइ
अमृतपय नित स्रवहिं बच्छ महि थम्भन जावहिं
हिन्दुहिं मधुर न देहिं, कटुक तुरकहिं न पियावहिं
कह कवि नरहर अकबर सुनौ बिनवति गउ जोरे करन
अपराध कौन मोहि मारियत, मुयेहु चाम सेवइ चरन।

अकबर के दरबार कवियों में बीरबल, टोडरमल, गंग, अब्दुर्रहीम खानखाना जैसे नीतिज्ञ और जागरूक कवि थे। परन्तु यह परम्परा आगे जाकर नष्ट हो गई और जैसा कि कहा गया है एक 'भिन्न' किस्म के कवियों, कलाकारों का जमाव दिल्ली दरबार में होने लगा। दिल्ली दरबार का अनुकरण देश के अन्य राजाओं और सूबेदारों की राजसभाओं में भी होने लगा और जगह-जगह वैसे ही कलाकारों और कवियों का दल इकट्ठा किया गया। कवि, कलाकार शासकों की शान-शौकत का प्रतीक और मनोरंजन का साधन थे। इस युग के अधिकांश प्रमुख कवियों की आजीविका का साधन राजदरबारों से प्राप्त सहायता थी। इसलिए उनमें भी वही विलासिता पनपी जो बड़े राजकर्मचारियों में थी। राजदरबार तक अपने को सीमित कर लेने और सामान्य जनता से कट जाने का अनिवार्य परिणाम रीतिकवियों के रूढ़िपालन और भारतीय जीवन और संस्कृति की प्रगतिशील चेतना से कट जाने के रूप में दिखाई दिया। क्योंकि जनता से कट जाने का परिणाम जीवन्त संस्कृति और जीवन की गत्यात्मकता से कटने में स्वतः देखा जा सकता है।

वास्तव में रीतियुग ऐसा युग नहीं था कि जनता इतने सुकून में हो कि उसके विलास और आनन्द के दिन आ गए हों। आम जनता के लिए तो वह युग आर्थिक, सामाजिक, राजनीतिक और वैयक्तिक दृष्टि से घोर विषमता, त्रास, पराभव और घुटन का युग था। जहाँ एक ओर उसके जीवन का केन्द्र धर्म भयावह अपमान की स्थिति में था, वहीं धर्मपरिवर्तन

के प्रतिरोध में उन्हें घोर आर्थिक त्रास और वैयक्तिक अस्थिरता तथा दबावों का सामना करना पड़ रहा था। इधर विघटनशील सामन्ती शक्तियाँ अपने सुख की कीमत पर प्रजा के साथ अमानुषिक क्रूरता और उपेक्षा का व्यवहार कर रही थीं। युद्धों और विलासों के साथ उनके प्रत्यक्ष-अप्रत्यक्ष अत्याचारों और लापरवाहियों की कीमत जनता को चुकानी पड़ती थी।

अगर रीतियुग मात्र इन दरबारी कवियों का काव्ययुग होता तो निश्चय ही यह साहित्यिक और सामाजिक दृष्टि से घोर अन्धकार का युग होता। परन्तु इस युग में धार्मिक आन्दोलनों से अनेक नए समुदायों का गठन हुआ। इनके प्रभाव में पूरे हिन्दी क्षेत्र में अनेक कवि हुए, जिनका जनजीवन से निकट का सम्बन्ध था। भले ही ये आन्दोलन विशेष रूप से उभर न पाए हों, परन्तु वे भीतर से बराबर समाज का संचालन करते रहे। सतनामी सम्प्रदाय ने तो औरगंजेब की धार्मिक हठवादिता के लिए उसके खिलाफ सशस्त्र युद्ध भी किया, कई हजार सतनामी मारे गए। राधास्वामी सम्प्रदाय ने भी उस युग में महत्त्वपूर्ण सामाजिक भूमिका निभाई। प्रजा भी उस कुशासन के युग में भक्ति और सत् साहित्य से प्रेरणा लेती रही। खोज विवरणों को देखने से यह बात पूरी तरह स्पष्ट हो जाती है कि धार्मिक आन्दोलनों से उत्पन्न सन्त और भक्तकवियों के सत्संगों और रचनाओं ने सामाजिक जीवन को विशेष रूप से प्रभावित किया।

यह तथ्य है कि इस काल में प्रजा को जिस सबसे बड़े संकट का सामना करना पड़ा वह धर्म से सम्बन्धित था। आर्थिक सुविधा, असुविधा या स्थिरता धर्मपरिवर्तन से जुड़ी थी और यह कार्य मुस्लिम साम्राज्यवादियों के द्वारा बलपूर्वक किया जाता था। ऐसे समय कवि भूषण की भूमिका विशेष रूप से उल्लेखनीय है, क्योंकि उनके काव्यनायक शिवाजी शोषित बहुसंख्यक हिन्दू जनता के संरक्षक थे। इस सन्दर्भ में भूषण का यह कथन विशेष महत्त्व रखता है : 'शिवाजी न होते तो सुनति (सुन्नत) होति सब की'। मध्यकाल में मुस्लिम शासकों की भूमिका राष्ट्रीय नहीं थी, वह राष्ट्रविरोधी आक्रामक ही रही है। उनके युद्ध सुशासन के लिए नहीं, हिन्दुओं को कुचलने के उद्देश्य से प्रेरित थे। शिवाजी की शत्रुता न तो सामान्य मुसलमान से थी, न उसके धर्म से।

उनकी सेना में एक दल मुसलमानों का था। इतिहास प्रमाण है कि शिवाजी ने किसी मस्जिद पर, या मुसलमान स्त्री की अस्मत पर हमला नहीं किया। विरोधी की स्त्रियों और उनके धर्म का सम्मान शिवाजी के व्यक्तित्व को मुस्लिम शासकों के व्यक्तित्व से अलग करता है। उसी तरह शिवाजी अन्य विलासी हिन्दू राजाओं और सूबेदारों से भी अलग थे। इस माने में शिवाजी राष्ट्रोद्धारक और प्रगतिशील थे। उन्होंने समाज-रचना के अनुरूप शासन किया और मावल, महार आदि जनजातियों के सहयोग से युद्ध किए। परिणामतः शिवाजी के महत्त्व, वीरता और कार्यों का स्तवन करने वाले कवि भूषण भी रीतिकालीन कवियों से भिन्न राष्ट्रीय और सामाजिक महत्त्व रखते हैं। शिवाजी का दरबार अन्य राजाओं के दरबारों की तरह समाज की छाती पर उठा हुआ फोड़ा नहीं, बल्कि समाज का विकास था। अतः भूषण के गौरवगान में एक दृष्टि थी। शिवाजी की तरह ही कवि भूषण के आक्रमण का लक्ष्य भी साधारण मुस्लिम प्रजा नहीं, मुस्लिम शासक थे। यहाँ एक उदाहरण पर्याप्त होगा जिसमें भूषण ने जो ब्यौरे दिए हैं वे शासकों के हैं सामान्य मुस्लिम प्रजा के नहीं। 'रैयत' उनके लिए हिन्दू और मुस्लिम दोनों थी–

> दाढ़ी के रखैयन की डाढ़ी-सी रहति छाती
> बाढ़ी मरजाद जस हद्द हिन्दुआने की।
> काढ़ि गई रैयति के मन की कसक सब
> मिटि गई ठसक तमाम तुरकाने की।

भूषण उन रीतिकालीन कवियों की तरह नहीं थे, जो जिस-तिस आश्रयदाता की प्रशंसा में अपनी वाणी का अपव्यय करते थे। ऐसे कवियों की तुलना में अपने चरितनायक की महत्ता का स्पष्ट प्रतिपादन करते हुए उन्होंने लिखा है–

> भूखन यों कलि के कविराजन राजन के गुन गाय नसानी।
> पुन्य चरित्र सिवा सरजा सर न्हाय पवित्र भई पुनि बानी।

अन्य कवियों के बहुत से आश्रयदाता ऐसे थे, जिनका जीवन में युद्ध से कभी सम्बन्ध नहीं रहा, फिर भी कवियों ने उन्हें पराक्रमी योद्धा

बखाना। इसमें सन्देह नहीं कि भूषण के आश्रयदाता शिवाजी के प्रति सारे देश में सम्मान की भावना थी। चरितनायक की लोकप्रियता ने कवि के काव्य को भी लोकप्रिय बनाया। इस सन्दर्भ में भूषण का 'छत्रसाल दशक' और लालकवि का 'छत्र प्रकाश' भी उल्लेखनीय रचनाएँ हैं। यों बिहारी आदि अन्य कवियों में भी कहीं-कहीं राजाओं को मार्ग दिखानेवाली पंक्तियाँ मिल जाती हैं जैसे : 'नहिं पराग नहिं मधुर मधु', आदि; लेकिन वे अत्यन्त नगण्य हैं।

रीतिबद्ध कवियों में देव अवश्य ही ऐसे कवि थे जो जगह-जगह भटकते रहे और किसी राजसभा में जमकर नहीं रहे। इसलिए दरबारी प्रवृत्ति उन पर अपेक्षाकृत कम हावी हुई। उन्होंने बिहारी तथा अन्य रीतिकवियों की अपेक्षा परकीया नायिका से सम्बद्ध काव्य कम ही रचा। स्वकीया के वर्णन में वे रीतिकाल के बेजोड़ कवि हैं। उनका यह कथन उनके लिए उपयुक्त है: 'दम्पति दीपति प्रेम प्रतीति, प्रतीति की रीति सनेह निचोरी।' अन्य रीति कवियों की तुलना में देव के नायिकावर्णन की इस भिन्नता से उनके सामाजिक उत्तरदायित्व का पता चलता है। लोक-जीवन से भी उनका सम्पर्क अपेक्षाकृत अधिक था। इसलिए क्रदाचित् वे सामाजिक विषमता के प्रति सोच सके होंगे। उन्होंने लिखा है–

हैं उपने रज-बीज ही तें, बिनसेहूँ सबै छिति छार के छाँड़े।
एक से देखु, कछूँ न बिसेखु, ज्यौं एकै उन्हारि कुम्भार के भाँड़े॥
तापर आपुन ऊँच है, औरन नीच के पाय पुजावत चाँड़े।
बेदन मूँदि करी इन दूँदि, सु सूद अपावन, पावन, पाँड़े।

राजदरबार के घृणित और चापलूसी से भरे वातावरण को चित्रित करते हुए देव ने लिखा–

साहेब अन्ध, मुसाहेब मूक, सभा बहिरी, रंग रीझ कौ माच्यौ।
भूल्यौ तहाँ भटक्यौ भट औघट, बूड़िबे को कोउ कर्म न बाच्यौ।
भेष न सूझ्यौ कह्यौ समुझायो न, बतायो सुन्यौ न कहा रुचि राच्यौ।
'देव' तहाँ निबरे नट की, बिगरी मति कौ सिगरी निसि नाच्यौ।

लेकिन प्रायः रीतिकालीन कवियों ने अपनी काव्यप्रतिभा केवल शृंगारवर्णन और राजाओं की स्तुति में ही खर्च की। इसलिए दरबार के बाहर रीतिकाव्य का विकास कम ही पाया जाता है। विषय निर्धारित होने के कारण उनके भाव भी निर्धारित होते गए थे। रीति कवियों में सूर, तुलसी, जायसी, कबीर जैसी गहराई और व्यापकता दुर्लभ है। शृंगार से हटकर कभी-कभी ये कवि भक्ति अथवा नीति सम्बन्धी बातों को भी काव्य का विषय बनाते थे। परन्तु शृंगारेतर काव्य में इन कवियों की अनुभूति काफी उथली थी, अतः इस प्रकार के काव्य में वह गम्भीरता और अनुभूतिप्रवणता नहीं मिलती। रहीम और बिहारी के नीतिकाव्य की या सूर और पद्माकर के भक्तिकाव्य की परस्पर तुलना करने पर यह तथ्य प्रमाणित हो सकता है। रीतिमुक्त कवियों में भले ही दरबारी या काव्यरूढ़ि के परिपालन की प्रवृत्ति नहीं दिखाई देती, परन्तु उनकी स्वच्छन्दता भी प्रेमाभिव्यक्ति की स्वच्छन्दता तक ही सीमित रही।

रीतियुग में रचित प्रेमकाव्य पर भी यहाँ कुछ कहना उचित होगा। कुछ लोगों ने इस काव्य पर अश्लीलता का आरोप लगाया है। मेरे विचार से यह आरोप अनुचित है। शृंगार के संयोगपक्ष के वर्णन को अश्लील मानना अस्वस्थ मानसिकता है, क्योंकि शृंगार के सर्वांगीण और चारु विवरण संस्कृत के महाकवियों ने भी दिए हैं। फिर भी द्विवेदीयुग में रीतिकाव्य की अश्लीलता पर ध्यान दिया जाने लगा। लोगों में नैतिकता के स्थूल रूप का आग्रह इतना बढ़ गया कि कहीं भी नर-नारी जीवन का सगुंफित विवरण दिखाई नहीं दिया कि अश्लील अश्लील की गुहारे लगाने लगे! शृंगार का स्थायीभाव रति है। इसी को अन्य शब्दों में प्रेम कह सकते हैं। प्रेम का प्रभाव मानवजीवन में विशेष है। यह प्रेम समाजस्वीकृत हो तो क्या कहना? और समाजमान्य नहीं है तो कुछ को छोड़कर बहुत से हृदयों को आघातकारी लगेगा। सामाजिक जीवन के सन्दर्भ में ही प्रेम को प्रतिष्ठा मिलती है अर्थात् उत्तरदायित्वपूर्ण प्रेम ही भव्य और उत्तम है। उत्तरदायित्व में प्रेम के उभयपक्षों का सामाजिक लगाव दिखाई देता है। यह लगाव ही प्रेम की अन्योन्यता को सर्वमान्यता और व्यापकता देता है। अर्थात् प्रेमाश्रित जीवन, जीवन-भूमि में नाना उतार-चढ़ावों को लेकर विकसित होता है। यह प्रेम अपने व्यापकत्व और प्रसार के कारण इतना

बड़ा हो जाता है कि उसे सामान्य हृदय अपने निकट अनुभव करता है। इस प्रकार का प्रेम जीवन की नाना समस्याओं का आकलन करते हुए रीतिकाव्य अथवा कलाकाव्य किसी भी रूप में प्रस्तुत हो सकता है। इसके आशय से महाकाव्य का प्रणयन भी सम्भव है। जीवन और जगत् से निरपेक्ष, मात्र प्रेम ही बड़ी अथवा महान् कविता का विषय नहीं हो सकता।

काव्य की दृष्टि से रीतियुग में नारी जीवन सम्बन्धी रचनाएँ भारी परिमाण में प्रस्तुत की गई हैं। नारियाँ, जैसे मिलन या विरह के लिए ही समर्पित थीं! बहुत कम कविताएँ ऐसी हैं जिनमें नारी का सामाजिक दायित्व भी दिखाई देता है। हर नायिका किसी न किसी नायक की ओर ही उन्मुख मिलती है। स्त्रियाँ दूती, स्वयंदूती, अभिसारिका आदि अनन्त रूपों में दिखाई देती हैं। इन रचनाओं को पढ़ते हुए इस बात पर ध्यान चला ही जाता है कि वह समाज कैसा था? स्वकीयाओं की भी मदनव्यथा जिस प्रकार उभार कर दिखाई गई है उस प्रकार उनके जीवन के सहज और स्वाभाविक पक्ष नहीं उजागर किए गए। नारी का रूप बिहारी के इस दोहे में देखिए—

> किती न गोकुल, कुलवधू, काहि न किहिं सिख दीन।
> कोनै तजी न कुल गली, ह्वै मुरली सुरलीन॥

यद्यपि इसमें स्पष्ट ही कृष्ण का मुरली सहित निर्देश है, किन्तु कुल गली छोड़ना सामान्य शृंगार की दृष्टि से लोकजीवन के समक्ष क्या आदर्श रखता है? मैं इस प्रसंग में धार्मिक सन्दर्भ का उद्धरण उचित नहीं मानता। क्या बात है कि रीति कवियों की दृष्टि कृष्ण के रसिक जीवन पर ही जमी? धर्म में आस्था रखते हुए भी इन कवियों का भक्ति से विशेष सरोकार नहीं था। उनकी रचना को संकेतार्थ में धर्मनिरपेक्ष (!) कहा जा सकता है। इस प्रकार की रचना करने वाले लोगों में हिन्दू और मुसलमान दोनों समुदायों के कवि हैं, जिनकी शैली और वस्तु में विशेष अन्तर नहीं मिलता।

हमारा यह तात्पर्य नहीं है कि कुटनी, दूती या इसी प्रकार की अन्य नारियाँ कभी किसी समाज में नहीं होतीं। किसी भी काल में ये पाई जा

सकती हैं। इन्हें केन्द्रीय महत्त्व देना सामाजिक दृष्टि से संगत नहीं। उदाहरण के लिए अंगरेजों के आने के बाद समाज सुधारकों के द्वारा आन्दोलन किए जाने पर ब्रिटिश शासकों ने सतीप्रथा पर रोक लगा दी लेकिन रीतिकाल में सतीप्रथा पूरे जोर पर थी, कोई गाँव शायद ही रहा हो जहाँ 'सती-चौरा' न रहा हो। हमारे इन कवियों में से किसी ने इधर ध्यान नहीं दिया; अनुकूल या प्रतिकूल लिखने की बात ही अलग है। इस बात से भी प्रतीत होता है कि हमारे ये कवि समाज और सामान्य जीवन के चित्रण की अपेक्षा उच्च और अभिजात लोगों के मनोविनोद का ही अधिक ध्यान रखते थे। जैसी रचनाओं से आश्रयदाता और उसकी सभा के जन मुदित होते थे वैसी ही रचनाएँ प्रस्तुत करना इनका कार्य था।

रीतिकाल की शृंगारी रचनाओं के विषय में यह जान लेना आवश्यक है कि एकांगी होती हुई भी ये रचनाएँ अपने आप में पूर्ण हैं और सौन्दर्य की दृष्टि से इनमें आकर्षण भी पर्याप्त है। किन्तु इनका आनन्द व्यक्तिगत रूप से लिया जा सकता है, सामाजिक रूप से नहीं। कोणार्क और खजुराहो की मूर्तियाँ भी लोगों की आलोचना-प्रत्यालोचनाओं का लक्ष्य रही हैं, किन्तु उन मूर्तियों की कला स्वतः सम्पूर्ण और आकर्षक है। रीतिकालीन कविता की स्थिति भी लगभग उसी प्रकार की है। यद्यपि प्रेम के नाना अर्थों की व्यंजना जितने परिमाण में रीतिकाल में पाई जाती है उतनी किसी भी भाषा के साहित्य में नहीं मिलती, फिर भी इस काव्य का जनजीवन से सम्बन्ध नहीं रहा। ये रचनाएँ समाज का रंजन अवश्य करती हैं, समाज का निर्माण नहीं।

कवि ठाकुर ने रीतियुग में कविता की जो दशा देखी थी उसे इन शब्दों में कहा है—

सीखि लीन्हो मीन, मृग, खंजन, कमल नैन,
    सीखि लीन्हो जस औ प्रताप को कहानो है।
सीखि लीन्हो कल्पवृक्ष, कामधेनु, चिन्तामणि,
    सीखि लीन्हो मेरु औ कुबेर गिरि आनो है।
ठाकुर कहत याकी बड़ी है कठिन बात,
    याको नहिं भूल कहूँ बाँधियत बानो है।

डेल सो बनाय आय मेलत सभा के बीच
लोगन कवित्त कीबो खेल करि जानो है।

इस कवित्त से बढ़कर इस काल की सम्यक् आलोचना नहीं की जा सकती।

यह स्थिति अधिक समय तक नहीं चल सकती थी। 1857 के विद्रोह के बाद लोगों में देश, धर्म और समाज को अच्छी तरह समझने की भावना उदित हुई जिसका परिचय भारतेन्दु युग की कविताओं में मिलता है।

(हिन्दी कविता की प्रगतिशील भूमिका, सं. प्रभाकर क्षोत्रिय, में संकलित)

निराला की एक कविता : हिन्दी के सुमनों के प्रति पत्र

'ओर' के सम्पादक कवि विजेन्द्र ने निराला की कविता 'हिन्दी के सुमनों के प्रति पत्र' पर अपनी व्याख्या लिखने के लिए कवि त्रिलोचन को पत्र लिखा। त्रिलोचन ने 18.5.1988 को सागर से विजेन्द्र के नाम एक पत्र लिखते हुए उक्त कविता की व्याख्या लिख भेजी। विजेन्द्र को सन्तोष न हुआ, उन्होंने रामविलास शर्मा की राय माँगी। डॉ. शर्मा ने पत्र द्वारा जो अपनी संक्षिप्त व्याख्या की, वह विजेन्द्र जी को जँची। उन्होंने विष्णुचन्द्र शर्मा के द्वारा त्रिलोचन से कविता की पुनर्व्याख्या की माँग की। विष्णु जी के प्रश्न और त्रिलोचन जी के उत्तर की शैली में पुनर्व्याख्या भी हुई। यह पूरा प्रकरण सप्रमाण 'ओर' के 14 वें अंक में कवि विजेन्द्र ने 'कविता की अन्तर्यात्रा' शीर्षक के अन्तर्गत लिखा है। यहाँ उस प्रकरण से केवल त्रिलोचन की व्याख्या वाले अंश उद्धृत किए जा रहे हैं—पहले त्रिलोचन जी का पत्र, फिर विष्णुचन्द्र शर्मा और त्रिलोचन जी का वार्तालाप।

—सम्पादक

इस शीर्षक में 'पत्र' शब्द कविता का अर्थ खोल देता है। हिन्दी में 'सुमनों के प्रति' पत्र की ओर से बात कही गई है।

'पत्र' शब्द पाँच छन्दों की इस कविता में तीसरे छन्द की तीसरी पंक्ति में आया है। 'पत्र' के हिन्दी में कई अर्थ हैं; चिट्ठी और पत्ता। इस कविता में 'दैनिक पत्र' या 'कागज का पन्ना' आदि अर्थ मुझे आवश्यक नहीं लगते।

सुमनों से बात पत्ता ही कर सकता है और यह पत्ता डाल से गिरा हुआ पत्ता है। 'मैं' पत्ते का 'मैं' है। जो गिर कर जमीन पर पड़ा है। 'हिन्दी' शब्द होने से दूसरा अर्थ भी ध्वनित होता है; यानी हिन्दी में कवि और लेखक। यह कविता वानस्पतिक पर्यवेक्षण पर पूरा ध्यान देकर लिखी गई है—

मैं जीर्ण साज बहु छिद्र आज,
तुम सुदल, सुरंग, सुवास, सुमन
मैं हूँ केवल पदतल आसन,
तुम सहज विराजे महाराज।

'मैं' = पत्ता, 'तुम' = सुमन। पत्ता डाल से बिछुड़ कर जमीन पर है और बात 'सुमन' से कह रहा है जो वृक्ष पर सबसे ऊपर है। डाल या टहनी का सम्बन्ध पत्ते से था। पत्ता पतझर में गिरा है। उसका पीलापन भी सूख कर भिन्न रंग का हो जाता है। 'पत्र' अपने को 'जीर्ण साज' और 'बहुछिद्र' कह रहा है। पत्ते की वर्तमान स्थिति जीर्णता की है और बहुछिद्रता की भी। पतझर के पत्ते जो डाल से गिरते हैं उनमें शीत की अतिशयता के प्रभाव से छिद्र भी हो जाते हैं। आम, महुए और दूसरे पतझर से प्रभावित वृक्षों के गिरे हुए पत्तों पर ध्यान देंगे तो यह छिद्र भी दिख जाएँगे। 'सुमन' को उन्होंने सुदल, सुरंग, सुवास बताया है। फिर 'पत्र' कहता है—मैं केवल 'पदतल आसन' हूँ और तुम सहज विराजे महाराज (हो)।

दूसरा छन्द है—

ईर्ष्या कुछ नहीं मुझे, यद्यपि
मैं ही वसन्त का अग्रदूत,
ब्राह्मण समाज में ज्यों अछूत
मैं रहा आज यदि पार्श्वच्छवि।

'पत्र' 'सुमन' से कहता है कि मुझे ईर्ष्या नहीं है (तुम से)। आगे लिखा है 'यद्यपि मैं ही वसन्त का अग्रदूत'। 'पत्र' पतझर के कारण गिरते हैं तो लोग जान जाते हैं कि अब वसन्त दूर नहीं। अतः पतझर का पत्ता जो जमीन पर पड़ा है वह कह रहा है कि वसन्त के आने की सूचना मैंने ही दी है अतः मैं वसन्त का अग्रदूत हूँ। क्या हुआ यदि में आज 'पार्श्वच्छवि' (किनारे कर दिया गया) जैसे ब्राह्मणों की सभा मैं अछूत (दूर या किनारे बैठाए जाते हैं) इस में 'पत्र' कहता है कि 'मैं' आज यदि 'पार्श्वच्छवि' रहा जैसे ब्राह्मण समाज में अछूत तो क्या हुआ।

तीसरा छन्द—

तुम मध्य भाग के महाभाग!
तरु के उर के गौरव प्रशस्त।
मैं पढ़ा जा चुका पत्र न्यस्त
तुम अलि के नव रस रंग राग।

इस में 'पत्र' कहता है कि तुम महाभाग तरु के उर के प्रशस्त गौरव हो। तुम महाभाग (भाग्यशाली) तरु के उर के (अन्तस्थल के) प्रशस्त गौरव हो और मैं पढ़ा जा चुका (अत्यन्त परिचित) 'पत्र' (पत्ता) हूँ (जो) न्यस्त (छोड़ दिया गया है) और तुम (सुमन) अलि (भ्रमर) के नए रस रंग राग (हो)।

ऊपर के ये तीन छन्द बहुत स्पष्ट हैं। अन्तिम दो छन्द एक-दूसरे से जुड़े हुए हैं। अब अन्तिम दोनों छन्द देखें—

देखो, पर क्या तुम पाते 'फल'
देगा जो भिन्न स्वाद रस भर
कर पार तुम्हारा भी अन्तर
निकलेगा जो तरु का सम्बल।
फल सर्वश्रेष्ठ नायाब चीज
या तुम बाँध कर रँगा धागा
फल के भी उर का कटु त्यागा;
मेरा आलोचक एक बीज।

इसमें 'पत्र' कहता है—यहाँ 'देखो' का अर्थ होता है देखना। क्योंकि देखने की क्रिया का कोई निदेश नहीं है। देखना है किन्तु कि तुम फल क्या (किस प्रकार का, कैसा) पाते (हो)। यहाँ जैसे सुमन पेड़ के अन्तर का विकास कहा गया है। वैसे ही फल को सुमन के अन्तर का विकास कहा गया है। पहली पंक्ति में यही बात स्पष्ट की गई है। चौथे छन्द की दूसरी पंक्ति उसी फल के विषय में संकेत शैली में कहती है जो रस भर कर भिन्न स्वाद देगा; तुम्हारा (सुमन का) भी अन्तर पार करके जो तरु का सम्बल निकलेगा; फल वही श्रेष्ठ है और दुर्लभ वस्तु है।

'फल' पाँचवें छन्द का पहला शब्द है। यहाँ आकर वाक्य पूरा होता है। ऊपर के गद्यांश से मिलाने पर स्थिति स्पष्ट है। इसके बाद जो वाक्य चलता है वह पूरा नहीं है। उसे कहना पड़ता है कि कवि ने अपूर्ण ही छोड़ा है। यहाँ वाक्य की अपूर्णता का दोष है! मुझे लगता है यहाँ अपूर्णता पूर्णता की ओर संकेत देती हुई मध्यपथ में विराम ग्रहण करती है। पूरी कविता की शैली बातचीत की है। और बातचीत में कभी-कभी वाक्य अधूरे रह जाते हैं। समझने में कोई बाधा नहीं रह जाती। दूसरी और तीसरी पंक्ति का अन्वय किया हुआ वाक्य और रूप यह है–

या तुम (सुमन) फल के भी उर का कटु त्यागा रँगा धागा बाँध कर–रँगा धागा फल के अन्तर में रक्षित बीज-सूत्र को कहते हैं। इस बीज-सूत्र, का पूर्व रूप अनेक फूलों में दण्ड के आकार का निकलता है। यही रूपान्तरित हो कर बीज-सूत्र बनता है। फूलों में पराग रज या दण्ड रूप में होता है और कुछ फूलों में तरल पदार्थ होता है उसे मकरन्द कहते हैं। तो रँगा धागा फूल के अन्दर से निकला हुआ फल का बीज-सूत्र बना करता है और दण्ड के आकार का फूल के भीतर से निकला हुआ हिस्सा यूँ ही मुरझा जाता है उससे फल नहीं बनता। अगर फूल 'रँगा धागा बाँध कर' ही रह जाए तो उसकी जीवन यात्रा फल तक नहीं पहुँचती और फल के ही अन्तः रस से निर्मित है बीज। अन्तिम पंक्ति में कहा है 'मेरा आलोचक एक बीज।' 'मेरा आलोचक' का मतलब है मुझे अच्छी तरह देखने वाला यानी पहचानने वाला 'एक बीज' है, 'एक' माने अकेला।

इसमें पत्र, सुमन, फल और बीज ये स्थितियाँ स्पष्ट हैं। इनके सहारे प्रतीकात्मक अर्थ करने में कोई बाधा नहीं है। आधार तो सुमन ही है। वक्ता पत्र है। वह सुमन की और स्थितियों की ओर भी संकेत करता है।

× × ×

मैं (वि. चं. शर्मा) ने पूछा, 'हिन्दी के सुमनों के प्रति पत्र' की व्याख्या करें।

त्रिलोचन : एक अर्थ रामविलास या दूसरे करते हैं। अन्य इसे आत्मपरक कविता समझते हैं! मैं इस कविता को 'वानस्पतिक अनुभव' की कविता मानता हूँ। आप बताएँ 'अग्रदूत' का क्या अर्थ है?'

मैं चुप रहा। फिर कहा : 'नहीं जानता।' वह (त्रिलोचन) न हँसे न आवेश में आए। कहा : 'अग्रदूत', का अर्थ है 'पतझर'। इस कविता में 'पत्र' और 'फूल' का संवाद है। पत्ता बताता है 'मैं पतझर में जीर्ण हूँ।' जीर्ण पत्रों को निराला ने ध्यान से देखा था। उसमें 'बहुछिद्र' यह सूक्ष्म पर्यवेक्षण है—वनस्पति का। दूसरा कोई कवि उस समय प्रकृति का सूक्ष्म पर्यवेक्षक नहीं था। वहीं इस कविता के हर छन्द पर ध्यान देने की बात है। 1, 4, 2, 3, आज/ महाराज और सुमन/ आसन का तुक-विधान और कविताओं में निराला ने नहीं दिया।

पत्ता अपना आज का चित्र-परिचय देख कर सुमनों से कहता है—'तुम सुदल, सुरंग, सुवास' हो। आज मैं तुम्हारे मुकाबले 'पदतल में पड़ा हुआ हूँ।' वही स्थान मेरा आसन है।

तुम सहज रूप में विराजे महाराज हो।

हिन्दी में इसे 'आत्मपरक कविता' मानने वाले 'ईर्ष्या' का क्या अर्थ लेंगे? निराला की 'सरोज स्मृति' या दूसरी आत्मपरक कविताओं में लक्षणा का कम प्रयोग मिलता है। वे सीधी यथार्थपरक और अभिधा की शैली वाली कविताएँ हैं।

पत्तों को सुमनों से ईर्ष्या नहीं होती। पत्ता स्वीकार करता है 'तुम जो सहज विराजे हुए हो, मुझे तुमसे कोई ईर्ष्या नहीं। यद्यपि मैं जानता हूँ—मेरा चरित्र वसन्त के अग्रदूत यानी 'पतझर' का है। इसलिए मैं पेड़ के चारों ओर फैला हुआ हूँ—पार्श्वच्छवि का आज जीर्ण-साज बहुछिद्र पत्रों का समूह है।'

यहाँ ध्यान देने की बात है, पत्रों का जीर्ण-साज बहुछिद्र रूप से ही मिलता हुआ है समाज में—ब्राह्मण समाज में अछूतों का जीवन। इसे कविता में कवि का सामाजिक अवदान कहा जा सकता है। इसी कविता के साथ 'अणिमा' की धूल में तुम मुझे भर दो। याद रखो पहली कविता '36 की है, दूसरी '40 की। दूसरी कविता में उसी अनुभव का बिम्ब सुकर 'पसिर', सुन्दर परिसर है। पेड़ की पार्श्वध्वनि का यह बिम्ब है।

(पूरी कविता त्रिलोचन को याद थी) वह सुना गए। मैं ने (विष्णुचन्द्र शर्मा) कविता बाद में पढ़ी।

'पेड़ का मध्य भाग क्या है?' मैंने पूछा।

त्रिलोचन ने कहा, 'पेड़ की नहीं, सुमनों के प्रति कविता है, यह याद रखें। सुमनों का मध्य भाग आप ने देखा है। वह मध्य भाग ही महाभाग होता है। उसी में धागा और पराग देखा जा सकता है। पत्ता बताता है, सुमनों को, तुम मध्यभाग के महाभाग हो। कैसे हो? तरु के उर के गौरव होते हैं—फल। वह प्रशस्त गौरव तुम हो। मैं पत्ता, आज पढ़ा जा चुका पत्र हूँ। यहाँ अवध का लहजा ध्यान में रखें।'

पढ़ा जा चुका का अर्थ हुआ 'पहचाना हुआ'। पत्र कभी फेंके नहीं जाते। प्रेम पत्र आपने कभी फेंके न होंगे।

हम दोनों मुस्कराए।

हाँ तो पत्ता खुद को कहता है : डस्टविन में फेंका बेकार की चीज। पर फूल तो बेकार नहीं होते। तरु के उर के गौरव होते हैं। इसीलिए सुमनों में नव रस, रंग, राग देखते चखते रहते हैं, भौंरे।

संवाद का लहजा अचानक तीसरे छन्द में बदल जाता है। वाक्य कहीं अधूरे रह जाते हैं। विषय संक्षिप्त होते जाते हैं। एक पद, एक वाक्य का काम करता है। यह नाटक का विधान है।

देखो मित्र, पर, तुम जीवन यात्रा (वानस्पतिक उपक्रम) में क्या फल पाते हो। फल जो भी होगा, निश्चित मानो बन्धु वह भिन्न स्वाद रस से भी पूरा होगा। इसी 'स्वाद' रस से भी पूरा होगा। इसी 'स्वाद रस' से तुम्हारा अन्तर-हृदय जीवन यात्रा को पार करेगा। उसी जीवन यात्रा के अनुभव के जो तरु का सम्बल निकलेगा, उसी से तरु भास्वर होगा।

'फल' का प्रयोग 'देखो' से चौथे छन्द तक एक वाक्य है। फल जो तरु का सम्बल है। वह 'सर्वश्रेष्ठ नायाब चीज' तभी होता है जब फूल के अन्तर से फल पैदा होता है। यहाँ वाक्य अधूरा रखा। जान बूझ कर अधूरे वाक्य का प्रयोग निराला ने किया है। ध्यान दें। फूल के अन्तर को महाभाग कहा है कवि ने। उस फूल में जो धागा होता है वह रँगा हुआ होता है। वह रँगा धागा जब फूल में आता है तभी फल का दाना आता है। उस धागा को आप चख कर देखें : चने के दोनों दलों के बीच का वह भाग कटु होता है। उसे त्यागा जाता है। तभी फल के उर में बीज आता है। यह फूल से फल और फल से बीज आने की वानस्पतिक प्रक्रिया है।

मैं ने कहा, 'कलकत्ता से दूर मैं एक तीर्थ को गया था। वहाँ मैं ने एक 'बात' देखी थी। पेड़ में विधवा औरतें अपनी-अपनी कामनाओं के अनुसार धागा बाँधती हैं। बच्चों की कामना में गुलाबी रंग का धागा बाँधा जाता है। क्या निराला जी 'या तुम बाँधकर रँगा धागा' के अर्थ में उस तरह की प्रथा का संकेत नहीं दे रहे हैं। यह प्रथा काशी में गणेश मन्दिर में भी मैं ने देखी है।'

त्रिलोचन बोले, 'हाँ यह प्रथा हिन्दी क्षेत्र में भी है। यह अर्थ आप ने (वि. चं. शर्मा) नया जोड़ा है।'

मैं ने पूछा, 'मेरे आलोचक एक बीज' का क्या अर्थ है? बीज तो फूल से पैदा होता है। पत्ता एक बीज को अपना आलोचक कैसे कहेगा?

त्रिलोचन ने कहा, 'बीज रज और वीर्य योग से बनता है। स्त्री मात्र के रज से बच्चे का रूप कभी बनता है? कभी पुरुष के वीर्य से बच्चे पर पिता का रंग-रूप झलकता है? यह पूरी प्रक्रिया तो भावुक नहीं, वैज्ञानिक विचार की प्रक्रिया है, जिसके लिए 'आलोचक' का प्रयोग बड़ा सार्थक है।'

(ओर-14 में प्रकाशित)

निराला की नयी कविता

निराला जी की नयी कविता से अभिप्राय उनकी उन कविताओं से है जो '39 के बाद की हैं। ये कविताएँ उनके चार संग्रहों में उपलब्ध हैं—अणिमा, कुकुरमुत्ता, बेला और नए पत्ते। इन्हीं चारों पुस्तकों के आधार पर यह लेख लिखा जा रहा है।

निराला जी की नयी कविताएँ उनकी पुरानी कविताओं से अनेक बातों में भिन्न हैं, पुरानी कविताओं में भाव, भाषा और छन्द का जैसा निर्वचन है, नयी कविताओं में नहीं है। विषय को भी इधर उन्होंने व्यापक बनाया है। भाषा भी सामान्य बोलचाल की रखी है।

यह सब अकस्मात् नहीं घटित हुआ है। धीरे-धीरे निराला जी की शैली में परिवर्तन हुआ। यद्यपि उनके परिवर्तन-क्रम को चाणाक्ष जन नहीं लक्ष्य कर पाए तथापि उनके पूर्वरचित साहित्य में ही उनके वर्तमान साहित्य का चिह्न मिलता है। भाषा की सरलता उनकी पहली कविताओं में भी मिलती है—

रे, कुछ न हुआ तो क्या
जग धोका तो रो क्या

सब छाया से छाया
नभ नीला दिखलाया
तू घटा और बढ़ा
और गया और आया
होता क्या फिर हो क्या

चलता तू थकता तू
रुक रुक फिर बकता तू

कमज़ोरी दुनिया हो तो
कह क्या सकता तू
जो धुला उसे धो क्या

(गीतिका)

वस्तु-विषय की दृष्टि से भी निराला जी ने कोई सर्वथा नूतन समारम्भ नहीं किया है—

छोड़ दो जीवन यों न मलो
ऐंठ अकड़ उसके पथ से तुम
रथ पर यों न चलो

वह भी तुम ऐसा ही सुन्दर
अपने दुख-पथ का प्रवाह खर
तुम भी अपनी ही डालों पर
फूलो और फलो

मिला तुम्हें, सच है, अपार धन
पाया कृश उसने कैसा तन
क्या तुम निर्मल वही अपावन
सोचो भी सँभलो

जग के गौरव के सहस्र दल
दुर्बल तालों ही पर प्रतिपल
खिलते किरणोज्ज्वल चल अचपल
सकल अमंगल खो

वहीं विटप शत वर्ष पुरातन
पीन प्रशाखाएँ फैला घन
अन्धकार ही भरता क्षण क्षण
जन भय भावन हो

'39 से पहले की रचनाओं में भी निराला जी का दृष्टि-बिन्दु सुनिश्चित और स्वच्छन्द पाया जाता है। उनकी तत्कालीन रचनाओं में

एक प्रकार की तटस्थ वृत्ति पाई जाती है। इसी तटस्थ वृत्ति के कारण निराला जी की रचनाओं में समाज के लिए कोई विशेष उद्‌बोधन नहीं पाया जाता। इसके विपरीत नयी कविताओं में वे बहुत स्पष्ट और लक्ष्योन्मुख दिखाई देते हैं।

इसमें सन्देह नहीं कि निराला जी ने जब कभी कुछ कहा है एक नये सुर, एक नयी शैली से कहा है। उन्होंने अपने ही निर्मित मार्ग का अनुसरण नहीं किया है। इस प्रकार वे हिन्दी के सर्वश्रेष्ठ स्वरानुसन्धित्सु कवि हैं।

निराला जी की नयी कविताओं की सर्वप्रमुख विशेषता उनका हास्य और व्यंग्य है। हास्य और व्यंग्य की प्रवृत्ति भी उनकी नयी नहीं है।

बहुत पहले 'सरोज स्मृति' शीर्षक शोक कविता में भी उन्होंने इसका प्रयोग किया है।

ये कान्यकुब्ज कुल कुलांगार
खाकर पत्तल में करें छेद
इनके कर कन्या, अर्थ खेद
पद फटे विवाई के, उधार
खाए के मुख ज्यों पिए तेल
चमरौधे जूते से सकेल
निकले जी लेते धोर गन्ध
उन चरणों को मैं यथा अन्ध
कल घ्राण-प्राण से रहित व्यक्ति
हो पूजूँ, ऐसी नहीं शक्ति
ऐसे शिव से गिरिजा विवाह
करने की मेरी नहीं चाह

निराला जी ने हास्य और व्यंग्य का पहले गद्य में ही उन्मुक्त व्यवहार किया था। पद्य में उन्होंने इसका प्रयोग '39 के बाद से ही पुष्कल मात्रा में करना प्रारम्भ किया।

हिन्दी में हास्य और व्यंग्य का पद काव्य में अपेक्षाकृत कम पाया जाता है। हास्य और व्यंग्य का प्रयोग अधिकतर महाकाव्यों में एकरसता

को खण्डित करने के लिए किया जाता रहा है। छोटी कविताओं में आंशिक या पूर्ण रूप से हास्य का प्रयोग ही पाया जाता है। हास्य और व्यंग्य लेखन की ओर लेखकों की सम्मान-दृष्टि भी कम ही रहती है।

निराला जी ने चली आती हुई रूढ़ि के प्रति थोड़ी-सी अनुरक्ति नहीं दिखाई। इसी कारण निराला जी को सबसे अधिक विरोध का सामना भी करना पड़ा। बहुत पहले निराला जी ने कहा था—

जला दे जीर्ण शीर्ण प्राचीन
क्या करूँगा तन जीवनहीन

'जीर्ण शीर्ण जीवनहीन प्राचीन' के प्रति निराला जी के मन में कोई मोह नहीं है। इसी कारण वे आज जीवन की इस ढलती वेला में भी नव-नवीन बने हुए हैं।

निराला जी की नयी कविताएँ शैली के विचार से कुल तीन श्रेणियों में विभक्त की जा सकती हैं—

1. पुरानी शैली की कविताएँ
2. नयी शैली की कविताएँ
3. हास्य और व्यंग्य की कविताएँ

पुरानी शैली की कविताएँ अधिकतर निराला जी की पूर्व प्रकाशित कविताओं के आदर्श की हैं। परिमल, गीतिका, अनामिका और तुलसीदास में जिस भाव और संस्कार-सम्पदा का संचय किया गया है, पुरानी शैली की नयी कविताओं में उसका साधर्म्य पाया जाता है। यद्यपि निराला जी हिन्दी-काव्य में बौद्धिकतापूर्ण नयी चेतना के संचारक रहे हैं तथापि उनकी रचनाओं में एक भावात्मक तरलता पाई जाती है। यह एक ऐसी विशेषता है जो केवल निराला जी में ही वर्तमान है।

पुरानी शैली की कविताएँ दो प्रकार की हैं। पहले प्रकार में तो ऐसी रचनाएँ हैं जो भाषा में काव्यप्रकृति की विशेषता से युक्त हैं। दूसरे प्रकार में ऐसी कविताएँ हैं जिनके स्वर और रूपगठन पर गद्य का प्रभाव है। इसको पुरानी शैली के अन्तर्गत रखने का यह कारण है कि इसमें भी कल्पना का वही वैभव है जो पुरानी शैली की रचनाओं में।

इस प्रकार की रचनाएँ वस्तुविचार की दृष्टि से पाँच प्रकार की हैं—

1. आत्मनिवेदनपरक
2. समाज समीक्षापरक
3. व्यक्ति संवर्द्धनापरक
4. वातावरणपरक
5. देशपरक

आत्मनिवदेनपरक कविताएँ अधिकतर रहस्यवाद की परम्परा में आती हैं। परोक्ष सत्ता पर निराला जी का विश्वास बना हुआ है, इसी कारण उनकी अधिकांश रचनाओं में एक प्रकार का रहस्य-संकेत वर्तमान है। कहीं-कहीं तो लोकसुलभ सत्यों को भी उन्होंने एक दुर्लभ रहस्य से आवृत करके उपस्थित किया है। भावमूलक कविताओं में निराला जी ने प्रायः रहस्य का आश्रय लिया है। यह रहस्य भी. कई प्रकार का पाया जाता है। कहीं वस्तुगत, कहीं विषयगत और कहीं केवल पात्रगत।

इस प्रकार की रचनाओं के निराला जी अभ्यस्त हो गए हैं। प्रायः उनका अन्तर्हृदय रहस्यवाद की तरंगों से गतिशील रहता है। जब कभी उनकी वृत्ति अन्तर्मुखी हुई और उन्होंने भावलिपि के लिए स्वरसंधान किया तब पुरानी शैली की रचनाएँ उद्गीरित हो जाया करती हैं।

नूपुर के सुर मन्द रहे
जब न चरण स्वच्छन्द रहे
        उतरी नभ से निर्मल राका
        पहले जब तुमने हँस ताका
        बहुविध प्राणों को झंकृत कर
        बजे छन्द जो वन्द रहे
नयनों के ही साथ फिरे वे
मेरे घेरे नहीं घिरे वे
तुमसे चल तुममें ही पहुँचे
जितने रस आनन्द रहे

उद्धृत कविता काव्य-परम्परा का निर्वाह करती है। एक दूसरी कविता देखिए जो वर्णन और विषय-निर्देशन में तो पुरानी शैली के पास

है किन्तु रूप-गठन में स्वतन्त्र है—

स्नेह निर्झर बह गया है
रेत ज्यों तन रह गया है
आम की यह डाल जो सूखी दिखी,
कह रही है—'अब यहाँ पिक या शिखी
नहीं आते, पंक्ति मैं वह हूँ लिखी
नहीं जिसका अर्थ—
जीवन दह गया है।'

'दिए हैं मैंने जगत् को फूल फल
किया है अपनी प्रभा से चकित चल;
पर अनश्वर सकल पल्लवित पल—
ठाट जीवन का वही—
जो ढह गया है।'

अब नहीं आती पुलिन पर प्रियतमा
श्याम तृण पर बैठने को, निरुपमा
बह रही है हृदय पर केवल अमा;
मैं अलक्षित हूँ, यही—
कवि कह गया है।

इस कविता में आम की सूखी डाल के सहारे कवि ने अपना प्रिय जीवनदर्शन व्यक्त किया है। अन्तिम बन्द में रहस्य व्यंजक शब्दों का भी प्रयोग है। वे शब्द हैं 'पुलिन', 'श्याम तृण', 'निरुपमा'।

समाज-समीक्षा सम्बन्धी कविताएँ कहीं तो सामान्य उपदेश के रूप में मिलती हैं और कहीं जीवन की परिस्थिति विशेष का आकलन कर विशिष्ट रूप में। निराला जी एक कविता में वर्तमान सामाजिक जीवन को 'गहन अन्ध कारा' कहते हैं—

गहन है यह अन्ध कारा
स्वार्थ के अवगुण्ठनों से
हुआ है लुण्ठन हमारा

खड़ी है दीवार जड़ की घेरकर
बोलते हैं लोग ज्यों मुँह फेरकर
इस गगन में नहीं दिनकर
        नहीं शशधर नहीं तारा

इसमें कवि ने स्वार्थ को ही सामाजिक विभेदों की वस्तुस्थिति कहा है।

व्यक्ति-संवर्द्धनापरक कविताओं में निराला जी ने 'रविदास', 'शुक्ल जी', 'प्रसाद जी', 'बुद्ध', 'विजयलक्ष्मी पण्डित', 'महादेवी वर्मा' के प्रति लिखा है। इन सभी कविताओं में निराला जी का जीवनदर्शन व्यक्त हुआ है। प्रसाद जी पर लिखित कविता बहुत कुछ निराला जी का स्वकीय भावचित्र हो गई है—

उठा प्रसंग प्रसंगान्तर रंग रंग से रँगकर
तुमने बना दिया है वानर को भी सुन्दर
किया मूक को मुखर, लिया कुछ, दिया अधिकतर
पिया गरल, पर किया जाति-साहित्य को अमर
तुम वसन्त से मृदु, सरसी के सुप्त सलिल पर
मन्द अनिल से उठा गये हो कम्प मनोहर
कलियों में नर्तन, भौरों में उन्मद गुञ्जन
तरुण-तरुणियों में शतविध जीवन-व्रत-भुञ्जन
स्वप्न एक आँखों में, मन में लक्ष्य एक स्थिर
पार उतरने की संसृति में एक टेक चिर

बुद्ध पर लिखित उनकी कविता विज्ञान की वर्तमान विभीपिकाओं की प्रतिक्रिया का परिणाम है। इसमें निराला जी की अन्तःप्रकृति का भी अंकन हो गया है, जिससे उनका अन्तःविराम प्रकट होता है।

निराला जी की कविताएँ इतनी सांग और परस्पर अविच्छेद्य भावों की होती हैं कि उनका कोई एक अंश उद्धृत करना पूरी कविता के साथ अन्याय जान पड़ता है। फिर भी आलोचक को सब कुछ प्रिय-अप्रिय करना पड़ता है।

वातावरण को निराला जी कितनी संजीवनी दे सकते हैं, देखिए—

आ रही याद
वह विजय शकों से अप्रमाद
वह महावीर विक्रमादित्य का अभिनन्दन
वह प्रजाजनों का आवर्तित स्यन्दन-वन्दन
वे सजी हुई कलशों से अकलुष कामिनियाँ
करतीं वर्षित लाजों की अंजलि भामिनियाँ
तोरण तोरण पर
जीवन को यौवन से भर
उठता सस्वर
मालकोश हर
नश्वरता को नवस्वरता दे करता भास्वर
ताल ताल पर
नागों का बृंहण, अश्वों की ह्रेष।
भर भर
रथ का घर्घर,
घण्टों की घनघन
पदातिकों का उन्मद पद पृथ्वी-मर्दन

देशपरक भावना उनकी प्रायः सभी कविता में मिल जाएगी। निराला जी अधिकतर देश को ज्ञान रूप में ही देखना पसन्द करते हैं—

उठी नहीं तलवार
देश की पराजय को
वहीं हैं सहस्र धार
मुक्ति यहाँ से क्षय को
मृत्यु के जड़त्व के;
नहीं यहाँ थे गुलाम,
देश यह वही जहाँ,
जीते गए क्रोध-काम

नयी शैली की कविताएँ निराला जी की वे कविताएँ हैं जो छन्द और भाषा की दृष्टि से एक नूतन भावलोक की सृष्टि करती हैं। ये कविताएँ कुछ तो फारसी छन्दों में हैं और कुछ उनके पूर्व प्रयुक्त मुक्त वृत्त का नवविकसित रूप हैं।

निराला जी की ये रचनाएँ कम पसन्द की गई हैं। लेकिन इन नयी कविताओं में भी उन्होंने अपना पूर्व काव्य-वैभव ही दिखाया है। इन कविताओं के भी वस्तु-विषय के विचार से उतने ही भेद किए जा सकते हैं जितने पुरानी शैली की कविताओं के किए गए हैं। यहाँ उन्हें दुहराने की कोई आवश्यकता नहीं।

भाषा की सरलता का आरम्भ लगभग '39 से हुआ। हिन्दी में '39 के पहले अधिकतर दुर्बोध्य रचनाएँ की जाती थीं। लेकिन '39 से कवियों और लेखकों की दृष्टि सरलता की ओर गई। लेखकों ने अपने को जनता और राष्ट्र के प्रति उत्तरदायी समझा। फलतः भाषा और साहित्य लोक जीवन के निकट आए। यद्यपि अभी साहित्य जीवन के समानान्तर नहीं चल रहा है फिर भी चेष्टाशीलता स्पष्ट है। सभी बड़े कवियों ने सिंहासन छोड़कर जनपथ पर विचरण प्रारम्भ किया। इसका भविष्य अधिक आशाप्रद है। जब जीवन और साहित्य एक-दूसरे के पूरक हो जाएँगे तब राष्ट्र की शक्ति का विकास होगा। निराला, पन्त, दिनकर, नरेन्द्र शर्मा, सुमन, बच्चन और केदारनाथ अग्रवाल जैसे युगचेता भावयोगी कवि अपनी सम्पूर्ण प्राणशक्ति से देश की मनःशक्ति का उद्बोधन कर रहे हैं।

नयी कविताओं में उनकी पूर्ववर्ती कला की छाप है। उन कविताओं की संख्या बहुत थोड़ी है जिनमें भाव और भाषा की नवीनता उपस्थापित की गई है। जीवन-उत्पल के एक उत्कल पल (वर्ष) का सांग चित्र देखिए—

उठकर छवि से आता है पल
जीवन के उत्पल का उत्कल
वर्षा की छाया की मर्मर,
गूँजी गणिका, ध्वनि, भाव सुघर
आशा की लम्बी पलकों पर

पुरवाई के झोंके प्रति पल।

पङ्कज के ईक्षण शरद हँसी;
भू-भाल शालि की बाल फँसी;
वह चला सलिल, खुल चली नसी;
सीझे दल इधर पसीजे फल।

कुन्द के दुग्ध के नयन लुब्ध;
विपरीत, शीत के भास क्षुब्ध;
व्यय के अर्जन के, अर्थ मुग्ध;
फूलों से फल, तरु से वल्कल।

नैष्पत्र गया पल्लव वसन्त
आया कि मुस्कराया दिगन्त
यौवन की लाली भरी, हन्त,
किसलय की कल चितवन चलदल
खेती का, खलिहानों का सुख
ग्रीष्म का खुला ज्योति से सुमुख
आकांक्षा का कुसुमित किंशुक
निर्मल मणिजल सलिला निस्तल

निराला जी की व्यंजनाओं में और अधिक सफ़ाई आ गई है। कहीं शायद ही शैथिल्य मिले। उपमाएँ प्रायः मर्मग्राही हैं—

प्रभु के नयनों से निकले कर
ज्योति के सहस्रों कोमल शर

समाज की वर्तमान दुरवस्थाओं को उन्होंने आँख ओझल नहीं होने दिया है—

भीख माँगता है अब राह पर
मुट्ठी भर हड्डी का यह नर

एक जगह कवि विजय और विजयी का रहस्योद्‌घाटन करते हैं—

खुला भेद विजयी कहाए हुए जो
लहू दूसरों का पिए जा रहे हैं

निराला जी ने आँसुओं का मोह कभी नहीं किया। इसीलिए आज वे कहते हैं–

आँखों के आँसू न शोले बन गए तो क्या हुआ
काम के अवसर न गोले बन गए तो क्या हुआ

सामाजिक विषमताओं का निराला जी उपचार बताते हैं–

भेद कुल खुल जाय वह
सूरत हमारे दिल में है
देश को मिल जाय जो
पूँजी तुम्हारी मिल में है

निराला जी देश की दुर्दशाओं का उपचार स्पष्ट रूप से लिखते हैं–

सारी सम्पत्ति देश की हो
सारी उत्पत्ति देश की बने
जनता जातीय वेश की हो
वाद से विवाद यह ठने
काँटा काँटे से कढ़ाओ

निराला जी बहुत पहले से मनुष्यता के कवि-गायक हैं। उसी धारा के अनुकूल वे कहते हैं–

प्रतिजन को करो सफल
जीर्ण हुए जो यौवन,
जीवन से भरो सकल

× × ×

रँगे गगन, अन्तराल,
मनुजोचित उठे भाल,

छल का छुट जाए जाल
देश मनाये मङ्गल

मुक्त वृत्त में इधर उन्होंने बहुत स्वच्छन्द प्रयोग किए हैं। इन मुक्त वृत्तों को उन्होंने गद्य के बहुत पास ला दिया है। अधिकतर तो इनमें राग-तत्त्व का अभाव ही दिखाई देता है। हाँ, पाठ-वैशिष्ट्य अवश्य है। लेकिन केवल एक पाठ-वैशिष्ट्य क्या काव्यत्व के लिए पर्याप्त है? 'कुत्ता भौंकने लगा', 'झींगुर डटकर बोला', 'छलाँग मारता चला गया', 'डिप्टी साहब आए', 'वर्षा', 'महूँग महँगा रहा', ऐसी ही कविताएँ हैं।

इन कविताओं पर सूक्ष्म विचार फिर कभी करेंगे पर अभी इतना ही कहेंगे कि इनमें पाठ-वैशिष्ट्य है। कहीं-कहीं स्वरों के सम-संचार से राग-तत्त्व का भी उद्रेक किया गया है लेकिन फिर धारा व्याहत होती है। गद्य-पद्य दोनों का सार संग्रह करके निश्चय एक नयी छन्दः शैली की सृष्टि हो सकती है। इन कविताओं में बहुत कुछ इन्हीं बातों का प्रयत्न पाया जाता है।

'कुत्ता भौंकने लगा' रेखा चित्र है। उसमें वातावरण के रंग को गहराई से आँका गया है। कविता का अन्त यों होता है–

कौड़े से कुछ हटकर
लोगों के साथ कुत्ता खेतिहर का बैठा था,
चलते सिपाही को देखकर खड़ा हुआ,
और भौंकने लगा
करुणा से बन्धु खेतिहर को देख देखकर

अन्तिम पंक्ति में स्पष्ट ही ग्राम्योत्प्रेक्षा है। उसमें और कुछ ढूँढना ठीक न होगा।

हास्य और व्यंग्य की कविताएँ इतनी प्रसिद्ध और प्रतिष्ठित हो चुकी हैं कि उन पर कुछ कहना ठीक नहीं। 'कुकरमुत्ता', 'खजोहरा', 'रानी और कानी', 'मास्को डायलाग्स', 'गर्म पकौड़ी', 'प्रेम संगीत' ख्याति-प्राप्त रचनाएँ हैं। इनका परिचय देने की कोई आवश्यकता नहीं। इनकी विशेषताओं को प्रकट करने के लिए यहाँ उचित स्थान भी नहीं है।

'स्फटिक शिला', की ताल लय बहुत मर्यादित है। इसमें हास्य और व्यंग्य की भी पुट है। गाँववालों के पारस्परिक द्वेषों का भी प्रसंग-वश निदर्शन है–

कच्चा चबूतरा मिला,
कुछ राह घेरे हुए। पत्थर एक रक्खा था,
महादेव की जगह पर। भाव मगर पक्का था–
दखल जैसे जमाना चाहता था कोई अपना
सत्य को जो बनाए हुए था वहाँ कल्पना

'खुशखबरी' और 'आँख आँख का काँटा हो गई', 'राजे ने अपनी रखवाली की' कविताएँ अर्थगाम्भीर्यपूर्ण हैं।

निराला जी की भाषा पर अन्त में कुछ अवश्य कहूँगा।

निराला जी ने सरलता के लिए प्रचलित पारिभाषिक शब्दों तक का त्याग कर दिया है। यह कहाँ तक उचित है, विचारणीय है। एक उदाहरण दे रहे हैं। 'चर्खा चला' कविता से निम्न पंक्तियाँ ली गई हैं–

वेदों का चर्खा चला,
सदियाँ गुज़रीं
लोग बाग बसने लगे
फिर भी चलते रहे।

इसमें 'चलते रहे', का अर्थ 'विकास करते रहे' लेना होगा। इसी प्रकार 'बसने लगे' का अर्थ 'व्यवस्थित होने लगे' (नगरों और गाँवों में)। उक्त पदावली अपना सामान्य स्वतन्त्र अर्थ रखती है, नया अर्थ उसके लिए दुर्वह है।

छन्दों के विषय में भी एक बात। छन्दों पर निराला जी का अधिकार असाधारण है। फिर भी 'प्रसाद जी के प्रति' कविता में छन्दःप्रमाद हो गया है। पूरी कविता रोला छन्दों में है। केवल छः पंक्तियाँ भिन्न हैं–

अपनी ही आँखों का तुमने खींचा प्रभात
अपनी ही नयी उतारी सन्ध्या अलस गात

तारक नयनों की अन्धकार कुन्तला रात
आई, सुरसरि-जल-सिक्त मन्द मृदु बही वात
कितनी प्रिय बातों से वे रजनी-दिवस गए कट
अन्तराल जीवन के कितने रहे, गये हट

अन्त में हम कवि की पंक्तियों से ही उसकी संवर्द्धना करते हुए लेखनी को विश्राम देते हैं—

तुमने जो दिया दान दान वह
जनता का जन-ताका ज्ञान वह
सच्चा कल्याण वह अथच है।

(हंस, सितम्बर 1946)

रचनात्मक और सामाजिक दायित्व

रचनाकार अपने समाज का एक सदस्य होता है। यदि समाज के दूसरे सदस्यों के समान उसके भी मानदण्ड हुए तो औरों की दृष्टि में उसे उत्तरदायित्वपूर्ण माना जाएगा। लेकिन महत्त्वपूर्ण रचनाओं का निर्माण असन्तोष के कारण होता है। और यह असन्तोष सामाजिक मानदण्ड और जीवन की विषमताओं के कारण पैदा होता है। ऐसे रचनाकार भी होते हैं जिनका असन्तोष से कोई मतलब नहीं होता। समाज के सर्वमान्य सिद्धान्त का वे सन्तुष्ट चित्त से जीवन भर पालन करते रहते हैं। इन्हें सामाजिक उत्तरदायित्व, स्थापित सामाजिक आदर्शों का ही पर्याय जान पड़ता है। ऐसे लेखक भाषा, शैली और अभिव्यक्ति में समार्थ्य होने पर महान् हो सकते हैं। परन्तु समाज के नये प्रश्नों की ध्वनि उनके हृदय में कोई अर्थ-तरंग नहीं उठाती।

सामाजिक उत्तरदायित्व आदर्श-भेद से अर्थ-भेद का व्यंजक पाया जाता है। वर्तमान समाज अनेक आदर्शों का रंगमंच बन गया है। इन आदर्शों के अनुयायी अपने-अपने ढंग से आदर्शों और कार्य पद्धतियों का निरूपण करते हैं जिनके कारण एका नहीं मिलता। विभिन्न आदर्शों के अनुयायी अपने सूत्रों का विशद और व्यापक अर्थों में उपयोग करते हैं जिससे वे वर्तमान स्थिति के अनुरूप दिखाई दें। रचनाकार किसी आदर्श का अनुयायी हो सकता है और उसकी जीवन दृष्टि पर उसके मान्य सूत्रों का अनुशासन भी हो सकता है। ऐसा रचनाकार अपने वर्ग के चिन्तकों और पाठकों द्वारा प्रोत्साहन भी पाते जा सकता है। रचनाकार को पाठकों की आवश्यकता होती है, जिसके निर्माण में उसके समर्थक बराबर योग देते हैं। यह प्रलोभन उपेक्षणीय नहीं है।

कठिनाई उन रचनाकारों के साथ आती है जो समाज की जीवन में क्रिया पर दृष्टि रखते हैं, समाज में उठने वाली हर आवाज़ को सुनते हैं

और अपनी रचनाओं में सन्तुलन सहित शब्द बद्ध करते हैं। ये लोग नर-नारी सम्बन्ध, जातिगत स्थिति, आर्थिक द्वन्द्व आदि का अनुभव के आधार पर निरूपण करते हैं। निरूपण की यह पद्धति, बहुधा पुराने आदर्शों से भिन्न हो जाती है। इस कारण प्राचीनता की दुहाई देने वाले संख्या में अधिक नहीं हैं, पर प्राचीनता के उपासक अपनी अत्यधिकता से उनका बल बढ़ाते हैं। रचनाकार इन अनन्त विरोधों के भीतर रहते हुए तभी उभर सकता है जब उसमें सामाजिक सत्य के प्रति आग्रह और अपनी रचना के प्रति आत्मविश्वास हो। क्योंकि रचना के विरोध की भूमि, नीति, धर्म, समाज, राजनीति, कर्तव्य, औचित्य और परम्परा, कहीं भी हो सकती है।

हिन्दी का रचनाकार इतने-इतने बन्धनों में जकड़ा हुआ है कि हम निर्बन्ध रचना की उम्मीद कर भी नहीं सकते। बन्धनों के बाद रचना की बिक्री का क्षेत्र भी विचारणीय है। आज शक्तिशाली ग्राहक सरकार है। सरकारी आलोचना का मतलब सरकारी ग्राहकता की समाप्ति है। यही नहीं, इसके बाद भी एक चीज समाप्त होती है जिसे सरकारी पुरस्कार कहते हैं। पुरस्कृत किताबों की सूची उठाइए, इसके बाद शिक्षा प्रसार, पुस्तकालयों की क्रय सूची देखिए तो परिणाम मालूम हो जाएगा। साथ ही उन पुस्तकों की सूची भी पाने की चेष्टा कीजिए जो पुरस्कार के लिए भेजी गई थीं। पता चलेगा कि हिन्दी पुस्तकों की रचना चाहे जिस कारण से होती हो पुरस्कार लाभ की प्रेरणा किसी अंश में न्यून नहीं। क्या अब भी इस प्रश्न की सार्थकता शेष रह जाती है कि 'रचनाकार की हैसियत से क्या आपको सामाजिक उत्तरदायित्व का प्रश्न बन्धन लगता है? यदि हाँ तो क्यों?'

आधुनिकता का अर्थ बहुत कुछ अनिश्चित चल रहा है। इससे कुछ लोग नवीनता या नयेपन का पर्याय भी मान लेते हैं। वस्तुतः आधुनिकता उस नए चरित्र को उभारती है जो समवर्ती जीवन में मिलता है। नवीनता अनेक आधुनिक लेखकों में मिलने वाली उस वैयक्तिक विशेषता को कहते हैं जो अन्य लेखकों में न मिले। हिन्दी लेखक अपने परिवेश से क्या और कितना ग्रहण करता है इस पर विचार करने का यहाँ अवकाश नहीं। पर यह अच्छी तरह स्पष्ट हो जाता है कि अध्ययन के क्रम में वह कहाँ

से कितना ले रहा है। यह आधुनिकता विदेश के बाजारों से आयातित है। इसी कारण हिन्दी पाठकों का हृदय उसको पूरी-पूरी तरह ग्रहण नहीं कर पाता। कभी-कभी लेखक विशेष की विशिष्ट शैली और जीवन सन्दर्भ भी दुर्बोधता पैदा कर देते हैं। लेकिन हिन्दी में यह स्थिति सामान्य नहीं है। वे लेखक जो समाज में उठने वाले प्रश्नों को सुनते हैं और जीवन के वेग बल के साथ रचना में रखते हैं, स्थापित आदर्शों को मानने वालों को भले ही सन्तुष्ट न कर सकें, रचना के विकास में अवश्य योगदान करते हैं।

स्पष्ट है कि विभिन्न आन्दोलनों के चलानेवालों का उत्तरदायित्व और होगा और रचनाकार का और। जो रचनाकार की स्वतन्त्रता के लिए संघर्ष करता है उसका कार्य नगण्य नहीं।

*(**कल्पना**, नवलेखन विशेषांक, अगस्त-सितम्बर 1969, अंक 8-9)*

व्यवस्था मनुष्य को नपुंसक बनाती है

समाज की गति के संचालन का कार्य जो शक्ति करती है वह मुख्यतः प्रतिबन्धक नियमों पर बल देती है। इन्हीं को दूसरे शब्दों में व्यवस्था कहते हैं। व्यक्तियों, वर्गों और समाजों में पड़े हुए विषम भावों को द्वन्द्व और संघर्ष की सीमा तक विकसित करके सामाजिक शासन करने वाली शक्ति अपना हितसाधन करती है। यह शक्ति उद्योग की दशा में एक संघर्षशील संस्था मात्र होती है, और अनेक संस्थाएँ उसकी स्पर्धा में भी हुआ करती हैं, लेकिन अधिक से अधिक सामाजिक स्वीकृति को आत्मसात् करके प्रभुशक्ति का उपयोग करने की स्थिति आते ही उस संस्था को रक्षण और नियन्त्रण के प्रति जागरूक रहना पड़ता है। इसमें सन्देह नहीं कि जिन तत्त्वों या सिद्धान्तों की रक्षा की जाती है उनकी कल्पना बहुत पुरानी परिस्थितियों की उपज होती है और जिस समय यह चीज आकार ग्रहण करती है उस समय क्रान्तिकारी हो सकती है, लेकिन वर्षों बाद भी इन्हीं चीजों का फेंटा जाना क्रान्तिकारित्व नहीं, स्थिति-स्थापकत्व है। प्रौढ़-वय का शासक अपने को वैसा ही क्रान्तिकारी समझता रहता है जैसा कभी युवावस्था में वह था। यह भ्रम परिस्थितियों के भारी परिवर्तन की उपेक्षा करता है। अपने विचारों के पोषण के लिए सत्ताशील व्यक्ति अपने को बराबर क्रान्तिकारी ही कहता है और नयी पीढ़ी उसे बराबर गुमराह नज़र आती है। गाँधीवादी विचारक और राजनीतिक कुर्सियों के व्यक्तित्व भारतीय समाज और राजनीति में प्रभावशाली रहे हैं। पत्रकार, लेखक, कवि आदि बुद्धिजीवी समाज बराबर इनकी कृपा पाने की टोह में रहा है। अतः राष्ट्र का असंख्य टन कागज बेईमानी या सुविधा-साधक भाषा की सिद्धि में खपाया जाता रहा है।

साम्प्रदायिक शक्तियाँ मध्ययुगीन दीपक के उजाले में ही रास्ता खोज रही हैं। और, इनकी बातें सुनने वालों का समुदाय भी बहुत बड़ा

है। धर्मों के अलग-अलग जितने भी नाम हैं सबके अपने-अपने प्रचार यन्त्र हैं। अतः धार्मिक संघटन जहाँ परस्पर विरोध को बढ़ावा देते हैं वहाँ अपनी शक्ति के विकास का भी पूरा प्रयत्न करते हैं। कभी-कभी ये संघटन राजनीतिक और आर्थिक संघटनों के विरोध में भी खड़े होते हैं। ऐसी धर्मनिरपेक्षता गीत की वह टेक है जिसके गायकों को उसके अर्थ का पता नहीं है। असलियत यह है कि किसी न किसी रूप में किसी न किसी धर्म की झलक सामने आ ही जाती है। धर्मनिरपेक्ष जिसे कह सकें ऐसा कोई आदमी नहीं है।

इस प्रकार जिस धार्मिक धारणा का अनेक नामों और रूपों में इतना प्रभाव है वह राष्ट्र की कल्पना को भी परस्पर विरोधी रूप देती है। ऐसी स्थिति में भावात्मक एकता अर्थ शून्य शब्द मात्र है। यह भारतीय पत्रकारों के लिए बड़ा ही व्यस्त रखने वाला तत्त्व है जैसा अधिकारियों को व्यस्त रखने के लिए वनमहोत्सव।

अब अन्य दलों की बात लें तो सभी वर्तमान काल की जटिलताओं में उलझे उलझाए बेकाम से नज़र आते हैं। कहते हैं, अन्धा कुत्ता हवा पर भूँकता है। और हमारे विरोधी दल बस भूँकते हैं। किस पर भूँकते हैं इसका जवाब उनके पास भी नहीं। ऐसी दशा में शिक्षा और साहित्य की स्थिति तीन-तेरह है। साहित्यकार साहित्यिक-असाहित्यिक अनेक प्रकार के धन्धों में मिलता है। उसे खुद जीना है और चार आश्रितों को जिलाना है। पेट की लाचारी के लिए उसको मदारी के भालू की तरह डण्डे का ध्यान रखते हुए हर गत पर अपने को नचाना है। और, यह जो मदारी के हाथ में नाच रहे हैं, ये परम्परा, व्यवस्था और संस्कृति पर मोटे-मोटे ग्रन्थ लिखते हैं। इनके साथ ऐसे साहित्यकारों और लेखकों का भी समुदाय है जो अभाव और असन्तोष को लिए-दिए वर्तमान काल में अपने आपको और औरों को समझने की कोशिश में लगा है। इस कोशिश में वे निश्चय ही चिकने और गोलमटोल शब्दों से काम नहीं ले पाते। उनकी भाषा वृद्ध-व्यवस्था के पक्षधरों को पीड़ित करती है; उनकी शालीनता और सुरुचि का सम्मान नहीं करती। परिणामतः सम्मानित लोग निराश होकर पत्रों और पुस्तकों और आकाशवाणी से घोषणा करते हैं कि भविष्य अन्धकारमय है। नवीन विचारों का हमेशा इसी प्रकार स्वागत होता रहा

है। हमेशा पुरानी पीढ़ी नई पीढ़ी से निराश रही है। नई पीढ़ी भी पुरानी पीढ़ी बनकर निराश होती रही है। झगड़ा इसी रंग ढंग से चलता आया है, चलता जाएगा, और नये विचार पहले क्षोभ और असन्तोष को ही जनायेंगे; और जब तक समाज में ऐसी बातें होती रहेंगी तब तक शासन-व्यवस्था की कृपा के अभिलाषी लोग सूचनाओं, प्रचार पुस्तिकाओं, अभिनन्दन ग्रन्थों आदि की अश्रान्त रचना करते हुए अपने को जीवि ' साबित करते रहेंगे।

(नीलपत्र, अंक-2, 1968)

*(सभी निबन्ध **काव्य और अर्थबोध** 1995 में संकलित)*

त्रिलोचन का जीवनवृत्त

1917 (20 अगस्त)	चिरानी पट्टी, कटघरा पट्टी, जिला-सुल्तानपुर (उत्तर प्रदेश) में जन्म।
शिक्षा :	बी.ए. तथा एम.ए. (पूर्वार्द्ध) अंग्रेजी में।
	आजीविका के लिए ***आज, जनवार्त्ता, समाज, प्रदीप, चित्ररेखा, हंस*** और ***कहानी,*** आदि पत्र-पत्रिकाओं में सह-सम्पादक।
1946-50	ज्ञानमण्डल से प्रकाशित बृहत् हिन्दी कोश के लिए कार्य।
1952-53	गणेशराय नेशनल इण्टर कॉलेज, जौनपुर में अंग्रेजी के प्रवक्ता।
1953-54	मानक अंग्रेजी-हिन्दी कोश के लिए प्रमुख उपसम्पादक के रूप में कार्य।
1954-67	(1959 के छह मास छोड़कर) काशी नागरी प्रचारिणी सभा द्वारा प्रकाशित हिन्दी शब्दसागर के संशोधित-परिवर्धित संस्करण के लिए उप-सम्पादक के पद पर।
	इसी अवधि में संक्षिप्त हिन्दी शब्दसागर, लघु शब्दसागर, लघुतर शब्द सागर ग्रन्थों के सम्पादन-संशोधन का कार्य।
1967-72	विदेशी छात्रों को हिन्दी, संस्कृत और उर्दू की शिक्षा।
1978-84	उर्दू विभाग, दिल्ली विश्वविद्यालय की द्वैभाषिकी कोश (उर्दू-हिन्दी) परियोजना में कार्य।
1984-90	मध्य प्रदेश शासन के संस्कृति विभाग द्वारा स्थापित मुक्तिबोध सृजनपीठ, हरिसिंह गौर विश्वविद्यालय, सागर में अध्यक्ष।
1992-93	अलीगढ़ मुस्लिम विश्वविद्यालय में विजिटिंग प्रोफेसर।
	पुनः मुक्तिबोध सृजनपीठ, हरिसिंह गौर विश्वविद्यालय, सागर में अध्यक्ष पद पर आसीन।

प्रमुख पुरस्कार

ताप के ताए हुए दिन (कविता संग्रह) के लिए साहित्य अकादेमी पुरस्कार; मध्यप्रदेश शासन द्वारा स्थापित मैथिलीशरण गुप्त राष्ट्रीय सम्मान से विभूषित।

त्रिलोचन साहित्य सूची

काव्य

धरती (प्रथम संस्करण) 1945
(नवीन संस्करण) 1977, नीलाभ प्रकाशन, इलाहाबाद
दिगन्त 1957, जगत शङ्खधर, पो. बा. 22, वाराणसी
शब्द 1980, वाणी प्रकाशन, नयी दिल्ली
ताप के ताए हुए दिन 1980, सम्भावना प्रकाशन, हापुड़
उस जनपद का कवि हूँ 1981, राधाकृष्ण प्रकाशन, नयी दिल्ली
अरघान 1983, यात्री प्रकाशन, दिल्ली
गुलाब और बुलबुल 1985, वाणी प्रकाशन, नयी दिल्ली
अनकहनी भी कुछ कहनी है 1985, राधाकृष्ण प्रकाशन, नयी दिल्ली
तुम्हें सौंपता हूँ 1985, राधाकृष्ण प्रकाशन, नयी दिल्ली
फूल नाम है एक 1985, राजकमल प्रकाशन, नयी दिल्ली
चैती 1987, वाणी प्रकाशन, नयी दिल्ली
सबका अपना आकाश 1987, राजकमल प्रकाशन, नयी दिल्ली
अमोला 1990, वाणी प्रकाशन, नयी दिल्ली

कथा

देशकाल 1986, राधाकृष्ण प्रकाशन, नयी दिल्ली

आलोचना

काव्य और अर्थबोध 1995, साहित्यवाणी, इलाहाबाद (सम्पादक : डॉ. अवधेश प्रधान)

त्रिलोचन साहित्य पर अध्ययन

त्रिलोचन के बारे में 1994, वाणी प्रकाशन, नयी दिल्ली
(सम्पादक : गोबिन्द प्रसाद)

शोध

त्रिलोचन के काव्य : फ़ादर फ़िलिप राजू, 1988

अन्य पुस्तकें

रोजनामचा (डायरी) 1993
साक्षात् त्रिलोचन (साक्षात्कार) 1989
त्रिलोचन पर डायरी : सम्पादक ओमेन्द्र

सन्दर्भ

त्रिलोचन के बारे में

धरती : एक समीक्षा (हंस, जुलाई 1946) ***गजानन माधव मुक्तिबोध***

त्रिलोचन (फणीश्वरनाथ रेणु : चुनी हुई रचनाएँ-2, 1990) ***फणीश्वरनाथ रेणु***

औसत भारतीयता का कवि (कविता से साक्षात्कार, 1979) ***मलयज***

त्रिलोचन : आधुनिकता और परम्पराबोध (रूपतरंग और प्रगतिशील कविता की वैचारिक पृष्ठभूमि, 1990) **रामविलास शर्मा**

एक बिलकुल पर्सनल एसे (मेरे कुछ प्रिय आधुनिक हिन्दी कवि : साक्षात्कार-अंक : 81-84, 1986) ***शमशेर बहादुर सिंह***

कवि त्रिलोचन शास्त्री (समालोचक 1958) ***चन्द्रबली सिंह***

एक नया काव्यशास्त्र त्रिलोचन के लिए (आलोचना : अंक 82, 1987) ***नामवर सिंह***

'साधारण' का असाधारण कवि (जनसत्ता : अगस्त 1987) ***नामवर सिंह***

पौधा निर्वाक खड़ा है (स्थापना : अंक 6, 1970) ***शिवप्रसाद सिंह***

त्रिलोचन का लोक पक्ष (वर्तमान साहित्य : अंक 11, 1992) ***विष्णुचन्द्र शर्मा***

सहज सुन्दर का अर्थ (वर्तमान साहित्य : अंक 11, 1992) ***विश्वनाथ त्रिपाठी***

ताप के ताए हुए : त्रिलोचन (अभिरुचि : अंक 1, 1981) ***केदारनाथ सिंह***

त्रिलोचन : एक कवि, एक प्रश्नचिन्ह (सामयिक : 1969) ***भगवान सिंह***

जीवन की लय में मुक्ति का राग (आलोचना : अंक 82, 1987) ***मैनेजर पाण्डेय***

अमोला की धरती (वर्तमान साहित्य : अंक 11, 1992) ***मान बहादुर सिंह***

उँचाए हाथ और त्रिलोचन की कविता (पूर्वग्रह : अंक 73-74, 1986) *राधावल्लभ त्रिपाठी)*

शब्दों का अन्तर्निहित प्रकाश (आलोचना : अंक 82, 1987) *अरुण कमल*

जब देखा तब जीवन देखा (आलोचना : अंक 82, 1987) *राजेश जोशी*

शब्दों में जीवन (आलोचना : अंक 82, 1987) *परमानन्द श्रीवास्तव*

एक सुसम्बद्ध परम्परा का विकास (विवेक के रंग, 1965) *हरि नारायण व्यास*

जीवन के प्रवाह में कविता (आलोचना : अंक 82, 1987) *स्वप्निल श्रीवास्तव*

त्रिलोचन की कविता, जिसका प्राण सहजता है (आलोचना : अंक 86, 1988) *गोबिन्द प्रसाद*

त्रिलोचन का जनपद (चरखे पर बढ़त : राजकमल प्रकाशन, 2000) *उदयन वाजपेयी*

जनपद का कवि (साक्षात्कार—जनसत्ता, 1987) *त्रिलोचन से मंगलेश डबराल की बातचीत*

कविता में प्रतिबिम्ब का हिलना अथवा अन्यच्छाया का काव्यशास्त्र (कसौटी-9) *राधावल्लभ त्रिपाठी*

□□□